HERZLICHEN GLÜCKWUNSCH

Und Dankeschön für den Kauf dieses Buches. Als besonderes Schmankerl* erhalten Sie das Buch exklusiv und kostenlos als eBook.

9005P-6UPE4-
01800-M2IMR

D1722489

Registrieren Sie sich einfach mit Ihrem persönlichen Code unter **www.hanser.de/ciando** und laden Sie sich das eBook direkt auf Ihren Rechner.

KOMPETENZ
· HANSER ·
GEWINNT

*Bayrisch für eine leckere Kleinigkeit; ein Leckerbissen

Forbrig

Objektorientierte Softwareentwicklung mit UML

Lehrbücher zur Informatik

Herausgegeben von
Prof. Dr. Michael Lutz und Prof. Dr. Christian Märtin
Fachhochschule Augsburg, Fachbereich Informatik

Zu dieser Buchreihe

Die Werke dieser Reihe bieten einen gezielten Einstieg in grundlegende oder besonders gefragte Themenbereiche der Informatik und benachbarter Disziplinen. Alle Autoren verfügen über langjährige Erfahrung in Lehre und Forschung zu den jeweils behandelten Themengebieten und gewährleisten Praxisnähe und Aktualität.

Die Bände der Reihe können vorlesungsbegleitend oder zum Selbststudium eingesetzt werden. Sie lassen sich teilweise modular kombinieren. Wegen ihrer Kompaktheit sind sie gut geeignet, bestehende Lehrveranstaltungen zu ergänzen und zu aktualisieren.

Die meisten Werke stellen Ergänzungsmaterialien wie Lernprogramme, Software-Werkzeuge, Online-Kapitel, Beispielaufgaben mit Lösungen und weitere aktuelle Inhalte auf eigenen Websites oder zum Buch gehörigen CD-ROMs zur Verfügung.

Lieferbare Titel in dieser Reihe:
- **Peter Forbrig, Objektorientierte Softwareentwicklung mit UML**
- **Rainer Kelch, Rechnergrundlagen, Von der Binärlogik zum Schaltwerk**
- **Rainer Kelch, Rechnergrundlagen, Vom Rechenwerk zum Universalrechner**
- **Christian Märtin, Einführung in die Rechnerarchitektur**
- **Henning Mittelbach, Einführung in C**
- **Henning Mittelbach, Einführung in C++**
- **Rainer Oechsle, Parallele Programmierung mit Java Threads**
- **Volkmar Richter, Grundlagen der Betriebssysteme**
- **Wolfgang Riggert, Rechnernetze, Technologien – Komponenten – Trends**
- **Wolfgang Riggert, Netzwerktechnologien**
- **Rolf Socher, Theoretische Grundlagen der Informatik**
- **Christian Wagenknecht, Algorithmen und Komplexität**

Peter Forbrig

Objektorientierte Softwareentwicklung mit UML

3., völlig neu bearbeitete und erweiterte Auflage

mit 173 Bildern, 72 Beispielen und Aufgaben

HANSER

Bibliografische Information Der Deutschen Nationalbibliothek
Die Deutsche Nationalbibliothek verzeichnet diese Publikation in der Deutschen Nationalbibliografie; detaillierte bibliografische Daten sind im Internet über http://dnb.d-nb.de abrufbar.

© 2007 Carl Hanser Verlag München

Lektorat: Dipl.-Ing. Erika Hotho
Herstellung: Dipl.-Ing. Franziska Kaufmann
Umschlagdesign: Marc Müller-Bremer, Rebranding, München
Umschlaggestaltung: MCP · Susanne Kraus GbR, Holzkirchen
Datenbelichtung, Druck und Bindung: Kösel, Krugzell
Ausstattung patentrechtlich geschützt. Kösel FD 351, Patent-Nr. 0748702
Printed in Germany

ISBN-10: 3-446-40572-0
ISBN-13: 978-3-446-40572-1

www.hanser.de/computer

Vorwort

In den letzten Jahren hat die Objektorientierung deutlich an Bedeutung gewonnen. Zunächst haben sich ihre Vorteile bei der Programmierung ausgezahlt. Das zeigt sich an der Vielzahl von Programmiersprachen, die die entsprechenden Konzepte unterstützen. Mehr und mehr hat sich der Einfluss aber auch auf die frühen Phasen der Softwareentwicklung ausgedehnt. Darin ist eine Parallele zur Entwicklung des strukturierten Ansatzes zu sehen. Auch dort ging die Entwicklung von der Durchsetzung der Konstrukte zur strukturierten Programmierung in der Algorithmierung und in den Programmiersprachen aus. Später führte dies zum strukturierten Entwurf und zur strukturierten Analyse.

Mit der Unified Modeling Language (UML) hat sich in den letzten Jahren eine Sprache für die objektorientierte Spezifikation herausgebildet, die große Akzeptanz in der Industrie findet. Damit ist die UML auf dem besten Weg ein wirklicher Standard zu werden. Die Sprache ist nicht nur standardisiert, sondern wird in vielen Bereichen angewendet und ist Gegenstand einer Vielzahl von Werkzeugen. Es ist eindeutig ein Trend von der strukturierten zur objektorientierten Softwareentwicklung zu erkennen. Alle Hersteller von CASE-Tools in diesem Bereich sind bemüht, den vollständigen Sprachumfang von UML zu unterstützen.

Aus den genannten Gründen müssen auch Ausbildungseinrichtungen wie Universitäten und Hochschulen die richtige Anwendung der Sprachelemente der UML in ihren Lehrprogrammen berücksichtigen. Dabei geht es aber nicht nur um die richtige Notation der Spezifikationen, sondern auch um die Vermittlung der zu Grunde liegenden Konzepte und deren richtige Anwendung für bestimmte Problemstellungen.

Der Inhalt des Buches basiert auf Erfahrungen von Lehrveranstaltungen zur Softwaretechnik, in denen objektorientierte Konzepte vermittelt wurden. Das Buch versucht an Hand von Beispielen, einen Einstieg in die objektorientierte Spezifikation mit UML zu ermöglichen. Es ist nicht darauf angelegt, alle Einzelheiten, die mit der Definition von UML zusammenhängen darzustellen, sondern es sollen die wichtigsten Informationen geliefert werden, um einen Einstieg in die Projektarbeit zu erleichtern. Besonders viel Aufmerksamkeit erfährt die Spezifikation dynamischer Zusammenhänge. Hier wurden eine ganze Reihe von Videos erarbeitet, die das Verständnis der Spezifikation mit endlichen Automaten in Form von Zustandsdiagrammen erleichtern sollen. Daneben werden auch die Möglichkeiten von Aktivitätsdiagrammen aufgezeigt und der Zusammenhang zu den besonders bei Banken und Versicherungen sehr beliebten Ereignis-Prozess-Ketten hergestellt.

Entwurfsmuster haben in den letzten Jahren auch sehr an Bedeutung gewonnen. Sie scheinen der Schlüssel für eine erfolgreiche Softwareentwicklung zu sein, da sie die Wiederverwendung von Software auf einem völlig neuen Niveau unterstützen. Die Idee der Entwurfsmuster (engl. Design Patterns) wird vorgestellt und die Notationsmöglichkeiten in UML werden diskutiert.

In der Literatur werden Sammlungen von Entwurfsmustern manchmal unter dem etwas irreführenden Namen „Pattern Languages" veröffentlicht. Diese Sammlungen stellen die einzelnen Entwurfsmuster losgelöst nebeneinander. Der Softwareentwickler muss eine Verknüpfung verschiedener Muster selbst vornehmen. Dabei erhält er keine Unterstützung. Am Fachbereich Informatik der Universität Rostock wurde im Rahmen von Studien- und Diplomarbeiten eine Methode entwickelt, wie Entwurfsmuster miteinander verknüpft werden können. Das kann programmiersprachlich oder durch ein CASE-Werkzeug unterstützt werden. Die Idee dieser Vorgehensweise wird vorgestellt und die entsprechende Werkzeugunterstützung steht auf der beiliegenden CD-ROM zur Verfügung.

Das Buch wurde so aufgebaut, dass im Kapitel 1 eine Einführung in die wichtigsten Grundbegriffe der Objektorientierung gegeben wird. Kapitel 2 stellt die Sprache UML vor und gibt zu den verschiedenen Diagrammen stets eine Reihe von Anwendungsbeispielen. Kapitel 3 beschäftigt sich mit den Problemen der Softwarespezifikation bezogen auf den gesamten Lebenszyklus und stellt unterstützende Techniken zur Ermittlung von Anforderungen vor. Außerdem werden Entwurfsmuster und Modelltransformationen sowie deren Werkzeugunterstützung etwas genauer betrachtet.

Ich hoffe, dass das Buch mit dem beiliegenden Lehrprogramm sowohl dem Anfänger einen guten Einstieg als auch dem Fortgeschrittenen einige neue Erkenntnisse ermöglicht.

Ich möchte mich bei Prof. Märtin als einem der Herausgeber dieser Buchreihe für die Anregung zur Erstellung des vorliegenden Buches bedanken. Weiterhin gilt mein Dank Frau Hotho, die mich als Lektorin von Seiten des Verlages sehr gut unterstützt hat.

Die Beispiele und dargestellten Methoden wurden in Lehrveranstaltungen mit zahlreichen Studenten entwickelt und diskutiert. Besonders hervorheben möchte ich Stefan Bünnig, Norman Seemann und Danko Mannhaupt, deren Ideen ganz wesentlich die Nutzung von Pattern unterstützt haben. Mein Dank geht auch an meine Mitarbeiterin Doritt Linke, deren umfangreiche Hinweise zur Behebung einer großen Anzahl von Fehlern beigetragen haben.

Nicht zuletzt möchte ich mich auch bei meiner Frau Gudrun und meinen Kindern Antje und Heike bedanken, dass sie mir eine längere Auszeit von familiären Pflichten eingeräumt haben.

Rostock, Januar 2001   Peter Forbrig

Vorwort zur 3. Auflage

Für die dritte Auflage dieses Buches war eine grundlegende Überarbeitung notwendig, da UML ab seiner Version 2.0 neue Darstellungsformen eingeführt hat, die Einfluss auf fast alle Diagramme haben. Besonders viele Veränderungen gab es bei den Sequenz-, Paket-, Zustands- und Aktivitätsdiagrammen.

Durch einen erweiterten Umfang des Buches konnte ausführlicher auf die Modellierung von Anwendungsfällen eingegangen werden, die eine besondere Bedeutung für den Erfolg bzw. Misserfolg von Softwareprojekten haben.

Detailliert sind jetzt Entwurfsmuster diskutiert, wobei hier auch Konsequenzen für die Programmierung in Java, Python, C# und Eiffel speziell im Kapitel 3 aufgezeigt werden.

Zusätzliche Aufnahme fand in dieser Ausgabe ein Abschnitt zur Spezifikation in OCL, eine textuelle Teilsprache von UML, die notwendig ist, wenn die grafischen Ausdrucksmittel nicht genug Aussagekraft besitzen. Für die praktische Anwendung von UML in größeren Projekten hilft OCL, Mehrdeutigkeiten zu vermeiden.

Auf die Bereitstellung einer CD wurde zu dieser Auflage verzichtet. Spezifikationen, Programme, Werkzeuge und Zusatzinformationen sind im Internet zusammengestellt. Der interessierte Leser findet den Einstieg unter der Adresse http://wwwswt.informatik.uni-rostock.de/UML/.

Für die Unterstützung bei der Überarbeitung des Manuskriptes möchte ich mich besonders bei Frau Hotho vom Fachbuchverlag bedanken, die eine Vielzahl von Hinweisen gegeben hat.

Der Autor hofft, mit der aktualisierten Form des Buches einen noch besseren Einstieg in die objektorientierte Softwareentwicklung auf der Basis von UML gegeben zu haben. Konstruktive Hinweise zur Verbesserung der Darstellung sind weiterhin herzlich willkommen.

Rostock, im November 2006   Peter Forbrig

Inhalt

1

Grundbegriffe der objektorientierten Softwareentwicklung

1 Grundbegriffe der objektorientierten Softwareentwicklung

1.1 Einführung

Mit der Objektorientierung ist in den letzten Jahren ein Paradigmawechsel in der Softwareentwicklung eingetreten, der sich von der Implementation über den Entwurf bis zur Analyse in die sehr frühen Phasen durchgesetzt hat. Die zunächst gültige Trennung von Daten und Funktionen wurde überwunden. David Parnas /1.5/ propagierte Anfang der 70er Jahre die Nutzung von Datenkapseln, bei denen der Zugriff auf die Daten nur über eine Menge bereitgestellter Funktionen, die so genannte Schnittstelle, ermöglicht wurde. Es hat eine ganze Weile gedauert, bis sich diese Idee in der Praxis der Softwareentwicklung durchgesetzt hat. Um eine Vielzahl von derartigen Datenkapseln schnell erzeugen zu können, folgte später die Idee der Programmierung von abstrakten Datentypen. Auch hier trat der Erfolg nicht sofort ein. Erst die Einordnung dieser Datentypen in eine Hierarchie, die über Vererbungsmechanismen verfügt, führte zu einem durchgreifenden Erfolg. Dieser Ansatz wurde als *objektorientiert* charakterisiert. Er ist eng mit den Begriffen von Klasse und Objekt verbunden.

Ein Objekt wird durch Eigenschaften und Fähigkeiten charakterisiert. Die Eigenschaften beschreiben den aktuellen Zustand des Objektes und die Fähigkeiten stellen Tätigkeiten dar, die auf das Objekt angewendet werden können, um seine Eigenschaften zu verändern. So kann ein Füllfederhalter durch die Farbe der Tinte, mit der er gefüllt wurde, beschrieben werden. Diese Eigenschaft ist durch *Entleeren* und nachfolgendes *Füllen* änderbar. Damit sind auch schon zwei Fähigkeiten genannt, die mit Hilfe des Füllfederhalters ausgeführt werden können. Die wichtigste Fähigkeit ist natürlich *Schreiben*. Sie ist der Grund, warum man sich den Federhalter zulegt. Eine weitere Eigenschaft des Schreibgerätes beschreibt den Bereitschaftszustand. Es kann durch eine Schutzkappe *verschlossen* oder *unverschlossen* sein. Eine Veränderung des Bereitschaftszustandes erfolgt durch die Tätigkeiten *Öffnen* und *Schließen*, die weitere Fähigkeiten darstellen.

Bei der objektorientierten Analyse wird von den Objekten ausgegangen, die in der realen Welt existieren. Durch geeignete Abstraktion wird aus einem realen Objekt ein Objekt eines Modells. Dabei wird besonderes Augenmerk auf Charakteristika gelegt, die im Zusammenhang mit einer bestimmten Aufgabe von Interesse sind. Eine Modellierung ohne ein bestimmtes Ziel ist nicht möglich, weil die Anzahl der Charakteristika fast ins Unendliche steigt. Eigenschaften und Fähigkeiten werden durch Attribute und Methoden modelliert.

Die Problematik der Modellierung der Charakteristika wird sicher am Beispiel deutlich. Gegenstand des Interesses sei eine Person. Da keine konkrete Zielvorgabe existiert, ist deren Modellierung praktisch nicht möglich. Ist die Haarfarbe von Interesse? Sind die

Kinderkrankheiten wichtig? Welche Bedeutung haben Hobbys? Niemand kann das ohne präzisere Zusatzinformationen genau wissen. Für ein Programm zur Beratung von Farbvorschlägen für einen Friseur ist die momentane Haarfarbe der zu betreuenden Kundin von großer Bedeutung. Für die Diagnose von Erkrankungen sind die bereits durchlaufenen Kinderkrankheiten sicher wichtig. Ein System, das Literatur für einen Kunden empfehlen soll, möchte sicher auf die Hobbys der betreffenden Person zurückgreifen.

Hier sei eine Person im Kontext einer Universität exemplarisch modelliert. Zunächst wird sie als Felix identifiziert, der am 17. 11. 1977 geboren wurde und als Einkommen über ein Stipendium verfügt. Als besondere Fähigkeit fällt nur auf, dass er lernen und feiern kann. Diese Informationen können wie in **Abbildung 1.1** dargestellt grafisch repräsentiert werden.

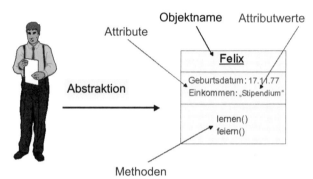

Abbildung 1.1 Modellierung eines Objektes

In der grafischen Repräsentation eines Objektes werden die Eigenschaften (Geburtsdatum, Einkommen) und die Fähigkeiten (lernen, feiern) getrennt dargestellt.

Fallen weitere Personen auf, die ähnliche Eigenschaften und Fähigkeiten besitzen, so sollten diese auch als Gruppe modellierbar sein. Der schon in der Schule bekannte Begriff einer *Klasse*, der eine Reihe von Schülern beschreibt, die in etwa den gleichen Ausbildungsstand besitzen, hat sich dafür eingebürgert. In diesem Zusammenhang betitelt der Begriff Klasse eine Sammlung von Objekten mit gleichen Charakteristika. Dabei handelt es sich um Objekte, die die gleichen Eigenschaften (Attribute) und Fähigkeiten (Methoden) besitzen.

Für obiges Beispiel weisen die Charakteristika von Felix darauf hin, dass die Klasse als Student bezeichnet werden kann. Dabei ist das Attribut, welches das Einkommen charakterisiert, entscheidend. Studenten verfügen über ein Stipendium. Auch die beobachteten Fähigkeiten wie *Lernen* und *Feiern* stehen zu der Einschätzung nicht im Widerspruch.

Eine recht anschauliche Abstraktion des Prozesses der Modellierung wurde von Heeg /1.3/ gegeben, die hier aufgegriffen und etwas modifiziert in **Abbildung 1.3** dargestellt wird.

Zunächst wird versucht, ein Problem der realen Welt aus einem subjektiven Blickwinkel zu modellieren. Der subjektive Blick des Modellierers wird durch das Auge symbolisiert. Dabei werden subjektiv Personen, Phänomene oder reale Dinge erfasst, die für das Modellierungsziel relevant sind. Deren Bezeichnungen werden in einem Glossar verwaltet. Dabei ist bereits auf Synonyme (unterschiedliche Bezeichnungen für gleiche Sachverhalte – z.B. Behälter, Ablage und Container) und Homonyme (gleiche Bezeichnungen für unterschiedliche Sachverhalte – z.B. Schloss) zu achten. In unbekannten Anwendungsbereichen ist das nicht immer ganz einfach.

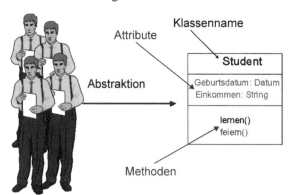

Abbildung 1.2 Modellierung einer Klasse

Ist das Glossar ausreichend mit Informationen gefüllt, kann mit der Modellierung von Klassen begonnen werden. Zu den zunächst nur durch Begriffe charakterisierten Objekten werden Eigenschaften und Fähigkeiten ermittelt, die mit dem Modellierungsziel in Zusammenhang stehen.

Auf der Basis der modellierten Klassen findet die Entwicklung von Programmen statt, in denen Instanzen der Klassen erzeugt werden. Während der Laufzeit der Programme erfolgt die Erzeugung der entsprechenden Objekte einer Klasse, die durch Variablen repräsentiert werden. Diese Variablen ermöglichen die Beschreibung des Zugriffs auf die Objekte bereits während der Programmierung.

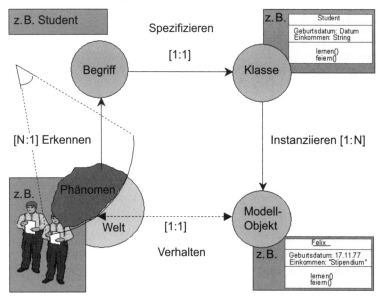

Abbildung 1.3 Objektorientierte Sichtweise der Softwareentwicklung

Im Allgemeinen entsprechen mehrere Objekte oder Phänomene der realen Welt einem Begriff, zu dem dann eineindeutig eine Klasse gleichen Namens existiert. Während der Laufzeit eines Programms kann aus einer Klasse eine Vielzahl von Objekten erzeugt werden. Ist die Modellierung korrekt gelungen, dann sollte das beobachtbare Verhalten der Objekte im Modellbereich dem beobachtbaren Verhalten in der realen Welt unter Einschränkung auf das Modellierungsziel exakt entsprechen. Es sollte jedem Modellobjekt eineindeutig ein Objekt aus der realen Welt zugeordnet werden können.

Genauso wie in der realen Welt kommunizieren Objekte in der Modellwelt über Botschaften.

An der Hochschule wird eventuell eine Lehrkraft einen Studenten die Botschaft `lernen` schicken, wenn sie der Meinung ist, dass diese Aufforderung notwendig ist. **Abbildung 1.4** stellt diesen Sachverhalt grafisch dar. Ein Student wird entsprechend auf die Botschaft reagieren und seine Methode `lernen` aktivieren.

Genauso sieht es auch in der Modellwelt (**Abbildung 1.5**) aus. Trifft eine Botschaft bei einem Objekt ein, so wird überprüft, ob sie für das jeweilige Objekt von Bedeutung ist, ob eine Interpretation möglich ist.

Mitunter treffen Botschaften ein, bei denen dem jeweiligen Adressaten nicht klar ist, wie er darauf reagieren soll. In der Modellwelt ist dies der Fall, wenn zu einer eintreffenden Nachricht keine gleichnamige Methode existiert.

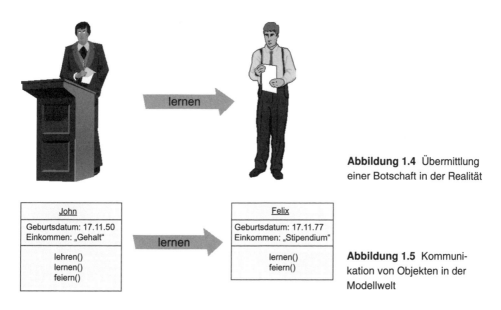

Abbildung 1.4 Übermittlung einer Botschaft in der Realität

John		Felix	
Geburtsdatum: 17.11.50		Geburtsdatum: 17.11.77	
Einkommen: „Gehalt"		Einkommen: „Stipendium"	
lehren()		lernen()	
lernen()		feiern()	
feiern()			

Abbildung 1.5 Kommunikation von Objekten in der Modellwelt

In der Realität ist mitunter nicht so genau festzustellen, ob eine Botschaft verstanden wurde oder nicht. In der Modellwelt wird die Botschaft nicht verstanden, wenn zu einer eintreffenden Nachricht keine gleichnamige Methode existiert. In dem Falle reagiert ein Objekt nicht.

Ein Objekt reagiert nur auf eine Botschaft, wenn eine Methode gleichen Namens existiert.

Von den Programmiersprachen wird meistens gefordert, dass man nur Nachrichten an Objekte verschickt, auf die der Adressat auch reagieren kann. Es wird bei der Analyse von Programmen bereits überprüft, ob die Versendung von Nachrichten sinnvoll ist. Ein Compiler signalisiert meist schon einen Fehler. Das gilt für Sprachen wie Pascal, Java, C++ oder C#. Bei der Nutzung eines Interpreters kommt es erst zur Laufzeit der Programme zu Fehlermeldungen. Das kann man beispielsweise bei der Nutzung der Entwicklungsumgebung der Sprache Python beobachten. Es wird also nicht einfach ignoriert, dass die Nachricht nicht verstanden wird.

 Programmiersprachen fordern, dass Objekte zu jeder eintreffenden Botschaft eine entprechende Methode besitzen.

Es gibt damit einen Unterschied zwischen der Realität und den in Programmiersprachen spezifizierten Modellwelten.

Zurückkommend zu dem Beispiel eines Studenten fällt auf, dass es in der Realität aber nicht nur eine Art von Student gibt, sondern man kann Studenten in verschiedene Gruppen unterteilen. Eine Möglichkeit ist die Klassifizierung entsprechend ihrer Studiendisziplinen.

Student

Student für ...   Susi: Student für

Abbildung 1.6 Weiterleitung (Vererbung) von Eigenschaften und Fähigkeiten

Die allgemeinen Eigenschaften und Fähigkeiten eines Studenten haben sie alle, sie besitzen aber mitunter noch weitere Fähigkeiten, wie Singen oder Tanzen. Was diese Fähigkeiten im Einzelnen sind, soll hier zunächst erst einmal nicht interessieren. **Abbildung 1.6** stellt grafisch dar, dass es verschiedene spezielle Klassen gibt. Sie haben die Eigenschaften einer allgemeinen Klasse Student. Man spricht auch davon, dass sie diese Charakteristika erben. (Genaueres wird dazu später noch unter Definition 1.9 erläutert.)

Die beiden etwas exotischer anmutenden Klassen von *Student für ...* haben die gleichen Attribute und Methoden wie die Klasse `Student`. Alles, was ein Student kann, das können sie auch. Sie haben sogar noch zusätzliche Eigenschaften und/oder Fertigkeiten. Alle sind also in der Lage, auf die Botschaft *feiern* zu reagieren. Das bedeutet nun aber nicht unbedingt die Ausführung des gleichen Algorithmus. Jede Gruppe (Klasse) von Studenten hat ihre eigene Methodenimplementierung, ihren eigenen Algorithmus zu feiern.

Die Auslösung verschiedener Algorithmen durch die gleiche Botschaft wird auch als Polymorphismus (Definition 1.12) bezeichnet. **Abbildung 1.7** versucht eine Visualisierung dieses Sachverhaltes.

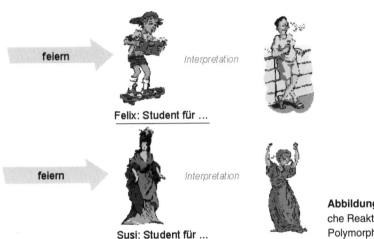

Abbildung 1.7 Unterschiedliche Reaktion auf Botschaften – Polymorphismus

1.2 Konzepte und Notationen

Dieser Abschnitt beschäftigt sich mit einigen grundlegenden Konzepten und deren Notation. Späteren Kapiteln ist die Erläuterung weiterer Details vorbehalten. Hier soll zunächst ein Grundverständnis von Basismodell, statischem Modell, dynamischem Modell und dem Modell der Systemnutzung gegeben werden.

1.2.1 Basismodell

Zum Verständnis des Basismodells der objektorientierten Softwareentwicklung gehört die richtige Vorstellung von den Begriffen Objekt, Attribut, Methode und Klasse. Im vorigen Abschnitt wurden diese Ausdrücke bereits intuitiv benutzt. Hier sollen sie teils unter Verwendung von Zitaten etwas ausführlicher diskutiert werden. In der Literatur gibt es zahlreiche Nuancen der Definition des Begriffs Objekt. Wir wollen auf die Definition von Balzert /1.1/ zurückgreifen.

Definition 1.1   Objekt

Ein Objekt ist allgemein ein Gegenstand des Interesses, insbesondere einer Beobachtung, Untersuchung oder Messung. Objekte können Dinge und Begriffe sein.

In der objektorientierten Softwareentwicklung besitzt ein Objekt bestimmte Eigenschaften und reagiert mit einem definierten Verhalten auf seine Umgebung. Außerdem besitzt jedes Objekt eine Identität, die es von allen anderen Objekten unterscheidet.

Die Eigenschaften eines Objektes werden durch dessen Attributwerte ausgedrückt, sein Verhalten durch eine Menge von Methoden.

Das Verhalten eines Objektes kann mit anderen Worten auch als die Menge seiner Fähigkeiten bezeichnet werden. Es ist in der Lage, bestimmte Aktivitäten auszuführen. Für das Eingangsbeispiel (Abbildung 1.1) ist der Student *Felix* ein Objekt, dessen Verhalten durch die Tätigkeiten des *Lernens* und des *Feierns* bestimmt ist. Außerdem besitzt es die Attribute *Geburtsdatum* und *Einkommen*, die seine Eigenschaften charakterisieren und deren Attributwerte „17. 11. 1977" und „Stipendium" sind.

Ein Objekt gehört zu einer Klasse gleichartiger Objekte, die gleiche Attribute und Methoden besitzen.

Definition 1.2   Klasse

Eine Klasse beschreibt eine Sammlung von Objekten mit gleichen Eigenschaften (Attributen), gemeinsamer Funktionalität (Methoden), gemeinsamen Beziehungen zu anderen Objekten und gemeinsamer Semantik.

Der Klassenname ist nach Coad /1.2/ stets ein Substantiv im Singular, das durch ein Adjektiv ergänzt werden kann.

Die Eigenschaften eines Objektes, die durch Werte charakterisierbar sind, werden in Klassen in Form von Attributen modelliert.

Definition 1.3   Attribut

Die Attribute beschreiben die Daten bzw. Eigenschaften einer Klasse. Alle Objekte einer Klasse besitzen dieselben Attribute, jedoch unterschiedliche Attributwerte. Das bedeutet für die Implementation, dass jedes Objekt Speicherplatz für alle seine Attribute erhalten muss.

Der Attributname muss im Kontext eines Objektes eindeutig sein. Im Allgemeinen wird ein Substantiv dafür verwendet.

Eine Methode ist eine Tätigkeit, die ein Objekt ausführen kann. Sie wird durch ein Verb oder durch ein Substantiv mit Verb bezeichnet und muss im Kontext eines Objektes eindeutig sein. Das Verhalten eines Objektes wird durch eine Menge von Methoden charakterisiert.

Beispielsweise hat der Student Felix die Fähigkeiten (Methoden) zu *feiern* und zu *lernen*. Die Definition der Algorithmen, die mit den Methoden verbunden sind, erfolgt durch die jeweilige Klassen. Im Falle von *Felix* ist das die Klasse *Student*.

Definition 1.4   Methode

> Eine Methode ist ein Algorithmus, der einem Objekt zugeordnet ist und von diesem abgearbeitet werden kann.

Objekte kommunizieren untereinander über Nachrichten, die Botschaften genannt werden. Wird an ein Objekt eine Botschaft geschickt, so führt dies zum Aufruf der entsprechenden Methode. Im Eingangsbeispiel hat die Lehrkraft *John* dem Studenten *Felix* die Botschaft *lernen* gesandt.

Definition 1.5   Botschaft

> Eine Botschaft ist eine Nachricht, die den Aufruf einer Methode gleichen Namens zur Folge hat.

Auf die Botschaft (bitte) *lernen* führt ein freundlicher Felix in der Realität die entsprechenden Aktivitäten durch. In der Modellwelt würde ein Objekt *Felix* mit der Ausführung der gleichnamigen Methode reagieren.

Nach absolviertem Lernen sendet Felix eine Vollzugsmeldung an seinen Lehrer.

In /1.1/ wird zur Verdeutlichung der Beziehung zwischen Klasse und Objekten die Metapher des Stempels herangezogen. Die Metapher stimmt nicht vollständig, gibt aber einen ganz anschaulichen Eindruck. Die Besonderheit dieses Stempels ist, dass nicht nur eine vollständige Kopie der Attribute und Methoden erzeugt wird, sondern dass die Attribute mit Attributwerten versehen werden können.

Der Stempel entspricht einer Klasse, die unterschiedliche Exemplare von Objekten erzeugen kann. Die Stempelabdrücke symbolisieren die Objekte. Das Problem bei der Metapher besteht darin, dass die Abdrücke teilweise andere Informationen besitzen als der Stempel. Ein Attributwert für das Geburtsdatum ist in der Klasse *Student* noch nicht enthalten. Dort steht nur der Typ dieses Attributes. Die Objekte *Felix*, *Antje* und *Heike* haben jeweils aber einen solchen Attributwert.

Trotz dieses kleinen Fehlers ist in **Abbildung 1.8** die Beziehung zwischen Klasse und Objekt gut sichtbar und verdeutlicht, dass Objekte ihre Eigenschaften nicht direkt durch Vererbung erhalten. Sie profitieren nur indirekt davon. Um sich diesen Sachverhalt ständig vor Augen zu führen, ist die Stempelmetapher sehr gut geeignet.

Eine Klasse dient zur Erzeugung von Objekten. Sie prägt sie im gewissen Sinne. In der Umgangssprache wird der Klassenbegriff mehr zur Gruppierung von Objekten genutzt. In der objektorientierten Welt dient eine Klasse hauptsächlich zur Erzeugung von Objekten.

Die erzeugten Objekte nennt man auch Instanzen. Der Prozess ihrer Generierung wird dementsprechend als Instanziierung bezeichnet.

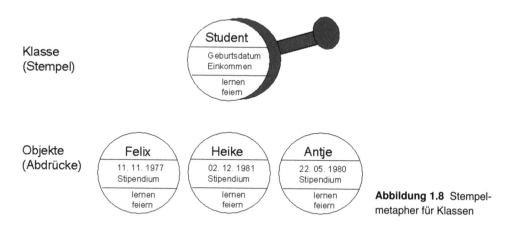

Abbildung 1.8 Stempelmetapher für Klassen

Damit sind zunächst die wichtigsten Begriffe des Basismodells des objektorientierten Paradigmas dargestellt worden.

Die folgenden Abschnitte befassen sich mit weiteren grundsätzlichen Konzepten, die in Form spezieller Modelle ausgedrückt werden. Dabei handelt es sich um das statische Modell, das dynamische Modell und das Modell der Systemnutzung.

Das statische Modell beschreibt Beziehungen zwischen Modellelementen, die strukturelle Zusammenhänge aufweisen. Das Verhalten der einzelnen Modellelemente wird durch ein dynamisches Modell beschrieben. Der Aspekt der Systemnutzung ist im Fokus des letzten Modells, das auch den entsprechenden Namen trägt.

Abbildung 1.9 gibt eine grafische Veranschaulichung, wie diese Modelle zusammenhängen. Sie zeigt auch, wie sich geschichtlich die Sicht auf objektorientierte Softwarespezifikationen erweitert hat.

Das Basismodell entspricht der Idee der Datenkapselung und der Idee der Programmierung mit Hilfe von abstrakten Datentypen. Dieser Gedanke wurde von der Implementation bis in die frühen Phasen der Softwareentwicklung verbreitet. Dazu kam die Idee der Nutzung von Assoziation und Vererbung, die aus dem Bereich der Datenmodellierung in die allgemeine Softwareentwicklung Einzug hielten. Danach wurde der Aspekt der Spezifikation der Dynamik von Objekten genauer untersucht.

Dabei erhielt das Konzept der endlichen Automaten ein neues Anwendungsfeld. Ursprünglich zur Spezifikation mathematischer Systeme eingeführt, wurde es bereits bei der Modellierung von Dialogabläufen und bei der Spezifikation von Reihenfolgen bei der „Strukturierten Analyse" genutzt. Das Konzept hielt speziell durch die Arbeiten von Harel /1.7/

verstärkt Einzug in die Modellierung allgemeiner dynamischer Systeme. Später wurde es zur Spezifikation der Dynamik von Klassen herangezogen.

Jacobson hat es durch seine Arbeiten verstanden, den Aspekt der Systemnutzung mehr in den Vordergrund zu stellen und als Ausgangsbasis für die Systemmodellierung zu nutzen. Seine Vorgehensweise integriert einige Ideen aus der aufgabenorientierten Softwareentwicklung, die auch als strukturierter Ansatz bezeichnet werden, mit der objektorientierten Modellierung.

Nicht nur die Objekte sind von Interesse, sondern die Aufgaben, die mit Hilfe eines Systems zu erfüllen sind, stehen im Mittelpunkt. Die von Jacobson entwickelte, auf Anwendungsfälle aufbauende Methodik erfreut sich großer Beliebtheit.

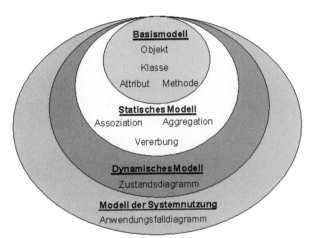

Abbildung 1.9 Entwicklung des objektorientierten Modellverständnisses

Angelehnt an die Struktur der Modelle in **Abbildung 1.9** werden auch die folgenden einführenden Abschnitte zu Methoden und Konzepten gegliedert. Nach dem Basismodell folgen nun noch das statische Modell, das dynamische Modell und das Modell der Systemnutzung.

Aufgaben

1.1 Erläutern Sie, warum die Stempelmetapher nicht vollständig das Zusammenspiel zwischen Klasse und Objekt widerspiegelt.

1.2 Gibt es Objekte, die zu keiner Klasse gehören?

1.3 Welcher Zusammenhang besteht zwischen einer Botschaft und einer Methode?

1.4 Was versteht man unter der Instanz einer Klasse?

1.2.2 Statisches Modell

Assoziationen beschreiben Beziehungen zwischen Objekten. Sie werden zwischen Klassen formuliert, beziehen sich aber auf die Instanzen dieser Klassen.

Die Beziehung zwischen den Objekten wird als Verknüpfung bezeichnet. Sie ist die Instanz einer Assoziation zwischen den Klassen der Objekte.

So gibt es eine Assoziation *besucht*, die beschreibt, dass Studenten an Lehrveranstaltungen teilnehmen. Nun hört aber nicht allgemein ein Student eine allgemeine Vorlesung, sondern *Felix*, *Paul*, *Susi* und *Peter* hören sie als Instanzen (Objekte hört sich etwas unschön an) der Klasse Student. Sie besuchen eine konkrete Lehrveranstaltung, vielleicht die Vorlesung Softwaretechnik am Montag im Hauptgebäude der Universität. Diese Vorlesung ist ein Objekt der Klasse *Lehrveranstaltung*.

Diese konkrete Beziehung zwischen den Objekten kann abstrakter als Assoziation zwischen den Klassen *Student* und *Lehrveranstaltung* (**Abbildung 1.10**) modelliert werden.

Definition 1.6   Assoziation

> Eine Assoziation beschreibt eine Sammlung von Verknüpfungen mit einer gemeinsamen Struktur und Semantik.

Assoziationen beschreiben mit Hilfe von Klassen mögliche Verknüpfungen der den Klassen zugeordneten Objekte. Sie können wie folgt grafisch modelliert werden.

Welche Funktion ein Objekt in einer Assoziation erfüllt, ist durch eine Rolle beschreibbar. Der Rollenname wird dabei an den Enden einer Assoziationsverbindung notiert. Bei einer binären Assoziation sind es damit immer zwei Angaben. Daneben sind Informationen zu Kardinalitäten (bei UML wird das mit Multiplizität bezeichnet) möglich. Sie geben an, wie viele Objekte der Klassen in der späteren Verknüpfung einbezogen sind.

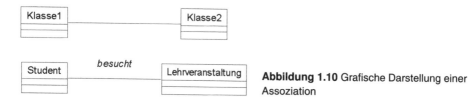

Abbildung 1.10 Grafische Darstellung einer Assoziation

Die verschiedenen Arten der Kardinalitätsangaben werden in Kapitel 2 noch genauer betrachtet. Zunächst seien nur die Angaben erwähnt, die ausdrücken, dass genau ein Objekt betroffen ist (1), dass kein Objekt oder viele Objekte (0..n) bzw. dass ein Objekt oder viele Objekte (1..*) auftreten können. Die Notationen „*" und „n" haben hier die gleiche Bedeutung. Die Rolle, die Objekte einer Klasse spielen, und die Kardinalität (Multiplizität), in der sie in Beziehung zu den Objekten der anderen Klassen stehen, werden an dem Ende der Assoziation notiert, an dem die Klasse selbst steht.

Es sei darauf hingewiesen, dass es auch Notationen gibt, bei denen andere Festlegungen getroffen werden. Beim Lesen von Spezifikationen ist es daher wichtig, darauf zu achten, welche Festlegungen gelten.

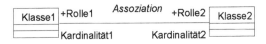

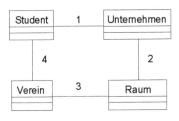

Abbildung 1.11 Beispiel einer Assoziation mit Rollen und Kardinalitäten

In der Assoziation „*liest*" in **Abbildung 1.11** spielt ein Student die Rolle des Lesers und ein Buch die Rolle des Lehrbuches. Außerdem wird ausgedrückt, dass ein Student ein Lehrbuch oder viele Lehrbücher liest. Umgekehrt wird ein Buch von keinem oder mehreren Studenten gelesen.

Aufgaben

Folgendes Diagramm sei gegeben

| Student | 1 | Unternehmen |
| Verein | 3 | Raum |

(mit 4 zwischen Student und Verein, 2 zwischen Unternehmen und Raum)

1.5 Wie könnten die Bezeichnungen für die Assoziationen lauten?
a) 1="arbeitet für", 2="besitzt", 3="nutzt", 4="ist Mitglied"
b) 1="befreundet mit", 2="nutzt", 3="besitzt", 4="befreundet mit"
c) 1="arbeitet für", 2="nutzt", 3="besitzt", 4="arbeitet für"
d) 1="arbeitet für", 2="nutzt", 3="besitzt", 4="schraubt"

1.6 Welche Kardinalitäten würden Sie der Assoziation 1 zuordnen?
a) auf beiden Seiten 1
b) links 1 rechts 0..*
c) auf beiden Seiten 0..*
d) links 0..* und rechts 1

1.7 Modellieren Sie auch die Kardinalitäten für die anderen Assoziationen.

1.8 Modellieren Sie Ihre Beziehungen zu *Wohnung, Auto, Bus, Taxi* und *Restaurant* in Form von Assoziationen. Nutzen Sie Kardinalitäten und Rollen, wenn das die Lesbarkeit erleichtert.

Definition 1.7   Aggregation

Eine Aggregation bezeichnet eine „Teil-Ganzes-" oder „Ist-Teil-von-"Verknüpfung.

Eine spezielle Form der Assoziation ist die Aggregation. Sie wird zur Modellierung genutzt, wenn die Beziehung zwischen den Objekten unterschiedlicher Klassen sehr eng ist und mit einer „Ist-Teil-von"-Beziehung charakterisiert werden kann. Diese Beziehung schließt die Mitgliedschaft in einer Gruppe ein. Ein Mitglied ist in diesem Sinne also ein Teil eines Vereins. Um diese noch etwas lockere „Ist-Teil-von"-Beziehung von existenziellen Beziehungen zu unterscheiden, in denen das Teil ohne das Ganze gar nicht existieren kann, werden unterschiedliche Notationen für beide Varianten genutzt. Die etwas losere Beziehung wird durch ein nicht gefülltes Drachenviereck charakterisiert, während die enge Beziehung durch ein ausgefülltes Drachenviereck wie in **Abbildung 1.12** repräsentiert wird. Sie wird auch als Komposition bezeichnet.

Definition 1.8   Komposition

Eine Aggregation mit sehr starker Bindung wird als Komposition bezeichnet.

Eine Komposition ist eine stärkere Beziehung als eine Aggregation und diese ist wiederum stärker als eine Assoziation.

Als Beispiel sei erneut ein Buch herangezogen. Seine Kapitel sind ohne das gesamte Buch im Allgemeinen nicht existent, deshalb ist eine sehr enge Kopplung in Form einer Komposition gerechtfertigt.

Die Verbindung zwischen einem Verein und seinen Mitgliedern ist noch so eng, dass der Verein ohne Mitglieder in der Existenz gefährdet ist und etwas mehr als eine einfache Assoziation vorliegt. Eine Aggregation ist damit eine passende Modellierung.

Werden die Verbindungen zwischen den Objekten noch loser, wie bei Vortragender und Zuhörer, dann sollte man eine Assoziation modellieren. Hier handelt es sich wirklich um eine Beziehung, die zwar wichtig sein kann, beide Seiten aber nicht in der Existenz bedroht.

Es ist nicht immer ganz einfach, die richtige Art der Beziehung festzulegen. Im Zweifelsfalle sollte man eine Assoziation modellieren. Für die weitere Softwareentwicklung hat das nicht so einen entscheidenden Einfluss. Unterschiede bestehen zwar bei den entsprechenden Erzeugungsmethoden. Die exakte Modellierung dient hauptsächlich zum besseren Verständnis der Zusammenhänge.

Welche Auswirkung die Modellierung auf den Quelltext haben kann, das wird im Kapitel 2 am Beispiel eines Würfelspiels erläutert.

In **Abbildung 1.12** sind die gerade erwähnte Aggregation und ihr Spezialfall, die Komposition, grafisch dargestellt.

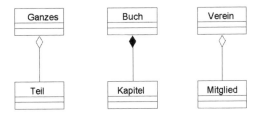

Abbildung 1.12 Darstellung der Aggregation und der Komposition

Zwischen *Buch* und *Kapitel* sowie zwischen *Verein* und *Mitglied* liegt eine Aggregation vor. Bei *Buch* und *Kapitel* ist es sogar eine Komposition.

Eine Aggregation ist transitiv (Wenn A Teil von B und B Teil von C, dann ist auch A Teil von C) und antisymmetrisch (Wenn A Teil von B, dann ist nicht B Teil von A). Sie liegt nach Rumbaugh /1.6/ vor, wenn die folgenden Fragen mit ja beantwortet werden können:

1. Ist die Beschreibung „Teil von" zutreffend?
2. Werden manche Operationen auf das „Ganze" automatisch auch auf die „Teile" angewandt?
3. Pflanzen sich manche Attribute vom „Ganzen" auf alle oder einige „Teile" fort?
4. Ist die Verbindung durch eine Asymmetrie gekennzeichnet, bei der die „Teile" dem „Ganzen" untergeordnet sind?

Aufgaben

1.9 Gegeben seien die Klassen Haus und Zimmer. Welche Art der Assoziation würden Sie zwischen beiden modellieren?
a) Eine einfache Assoziation „hat Beziehung zu"
b) Eine Aggregation „besteht aus"
c) Eine Komposition „besteht aus"

1.10 Gegeben seien die Klassen Haus und Mieter. Welche Art der Assoziation würden Sie hier modellieren?
a) Eine einfache Assoziation „hat"
b) Eine Aggregation „setzt sich zusammen aus"
c) Eine Komposition „besteht aus"

1.11 Gegeben seien die Klassen Mieterverein und Mieter. Wie sieht hier die Modellierung aus?
a) Eine einfache Assoziation „besitzt"
b) Eine Aggregation „setzt sich zusammen aus"
c) Eine Komposition „besteht aus"

Eine ganz wichtige Beziehung zwischen Klassen bei der objektorientierten Softwarespezifikation ist die Vererbungsbeziehung. Dabei werden Attribute und Methoden einer Oberklasse an eine Unterklasse weitergeleitet.

Man spricht von einer Spezialisierung der Oberklasse in eine Unterklasse oder von einer Generalisierung der Unterklasse in eine Oberklasse. Entsprechend kann man die Vererbungsrelation auch als „Spezialisieren" oder „Generalisieren" betrachten.

Definition 1.9   Vererbung

> Klassen werden in eine Hierarchie eingeordnet, die eine Weiterleitung von Informationen von oben nach unten ermöglicht. Eine Unterklasse verfügt dann über die Eigenschaften und das Verhalten der Oberklasse. Sie „erbt" diese Charakteristika. Entsprechend wird die Hierarchie auch Vererbungsstruktur oder Klassenhierarchie genannt.

In einer Vererbungshierarchie gilt das Substitutionsprinzip. Objekte der Unterklasse können in einem Programm stets Objekte der Oberklasse vertreten.

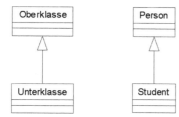

Abbildung 1.13 Grafische Darstellung der Vererbung

Als Beispiel erbt die Klasse Student alle Charakteristika von der Klasse Person. Damit sind alle Attribute und Methoden der Klasse Person auch Attribute und Methoden der Klasse Student. Ein Student hat alle Charakteristika einer Person, aber zusätzliche Eigenschaften und/oder Methoden.

Im Gegensatz zur Assoziation und Aggregation, die zwar zwischen Klassen modelliert werden, aber eine Verknüpfung zwischen Objekten beschreiben, ist die Vererbung nur eine Relation zwischen Klassen.

 Vererbung findet nur zwischen Klassen statt!

Aufgaben

 1.12   Kann ein Objekt Attribute und Methoden erben?

1.13   Welche Dinge erbt die Klasse Informatikstudent, wenn sie als Unterklasse von Student modelliert wird?
a)   Nur die Attribute
b)   Nur die Methoden
c)   Alle Attribute und Methoden
d)   Nur die Methode feiern
e)   Nur die Methode lernen

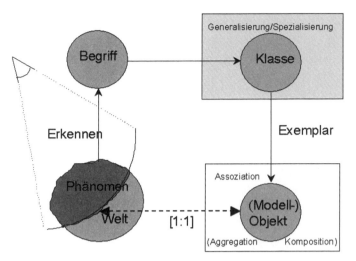

Abbildung 1.14 Darstellung des Anwendungsfeldes von Vererbung und Assoziation

Definition 1.10   Abstrakte Klasse

Eine Klasse, zu der keine Objekte existieren können, bezeichnet man als abstrakte Klasse.

Definition 1.11   Konkrete Klasse

Wenn zu einer Klasse Objekte erzeugt werden können, bezeichnet man sie als konkrete Klasse.

Abstrakte Klassen werden aus konzeptionellen Gründen benötigt, um Informationen gut zu strukturieren. Sie werden nie als Schablonen oder Stempel zur Erzeugung von Objekten benutzt.

Aus dem täglichen Leben sind Gattungsbegriffe für derartige Gruppierungen bekannt. Säugetiere sind unterteilt in Pflanzenfresser und Fleischfresser. Ein Fleischfresser ist beispielsweise ein Tiger. Im objektorientierten Sinne entsprechen Säugetier, Pflanzenfresser und Fleischfresser abstrakten Klassen. Es gibt keine Objekte zu diesen Begriffen. Objekte gibt es nur zu den Begriffen, die nicht weiter verfeinert werden. In unserem Falle ist das der Tiger. Für einen Fachmann ist der Begriff Tiger noch abstrakt. Er unterscheidet weiter die unterschiedlichsten Arten von Tigern. In der Umgangssprache nehmen wir es mit diesem feinen Unterschieden oft nicht so ganz genau. So sagt man durchaus: „Dort steht ein Auto", obwohl man eigentlich genauer sein könnte.

In **Abbildung 1.15** stellt `Person` eine abstrakte Klasse dar, die durch zwei konkrete Klassen `Frau` und `Mann` spezialisiert wird. Nach dieser Modellierung gibt es keine Objekte, die von der Klasse `Person` erzeugt werden. Es gibt nur Objekte der Klassen `Frau` und `Mann`.

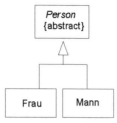

Abbildung 1.15 Beispiel für abstrakte und konkrete Klasse

Von einer abstrakten Klasse müssen (eventuell über mehrere Ebenen) immer konkrete Klassen spezialisiert werden, sonst liegt eine fehlerhafte Modellierung vor. Eine abstrakte Klasse macht nur Sinn, wenn sie Charakteristika an konkrete Klassen vererben kann. Ansonsten gibt es keine Objekte, die von den Charakteristika der abstrakten Klasse profitieren.

Abstrakte Klassen sind dazu geeignet, Attribute und Methoden abgeleiteter (erbender) Klassen festzulegen.

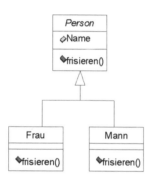

Abbildung 1.16 Vererbung von Attributen und Methoden

Entsprechend **Abbildung 1.16** hat eine Person ein Attribut `Name` und eine Methode `frisieren`. Beides wird an die Klassen `Frau` und `Mann` weitervererbt. In dem konkreten Beispiel bestehen zwei Möglichkeiten:

a) In der Klasse `Person` wurde nur die Schnittstelle der Methode `frisieren` festgelegt.

Konkrete Festlegungen über den Algorithmus wurden noch nicht getroffen.

b) In der Klasse `Person` wurde bereits detailliert spezifiziert, was unter der Methode `frisieren` zu verstehen ist.

Im Falle b) können die Klassen `Frau` und `Mann` sich damit zufrieden geben, den Algorithmus, der in Klasse `Person` festgelegt wurde, zu übernehmen. Sie können den Algorithmus aber auch unter Beibehaltung der Schnittstelle redefinieren.

Im Falle a) besteht diese Auswahl nicht. Hier muss von beiden Klassen jeweils ein Algorithmus festgelegt werden.

Aufgaben

1.14 Wann wäre es bezogen auf das Ausgangsbeispiel sinnvoll, die Klasse `Student` als „abstrakt" zu definieren?
a) Einige Studenten können als Objekte der Unterklassen modelliert werden.
b) Die meisten Studenten können als Objekte der Unterklassen modelliert werden.
c) Alle Studenten können als Objekte der Unterklassen modelliert werden.

Bezogen auf die Methode `frisieren` ist es durchaus sinnvoll, Frauen und Männern unterschiedliche Algorithmen zuzuordnen. So ist abgesehen von den verschiedenen Frisuren bei einem Mann der Bart in den Algorithmus zu integrieren.

Damit reagieren Objekte der Klasse `Frau` anders als Objekte der Klasse `Mann` auf die Botschaft `frisieren`. Der Mann wird sich kämmen, rasieren oder seinen Bart kämmen. Die Frau wird zu Fön und Haarspray greifen. Dieser Fakt des unterschiedlichen Reagierens auf die gleiche Botschaft wird als Polymorphismus bezeichnet.

Definition 1.12   Polymorphismus

Eine Botschaft ist polymorph, wenn sie bei unterschiedlichen Objekten Methoden aktiviert, die verschiedene Semantiken besitzen.

Die Mehrdeutigkeiten, die sich aus dem Polymorphismus ergeben, können teilweise bereits bei der Notation einer Spezifikation aufgelöst werden.

Wenn beispielsweise Objekte der Klasse `Frau` und `Mann` vorliegen, dann kann eindeutig festgelegt werden, welcher Algorithmus durch eine Botschaft `frisieren` bei den Objekten aktiviert werden muss.

Etwas komplizierter ist es schon, wenn eine Warteschlange von Personen existiert und während der Abarbeitung die nächste Person aus der Schlange geholt wird. Wenn jetzt die Botschaft `frisieren` an dieses Objekt gesandt wird, kann wirklich erst bei der Abarbeitung entschieden werden, welche Methode aufgerufen wird. In diesem Falle spricht man vom dynamischen Binden.

Definition 1.13   Dynamisches Binden

Dynamisches oder spätes Binden liegt vor, wenn erst beim Ablauf eines Algorithmus (zur Laufzeit) festgelegt werden kann, welche Methode durch eine Botschaft aktiviert wird.

In Programmiersprachen ist das dynamische Binden eine Grundvoraussetzung zur Realisierung des objektorientierten Paradigmas. Es wird allerdings mit einem Verlust an Abarbeitungsgeschwindigkeit erkauft, weil die Zuordnung der Algorithmen während der Laufzeit passieren muss. Man sollte in Programmen das dynamische Binden nur dort nutzen, wo es wirklich notwendig ist. Viele Programmiersprachen haben daher dem Programmierer eine Möglichkeit eingeräumt, selbst zu entscheiden, ob ein statisches oder dynamisches Binden erfolgt.

 Polymorphismus und das Substitutionsprinzip (Ersetzung von Objekten einer Oberklasse durch Objekte einer Unterklasse) sind widersprüchliche Anforderungen.

Bei einer guten Vertretung dürfte man eigentlich nicht merken, dass es sich um eine Vertretung handelt. Sie muss sich exakt so verhalten, wie das Objekt, was vertreten wird. Das setzt aber den Polymorphismus außer Kraft.

Welche Auswirkungen diese sich widersprechenden Anforderungen auf die Programmierung haben, das wird im Kapitel 3 noch ausführlich unter den Begriffen Invarianz, Kovarianz und Kontravarianz diskutiert.

Aufgabe

 1.15 Ein Objekt der Klasse `Mitarbeiter`, die von der Klasse `Person` abgeleitet ist, liefert auf die Botschaft `gib_Alter` den Wert 45. Ein Objekt der Klasse `Pensionär`, die ebenfalls von `Person` abgeleitet ist, liefert auf die gleiche Botschaft den Wert 70. Handelt es sich hier um Polymorphie, da beide Objekte unterschiedlich reagieren?

Definition 1.14 Einfach- und Mehrfachvererbung

Erbt eine Klasse nur von einer anderen Klasse, so spricht man von Einfachvererbung. Sind es mehrere Klassen, von denen geerbt wird, so bezeichnet man dies mit Mehrfachvererbung.

Mit der Mehrfachvererbung gehen einige Probleme daher. Was passiert, wenn die gleiche Methode mit unterschiedlicher Semantik von verschiedenen Vorgängern geerbt wird? Es bedarf einer Strategie zur Konfliktbewältigung. Einige Programmiersprachen gehen dem aus dem Wege und lassen nur die einfache Vererbung zu. Es wird dabei auch argumentiert, dass der Programmierer bei der Mehrfachvererbung überfordert ist, den Überblick zu behalten. Bei der Analyse sollte man auf jeden Fall Mehrfachvererbung modellieren, wenn sie sachlich angebracht ist. Diese Modelle müssen dann für die Implementierung transformiert werden.

Beispiel 1.1 Mehrfachvererbung bei einem Luxustaxi

 Ein Abrechnungssystem für ein Taxi und für eine Bar wurde entwickelt. Die Systeme sind in Form der Klassen `Taxi` und `Bar` modelliert. Ein Abrechnungssystem für ein Luxustaxi kann nun nur durch Vererbung entstehen. Es ermöglicht damit die Abrechnung der Fahrleistungen und der konsumierten Getränke und Snacks.

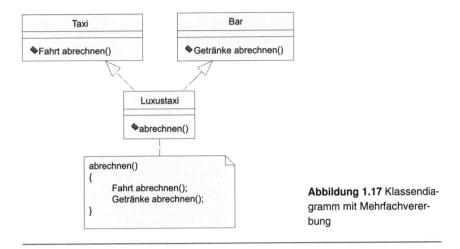

Abbildung 1.17 Klassendiagramm mit Mehrfachvererbung

Aufgaben

1.16 Bei einem Auto sei für die Ermittlung des Alters das Zulassungsdatum und bei einer Bar das Datum der Aufstellung entscheidend. Welche Probleme treten in der Klasse Luxustaxi auf, wenn die Klassen `Taxi` und `Bar` jeweils eine Methode `gib_Alter` haben?

1.17 Welche Möglichkeiten der Konfliktlösung können Sie sich vorstellen?

Definition 1.15   Metaklasse

Klassen, deren Instanzen selbst wieder Klassen sind, bezeichnet man als Metaklassen.

Jacobson /1.4/ empfiehlt dem „normalen" Programmierer auf Metaklassen zu verzichten. Für die Modellierung sind sie aber oftmals durchaus sinnvoll. Beispielsweise kann die Idee von abstrakten und konkreten Klassen durch ein Metamodell wie in **Abbildung 1.18** beschrieben werden. Das Metamodell ist in abgewandelter Form aus Rumbaugh /1.6/ entnommen.

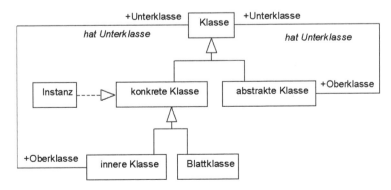

Abbildung 1.18 Metamodell für abstrakte und konkrete Klassen

Aus dem Modell in **Abbildung 1.18** ist zu erkennen, dass konkrete und abstrakte Klassen die Eigenschaften einer Klasse haben. Eine konkrete Klasse kann in der Vererbungshierarchie eine Blattklasse sein, von der keine weiteren Klassen erben. Sie kann aber auch eine innere Klasse des Hierarchiebaumes sein, die gerade keine Blattklasse ist. Sie hat Unterklassen und spielt in der Assoziation die Rolle einer Oberklasse.

Zu den konkreten Klassen gibt es Instanzen. Für diese spezielle Beziehung wird eine eigene Strichnotation der Assoziation genutzt.

An diesem Modell wird deutlich, dass bei der Vererbung neben Attributen und Methoden auch andere Charakteristika, wie Rollen und Assoziationsbeziehungen vererbt werden. So kann eine innere Klasse Unterklasse einer anderen inneren Klasse sein. Aus dem Metamodell wird das ersichtlich, da innere Klasse die Rolle und die entsprechende Assoziationsbeziehung von Klasse über konkrete Klasse erbt.

Abbildung 1.19 modelliert den Sachverhalt der Beziehung zwischen Klasse und Partner auf unterschiedliche Weise.

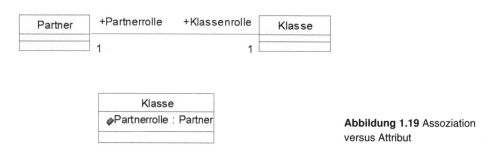

Abbildung 1.19 Assoziation versus Attribut

Einmal wird eine Assoziation genutzt, in der Partner die Partnerrolle spielt und einmal wurde Klasse ein Attribut zugeordnet, welches den Namen Partnerrolle erhalten hat und vom Typ Partner ist.

Die Semantik eines Attributes wird stark von der Programmiersprache beeinflusst, mit der man gewohnt ist zu arbeiten.

In einigen Programmiersprachen werden Assoziationen als Verweise und Attribute als Deklarationen realisiert. Objektorientierte Programmiersprachen wie Eiffel oder Java besitzen aber eine Verweissemantik und keine direkt durch den Programmierer zu beeinflussenden Zeiger.

Bei der Verweissemantik wird jedem Variablennamen zunächst ein Speicherplatz zugeordnet, der die Adresse des Speicherbereiches hält, in dem der Wert der Variablen abgelegt ist.

Abbildung 1.20 Verweissemantik von Variablen

Werden die beiden Modelle von **Abbildung 1.19** in eine Programmiersprache wie Java umgesetzt, ergibt sich in beiden Fällen der gleiche Code

```
/-----------------------------------
public class Klasse{
    public Partner Partnerrolle;
        ...
}
/-----------------------------------
```

Damit haben Assoziationen und Attribute bei diesen Sprachen die gleiche Auswirkung auf den entstehenden Programmcode. Das darf aber nicht darüber hinwegtäuschen, dass unterschiedliche Modellierungsaspekte vorliegen.

Es ist der Verweissemantik der verwendeten Programmiersprache geschuldet, wenn die Modelle mit Assoziation und Attribut denselben Quelltext ergeben. Auch die Attribute werden über die Verweissemantik verwaltet, so dass ihre Werte nicht direkt in der Klasse abgelegt werden. Über den tatsächlich in Anspruch genommenen Speicherbereich kann keine Aussage getroffen werden.

Der konzeptionelle Unterschied zwischen Assoziationen und Attributen ist nicht in jeder Programmiersprache formulierbar. Trotzdem sollte bei der Modellierung genau auf diese Feinheiten geachtet werden und nicht der entstehende Code im Vordergrund stehen.

Kann die Beziehung eines Objektes A zu einem Objekt B als „Teil-von" charakterisiert werden und hat A keine Beziehungen zu anderen Objekten, dann ist die Modellierung von A als Attribut der Klasse von B sinnvoll. Steht A auch allein in Beziehung zu anderen Objekten, so trägt eine Komposition zwischen den Klassen von A und B dem am besten Rechnung. Ist die Beziehung zwischen A und B weniger eng, so sollte sie als Assoziation zwischen den entsprechenden Klassen modelliert werden.

1.2.3 Dynamisches Modell

Die bisherigen Modelle waren sehr einfach gehalten. Der Ablauf einer Methode in Reaktion auf eine Botschaft war immer der gleiche. In der Realität ist das aber nicht der Fall. Wenn beispielsweise ein Tourist an ein Touristeninformationssystem eine Botschaft schickt, dass er zu einem bestimmten Zeitpunkt eine bestimmte Reise bestellen möchte, dann wird das System nicht immer auf die gleiche Art und Weise reagieren. Es wird entweder eine Buchungsbestätigung erteilen oder mitteilen, dass die Reise leider schon ausgebucht ist. Eventuell wird die Reise zu dem angegebenen Zeitpunkt auch gar nicht organisiert. Systeme verhalten sich im Allgemeinen nicht statisch. Sie haben ein dynamisches Verhalten, das von einem inneren Zustand abhängt. Dieser innere Zustand wird in objektorientierten Systemen durch die Wertebelegung der Attribute bestimmt.

Die Methoden, die ein Objekt ausführt, sind in der Lage, die Attribute eines Objektes zu lesen und zu verändern. Auf bestimmte Botschaften reagiert ein Objekt nur in gewissen Zuständen. Bezogen auf das Beispiel eines Füllfederhalters bedeutet dies, die Methode `schreiben` ist nur aktivierbar, wenn er im Zustand `unverschlossen` ist. Ein Touristeninformationssystem wird im Internet nur reagieren, wenn es online geschaltet ist. Ansonsten wird man in beiden Fällen vergeblich auf eine Reaktion warten.

Für die Beschreibung der Dynamik eines objektorientierten Systems gibt es verschiedene Ansätze. Eine Möglichkeit ist die Angabe von Automaten.

Zunächst soll der Aufbau eines Mealy-Automaten an einem kleinen Beispiel erläutert werden.

Beispiel 1.2   Buchungssystem als Automat

Für ein Reisebüro ist es durchaus interessant zu notieren, welche Zustände eine Buchung annehmen kann, besser gesagt, es interessiert, wie eine Buchung bearbeitet wird. Der Mealy-Automat, der das beschreibt, besteht aus einer endlichen Menge von Zuständen (Buchung erstellt, Buchung ausgefüllt, Buchung reserviert, Buchung bestätigt, Buchung bezahlt, Buchung storniert).

Es gibt einen besonderen Zustand, der als Startzustand bezeichnet wird. Der Startzustand könnte „Buchung erstellt" sein. Es hat sich aber als zweckmäßig erwiesen, einen gesonderten Zustand zu nutzen, der eine Buchung beschreibt, mit der noch nichts geschehen ist. Die Buchung liegt eigentlich noch gar nicht vor.

Zustandsübergänge werden durch ein Eingabesymbol ausgelöst (e, a, r, s, b, z) und bewirken eine Ausgabe (erstellen, ausfüllen, reservieren, bestätigen, zahlen, stornieren). Diese Ausgaben sind formal nur Zeichenketten. Durch eine Interpretation der Ausgaben kann natürlich auch eine Reaktion darauf erfolgen. Durch die gewählten Namen ist hier sofort ersichtlich, welche Aktivitäten durchgeführt werden sollen.

Ein möglicher Automat für eine Buchung ist in **Abbildung 1.21** dargestellt. Dabei befindet sich der Automat zunächst im Startzustand (schwarzer Kreis). In diesem Zustand reagiert er nur auf die Eingabe „e". Alle anderen Eingaben haben keine Wirkung. Die Eingabe von „e" bewirkt einen Zustandsübergang vom Startzustand zum Zustand „Buchung erstellt".

In der grafischen Darstellung der Zustände wurde auf die Angabe des vollständigen Zustandsnamens aus Darstellungsgründen verzichtet, was eigentlich nicht ganz korrekt ist. Im Zustand „Buchung ausgefüllt" wird durch das Eingabezeichen „r" ein Übergang zu „Buchung reserviert" ausgelöst. Durch Eingabe von „s" erfolgt ein Übergang zu „Buchung storniert". In diesem Zustand ist im dargestellten Fall kein Übergang zu einem anderen Zustand möglich. Eine stornierte Buchung bleibt storniert.

Hervorzuheben ist vielleicht noch, dass eine reservierte Buchung in den Zustand „Buchung ausgefüllt" zurückgesetzt werden kann, wenn Veränderungen in den Daten vorgenommen (Eingabe „a" trat auf) wurden. Ob diese Spezifikation den wirklichen Sachverhalten in einem Reisebüro entspricht, muss natürlich überprüft werden. Es handelt sich bei dem Mealy-Automaten aber um eine präzise Spezifikation.

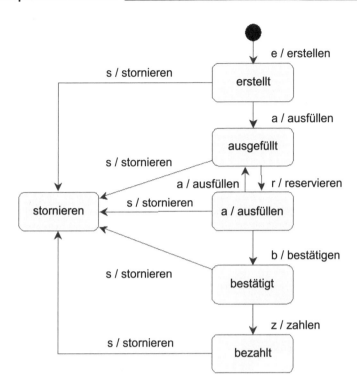

Abbildung 1.21 Grafische Darstellung des Mealy-Automaten einer Buchung

Aus der fachlichen Sicht eines Reiseveranstalters gibt es sicher zu bemängeln, dass ein Tourist jederzeit seine Reise stornieren kann. Dies sei aber eben hier so spezifiziert.

Im Folgenden soll nun der gleiche Sachverhalt einer Buchung mit einem Moore-Automaten beschrieben werden. Bei ihm liegt die Besonderheit vor, dass die Ausgaben in den Zuständen erfolgen. Die **Abbildung 1.22** stellt den entsprechenden Automaten dar.

Beide Automaten beschreiben das gleiche Verhalten einer Buchung. Sie liefern bei gleicher Eingabefolge die gleiche Ausgabefolge. Sie sind in ihrem Verhalten gleich.

Sowohl der Mealy- als auch der Moore-Automat schalten bei der Eingabe von „e, a, r, a, r, a, r, b" in den Zustand (Buchung) „bestätigt". Gleichzeitig wird die Ausgabe „erstellen, ausfüllen, reservieren, ausfüllen, reservieren, ausfüllen, reservieren, bestätigen" erzeugt.

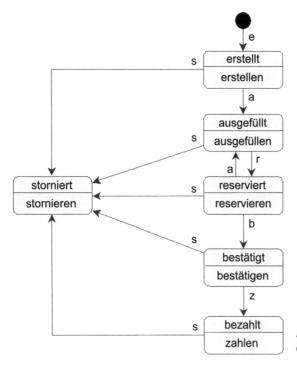

Abbildung 1.22 Grafische Darstellung des Moore-Automaten einer Buchung

Aufgaben

1.18 Wie ist der Mealy-Automat aus zu verändern, um zu spezifizieren, dass nach dem Antreten einer Reise keine Stornierung mehr möglich ist? Als Eingabe soll „t" zum Auslösen des Zustandsübergangs genutzt werden.

1.19 Wie ist der Automat in **Abbildung 1.21** zu verändern, um mit der Eingabe von „l" eine Buchung endgültig zu löschen? Das gilt sowohl für stornierte als auch für angetretene Reisen.

1.20 In welchem Zustand ist eine Buchung, die sich wie der Automat in **Abbildung 1.21** verhält, nach folgenden Eingaben?
a) e, a, r, a, r, s
b) e, a, r, x, y, z, b, z
c) e, a, r, b, z
d) e, a, s

1.21 Beschreiben Sie in einem regulären Ausdruck die Sprache der Ausgaben des Mealy-Automaten in **Abbildung 1.21**

1.22 Lösen Sie alle auf den Mealy-Automaten (**Abbildung 2.21**) bezogenen Aufgaben für den Moore-Automaten (**Abbildung 1.22**).

Bevor etwas detaillierter auf die Spezifikationsmöglichkeiten von Zustandsautomaten eingegangen werden soll, erfolgt eine etwas formalere Definition der Automaten.

Definition 1.16 Mealy-Automat

Ein Mealy-Automat M ist ein Sechstupel $M = (Q, \Sigma, A, \delta, \lambda, q_0)$, wobei gilt

Q - endliche Menge von Zuständen,

Σ - endliches Eingabealphabet,

A - endliches Ausgabealphabet,

δ - Übergangsfunktion, die $Q \times \Sigma$ auf Q abbildet,

 d. h. für einen Zustand $q \in Q$ und ein Eingabezeichen $e \in \Sigma$

 liefert $\delta(q, e)$ einen Zustand aus Q,

λ - Ausgabefunktion, die $Q \times \Sigma$ auf A abbildet,

 d. h. für einen Zustand $q \in Q$ und ein Eingabezeichen $e \in \Sigma$

 liefert $\lambda(q, e)$ eine Ausgabe aus A,

q_0 - Startzustand, $q_0 \in Q$.

Beispiel 1.3 Spezifikation des Mealy-Automaten zu Abbildung 1.21

$Q = \{$ Startzustand, Buchung erstellt, Buchung ausgefüllt,
   Buchung reserviert, Buchung bestätigt,
   Buchung bezahlt, Buchung storniert $\}$

$\Sigma = \{$ e, a, r, s, b, z $\}$

$A = \{$ erstellen, ausfüllen, reservieren, bestätigen, zahlen, stornieren $\}$

$\delta = \{$ ((Startzustand, e)->Buchung erstellt),
   ((Buchung erstellt, a)->Buchung ausgefüllt),
   ((Buchung erstellt, s)->Buchung storniert),
   ((Buchung ausgefüllt, r)->Buchung reserviert),
   ((Buchung ausgefüllt, s)->Buchung storniert),
   ((Buchung reserviert, a)->Buchung ausgefüllt),
   ((Buchung reserviert, b)->Buchung bestätigt),
   ((Buchung reserviert, s)->Buchung storniert),
   ((Buchung bestätigt, z)->Buchung bezahlt),
   ((Buchung bestätigt, s)->Buchung storniert),
   ((Buchung bezahlt, s)->Buchung storniert) $\}$

$\lambda = \{$ ((Startzustand, e)->erstellen),
   ((Buchung erstellt, s)->stornieren),
   ((Buchung erstellt, a)->ausfüllen),
   ((Buchung ausgefüllt, r)->reservieren),
   ((Buchung ausgefüllt, s)->stornieren),
   ((Buchung reserviert, b)->bestätigen),
   ((Buchung reserviert, a)->ausfüllen),
   ((Buchung reserviert, s)->stornieren),
   ((Buchung bestätigt, z)->zahlen),
   ((Buchung bestätigt, s)->stornieren),
   ((Buchung bezaht, s)->stornieren) $\}$

Nach diesem Beispiel soll ein kurzer Blick auf die Definition eines Moore-Automaten und das entsprechende Anwendungsbeispiel geworfen werden.

Definition 1.17   Moore-Automat

Ein Moore-Automat M ist ein Sechstupel $M = (Q, \Sigma, A, \delta, \lambda, q_0)$, wobei

Q - endliche Menge von Zuständen,

Σ - endliches Eingabealphabet,

A - endliches Ausgabealphabet

δ - Übergangsfunktion, die $Q \times \Sigma$ auf Q abbildet,

d. h. für einen Zustand $q \in Q$ und ein Eingabezeichen $e \in \Sigma$

liefert $\delta(q, e)$ einen Zustand aus Q,

λ - Ausgabefunktion, die Q auf A abbildet,

d. h. für einen Zustand $q \in Q$ liefert $\lambda(q)$ eine Ausgabe aus A,

q_0 - Startzustand, $q_0 \in Q$.

Der Unterschied des Moore-Automaten zum Mealy-Automaten liegt in der Ausgabefunktion λ. Sie hängt beim Moore-Automaten nur vom Zustand ab. Die Eingabe hat nur indirekten Einfluss auf die Ausgabe. Für das Beispiel der Buchung (**Abbildung 1.22**) ergibt sich folgende neue Ausgabefunktion.

Beispiel 1.4   Ausgabefunktion für Moore-Automat zu Abbildung 1.22

$\lambda = \{$ ((Buchung erstellt)->erstellen),
((Buchung ausgefüllt)->ausfüllen),
((Buchung reserviert)->reservieren),
((Buchung bestätigt)->bestätigen),
((Buchung bezahlt)->zahlen),
((Buchung storniert)->stornieren) $\}$

Im Sinne der Softwarespezifikation werden die Automaten so genutzt, dass Ereignisse die Eingabezeichen darstellen. Ein Ereignis löst den Übergang zwischen zwei Zuständen aus. Die Ausgaben werden als Botschaften interpretiert, die an das Objekt gesendet werden, dessen Verhalten der Automat beschreibt. Die Nachricht bewirkt die Ausführung einer Methode des Objektes.

Für die Spezifikation von **Abbildung 1.21** bedeutet dies beispielsweise, dass für ein Objekt der Klasse Buchung im Zustand `Buchung erstellt` durch das Eintreffen des Ereignisses `a` die Methode `ausfüllen` aufgerufen wird.

Aufgabe

1.23 Modellieren Sie das Verhalten eines Geldautomaten einer Bank mit Hilfe von Mealy- und Moore-Automaten. Konzentrieren Sie sich dabei auf den Vorgang des Geldabholens. Nutzen Sie sowohl die grafische als auch die textuelle Notation der Spezifikation.

1.2.4 Modell der Systemnutzung

Ein ganz wichtiger Aspekt bei der Modellierung eines Systems ist die Vorstellung seiner Nutzung. Dabei ist weniger die innere Architektur eines Systems von Interesse als sein äußeres Verhalten.

In dem Modell der Systemnutzung werden Aufgaben und Geschäftsprozesse aus Sicht eines Benutzers modelliert. Dabei werden Anforderungen spezifiziert, die ein Auftraggeber an ein zu entwickelndes Softwaresystem hat. Das fertige System muss sich daran messen lassen, wie es die Benutzer bei der Aufgabenerledigung wirklich unterstützt. Hier spielen Informationen aus dem Modell der Systemnutzung eine große Rolle.

Ein in letzter Zeit sehr beliebtes Modell zur Beschreibung der Systemnutzung ist das so genannte Anwendungsfallmodell (use case model).

Ein Anwendungsfall beschreibt eine Menge von Funktionen, die durch ein System bereitgestellt werden, um den Anwender bei der Erfüllung seiner Aufgaben zu unterstützen. Ein solcher Anwendungsfall hat viele Gemeinsamkeiten mit einer komplexen Aufgabe (bei der Aufgabenanalyse) und einem Geschäftsprozess (bei der Geschäftsprozessanalyse).

Vereinfacht kann man feststellen, dass jeder Geschäftsprozess einen Anwendungsfall darstellt. Anwendungsfälle können aber auch einen so kleinen Umfang haben, dass sie noch nicht als Geschäftsprozess bezeichnet werden können. Ein Beispiel dafür wäre das Anmelden in einem Internetshop. Das kann als Anwendungsfall modelliert werden, ist aber noch kein Geschäftsprozess.

Mit den Anwendungsfallmodellen ist die Idee des benutzerzentrierten Ansatzes in die Welt der objektorientierten Spezifikationen aufgenommen worden. Wie im Kapitel 2 später noch weiter erläutert wird, ist das ein Verdienst von Ivar Jacobson /1.4/. Er hat diese Idee während seiner Tätigkeit bei der Firma Ericsson mit seinem System Objectory populär gemacht.

Jacobson hat die Mehrheit der Softwareentwickler davon überzeugt, dass es nicht nur interessant ist die Interaktion mit Objekten zu beobachten und zu modellieren, sondern dass es auch sehr hilfreich ist, die Aufgaben aus Sicht der Anwender zu gruppieren. Der funktionale Aspekt der Softwareentwicklung, der ursprünglich einmal die Softwarespezifikation mit seinen strukturierten Methoden dominiert hat, ist damit auf neuem Niveau in die Praxis der Anforderungsanalyse zurückgekehrt.

Ein Anwendungsfall orientiert sich an den Anforderungen eines Nutzers, der Akteur genannt wird. Dieser repräsentiert eine Person oder ein externes System, das in Form einer Rolle mit dem zu entwickelnden Softwaresystem kommuniziert.

Ein Anwendungsfall orientiert sich an den Anforderungen eines Nutzers, der Akteur genannt wird. Dieser repräsentiert eine Person oder ein externes System, das in Form einer Rolle mit dem zu entwickelnden Softwaresystem kommuniziert.

Der primäre Akteur ist der Hauptprofiteur von der Durchführung des Anwendungsfalles. Er stößt auch die notwendige Interaktion an. Sekundäre Akteure helfen dann bei der Erfüllung der notwendigen Aufgaben.

Das Anwendungsfallmodell beschreibt in seiner abstraktesten Form die Interaktion des Akteurs mit dem System. Kommunikationsbeziehungen zwischen Komponenten des Gesamtsystems sind dann Gegenstand weiterer Untersuchungen.

Folgende Fragen sind von Interesse:

- Wer sind die Benutzer, welche Aufgaben haben sie zu erfüllen und welche Ziele verfolgen sie?
- Was sind die Gegenstände und Werkzeuge, mit denen sie arbeiten?
- Welche dieser Objekte spielen bei welcher Aufgabe eine Rolle?
- Welche Abhängigkeiten bestehen zwischen Anwendungsfällen?
- Wie werden Sonderfälle behandelt?

Weil die Aspekte der Systemnutzung aus Sicht der Benutzer für die Softwareentwicklung eine so große Bedeutung haben, startet die Vorstellung der „Unified Modeling Language" auch mit Sprachelementen zu Anwendungsfällen. Dabei werden Zusammenhänge zwischen Anwendungsfällen und Szenarien diskutiert, die nicht direkt mit UML zusammenhängen, für eine sinnvolle Vorgehensweise aber unabdinglich sind.

Bevor aber diese Sprachelemente im Detail vorgestellt werden, soll ein kurzer geschichtlicher Überblick über die bisherige Entwicklung von UML gegeben werden.

2

UML –
Unified Modeling Language

2 UML – Unified Modeling Language

2.1 Entwicklung der Sprache

UML (Unified Modeling Language) ist nach Aussage ihrer Entwickler eine Sprache zur Spezifikation, Visualisierung, Konstruktion und Dokumentation von Software. Ursprünglich aus den Ideen der drei Gurus Booch, Jacobson und Rumbaugh zusammengestellt, hat sie sich durch die Beteiligung wichtiger Industriepartner mehr und mehr als wirklicher Standard für die Modellierung objektorientierter Spezifikationen etabliert.

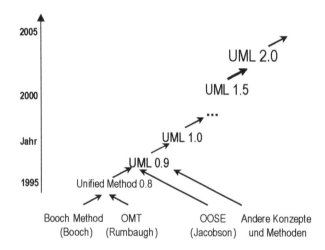

Abbildung 2.1 Überblick zur Geschichte von UML

Die Entwicklung von UML kann bis 1994 zurückverfolgt werden, als Booch und Rumbaugh begannen, ihre Entwicklungsmethoden zusammenzuführen. Beide Ansätze waren zu dieser Zeit weltweit schon stark verbreitet, wobei die Stärken von Booch in der Modularisierung und im Entwurf lagen, während die Stärken Rumbaughs besonders bei der objektorientierten Modellierung bestanden. Den in beiden Ansätzen gemeinsamen Konzepten galt es, eine einheitliche Notation zu geben. Eine erste Version der „Unified Method" wurde im Oktober 1995 veröffentlicht. Zu dieser Zeit wurde die Zweiergruppe durch Ivar Jacobson erweitert, der mit seinem OOSE (Object-Oriented Software Engineering) den Gesichtspunkt des Anwendungsfalls in die Methodendiskussion einbrachte.

Gemeinsam legten sie 1996 eine Spezifikation von UML in der Version 0.9 vor, mit der sie sich wohl auch den Namen die „drei Amigos" verdient haben, unter dem sie heute oft zitiert werden.

Mit dem gemeinsamen Bericht von 1996 sahen auch viele Unternehmen und Organisationen in einer einheitlichen Modellierungssprache UML eine strategische Basis für ihre

Arbeit. Auf einen Aufruf der Object Management Group (OMG), einer Vereinigung von Unternehmen zur Standardisierung in der Softwareentwicklung, zur Einreichung von Veränderungsvorschlägen gab es große Resonanz. Daraufhin etablierte die Firma Rational, bei der die „drei Amigos" tätig waren, ein Konsortium zur Definition der Sprache UML.

Dieses Konsortium umfasste bedeutende Firmen wie DEC, HP, IBM, Microsoft, Oracle und Unisys. Es modifizierte den Sprachvorschlag und erarbeitete Berichte zur genauen Definition von UML. Im Januar 1997 reichten dann weitere Firmen einen Vorschlag bei der OMG ein. Diese Gruppe wurde in das Konsortium aufgenommen und ihre Vorschläge führten zur Sprachentwicklung UML 1.1. Die weiteren Revisionen erfolgten bis zur Spezifikation von UML 1.5 schrittweise. Danach wurde eine vollständige Überarbeitung der Sprache vorgenommen und UML 2.0 entwickelt. Mittlerweile gibt es bereits Version 2.1, bei der im Wesentlichen die Behebung von Formulierungsfehlern im Mittelpunkt stand.

Das immer größere Interesse an UML hat auch seine Nachteile. Immer mehr unterschiedliche Ansichten beeinflussten die Diskussion über die Entwicklung der Sprache. So hat es mehrere Jahre gedauert, bevor der Standard durch alle Gremien bestätigt wurde. Die Firma Rational ist in der Zwischenzeit durch IBM aufgekauft worden.

UML ist nicht abgeschlossen, sondern offen für neue Konzepte. Die Sprache stellt in sich bereits Erweiterungsmöglichkeiten zur Verfügung. Zukünftige Entwicklungen sind damit integrierbar. Bei der OMG wurde auch eine „Revision Task Force (RTF)" installiert, die Ansprechpartner für die Öffentlichkeit ist, um Fehler in den Spezifikationen zu beheben.

Welche anderen Konzepte und Methoden hauptsächlich beim Entwurf der Grundprinzipien von UML eine Rolle spielten, ist aus **Abbildung 2.2** zu entnehmen, die aus einer Präsentation von Grady Booch selbst stammt.

Diese Abbildung stellt vereinfacht Einflussfaktoren auf die Entwicklung von UML dar. Dabei spielen die Arbeiten von Booch /2.2/, Jacobson /2.6/ und Rumbaugh /2.11/ eine herausragende Rolle. Sie sind in der Abbildung links mit grauen Pfeilen dargestellt. Natürlich basieren die Konzepte von UML auf weiteren Arbeiten, wie beispielsweise der Idee der Kapselung nach Parnas oder anderen objektorientierten Ansätzen. Diese sind aus Übersichtlichkeitsgründen nicht dargestellt.

Einige Konzepte, wie die *Statecharts* (Zustandsdiagramme) nach Harel /2.4/, sind nur leicht modifiziert vollständig in UML übernommen worden. Sie dienen zur Spezifikation dynamischer Vorgänge und sind daher auch für die Spezifikation der Lebenszyklen von Objekten geeignet. In diesem Buch werden sie deshalb in zwei Abschnitten ausführlich behandelt. Über die Grundlagen finden sich einige Ausführungen in Abschnitt 1.2.3. Mit den entsprechenden Sprachelementen der UML befasst sich Abschnitt 2.5.1.

 Um die Semantik der Zustandsdiagramme zu verdeutlichen, wurden auch einige Animationen ins Internet gestellt. Sie können herangezogen werden, um das Verständnis für die Spezifikationen zu erhöhen.

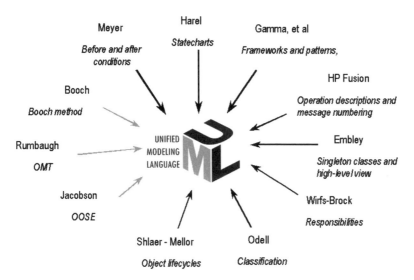

Abbildung 2.2 Einflüsse auf die Entstehung von UML (nach Booch)

Eigene Sprachelemente wurden auch für Design Patterns (Entwurfsmuster) in UML vorgesehen. Sie werden in Abschnitt 2.3.3 erläutert. Die Anwendung von Pattern wird dann später noch in Kapitel 3 diskutiert. Entwurfsmuster spielen bei der Softwareentwicklung eine immer wichtigere Rolle. Sie ermöglichen eine neue Art der Wiederverwendung. Dem Leser wird das Studium der entsprechenden Literatur (z.B. /2.8/) unabhängig von der Nutzung von UML ans Herz gelegt.

Vor- und Nachbedingungen hat Meyer sehr erfolgreich in den Entwurf seiner Programmiersprache Eiffel /2.10/ integriert. Damit hat er einen wichtigen Beitrag zur Etablierung einer sicheren Softwareentwicklung geleistet. Das Konzept basiert auf den Arbeiten von Hoare /2.5/. Dieser hat sich sehr intensiv mit dem Nachweis der Korrektheit von Programmen beschäftigt. Zusicherungen spielen dabei eine wichtige Rolle. Der Nachweis der Korrektheit der Nachbedingungen aus der Korrektheit der Vorbedingungen wird zum Beweis der Korrektheit von Programmen genutzt. Die Möglichkeit der Notation von Zusicherungen ist in UML integriert. Ein Nachweis ihrer Korrektheit ist allerdings nicht möglich, da die einzelnen Sprachelemente nicht ausreichend formalisiert sind.

Auf weitere Einflussfaktoren soll hier nicht weiter explizit eingegangen werden. Der Leser sei auf die entsprechende Literatur verwiesen, um den Grad des Einflusses auf die Sprachgestaltung von UML selbst zu beurteilen (z.B. /2.3/, /2.9/, /2.10/).

Der folgende Abschnitt widmet sich zunächst dem anwendungsfallorientierten Ansatz und den Modellen, die dafür bei der Analyse eines Problems zur Verfügung stehen. Danach werden Diagramme vorgestellt, die zur Beschreibung statischer Zusammenhänge geeignet sind, bevor sich ein weiterer Abschnitt mit der Spezifikation dynamischer Eigenschaften beschäftigt.

2.2 Anwendungsfallmodelle

Softwareentwicklung beginnt bei der Anforderungsanalyse mit dem Ziel, die wirklichen Bedürfnisse der Anwender und Auftraggeber zu ermitteln. Basierend auf den intuitiven Hauptzielen eines Projektes sind präzise Spezifikationen zu entwickeln. Dieser Prozess kann nur unter Einbeziehung der Anwender und in einer gut strukturierten Form erfolgreich gemeistert werden. Dabei hat die *Analyse der Anwendungsfälle* eine entscheidende Bedeutung.

Diese Analyse wird nicht nur bei der objektorientierten Softwareentwicklung hervorgehoben. Bei der strukturierten Analyse ist das Kontextdiagramm Ausgangspunkt der Betrachtungen. Dabei wird die Kommunikation zwischen Umgebung und System in Form von Datenflüssen zu Datenquellen und Datensenken modelliert.

Bei der Analyse betrieblicher Zusammenhänge greift man auf die Geschäftsprozesse zurück, die Ziele eines Unternehmens unterstützen.

Mit dem Aufkommen der objektorientierten Analysemethoden /2.2/ wurde der funktionale Aspekt der Anwendungen zunächst etwas in den Hintergrund gerückt. Es war ein Verdienst von Jacobson /2.6/, den Anwendungsfallaspekt in die Welt der objektorientierten Modellierung zu integrieren. Der Versuch der Integration von Datenflüssen in die Spezifikationsmöglichkeiten von OMT durch Rumbaugh /2.11/ war zunächst nicht von diesem anhaltenden Erfolg geprägt. Das Buch über die Spezifikationssprache OMT war zwar ein weltweiter Bestseller, die Datenflüsse fanden aber nicht den Weg in die UML.

Definition 2.1   Szenario

Ein Szenario ist eine spezifische Folge von Aktionen, die zur Verdeutlichung des Verhaltens eines Systems dient.

Szenarien sind Ausgangspunkt jeglicher Spezifikation. Sie sind die Beispiele aus dem Anwendungsbereich, die als Ausgangspunkt für eine Abstraktion dienen. Szenarien können konkret oder abstrakt sein.

Definition 2.2   Konkretes Szenario

Ein konkretes Szenario ist eine spezifische Folge von Aktionen, die von konkreten Akteuren (Personen oder Systemen) unter konkreten Randbedingungen durchgeführt werden.

So ist beispielsweise die Buchung einer Reise für einen konkreten Touristen Felix mit dem konkreten Preis von 1000 Euro, an den Zielort Berlin, mit dem Anreisedatum 3. Mai 2006 und weiteren konkreten Randbedingungen ein konkretes Szenario. Ein solches Szenario ist die Basis für spätere Testfälle des entwickelten Softwaresystems. Es entspricht genau einem Durchlauf durch dieses System. Erfolgt die Beschreibung der Folge von Aktionen etwas weniger konkret durch allgemeine Akteure, wie beispielsweise „ein Tourist", dann spricht man von abstrakten Szenarien.

Definition 2.3   Abstraktes Szenario

> Ein abstraktes Szenario ist eine spezifische Folge von Aktionen, die von Akteuren (im Sinne von Rolle) unter abstrakten Randbedingungen durchgeführt werden.

Abstrakte Szenarien können Zusicherungen (Constrains) enthalten, die für konkrete Szenarien exakte Werte annehmen. Um eine Reise zu buchen, muss ein Tourist sein Reiseziel und sein Reisedatum angeben. Danach erhält er ein Angebot, das er innerhalb von 3 Tagen bezahlen muss, um die Reise zu buchen.

Aus einer Reihe solcher abstrakter oder konkreter Szenarien kann eine allgemeinere (noch abstraktere) Beschreibung abgeleitet werden. Dabei sind alle Eventualitäten und Besonderheiten zu berücksichtigen. Für das dargestellte Beispiel bedeutet dies, dass beschrieben wird, wie sich das Reisebüro verhält, wenn dem Touristen der Preis des Angebotes zu hoch ist.

Szenarien können dazu genutzt werden, um das Anwendungsgebiet zu charakterisieren und damit erschließbar zu machen. Umgekehrt können sie auch zur Verdeutlichung der abstrakten Beschreibung dienen. Sie stellen ein konkretes Beispiel dafür dar, was mit einer Spezifikation gemeint ist. Eine allgemeine Beschreibung wird durch Szenarien erläutert und damit verständlicher. So kann zur Verdeutlichung der allgemeinen Beschreibung, was bei der Buchung einer Reise alles zu beachten ist, das konkrete Beispiel der Buchung einer speziellen Reise beitragen.

Es ist offensichtlich, dass zwischen allgemeiner Beschreibung und den abstrakten und konkreten Szenarien keine Widersprüche existieren dürfen.

 Im Folgenden wird mit Szenario immer ein abstraktes Szenario gemeint. Nur bei einem konkreten Szenario wird dies explizit hervorgehoben.

Jacobson hat den Begriff des Anwendungsfalls im Sinne mehrerer Szenarien als wichtigen Ausgangspunkt in die Softwareentwicklung eingebracht. Er hat ihn als typische Interaktion eines Benutzers mit einem Computersystem charakterisiert.

Definition 2.4   Anwendungsfall

> Ein Anwendungsfall beschreibt eine Menge von Folgen von Aktivitäten eines Systems aus der Sicht seiner Akteure, die für diese zu wahrnehmbaren Ergebnissen führen. Er wird immer durch einen Akteur ausgelöst.

In der ursprünglichen Definition wurde von Jacobson nur von einer „Folge von Aktivitäten" gesprochen. Dadurch kam es häufig zu einer Gleichsetzung von Anwendungsfällen und Szenarien.

In der Zwischenzeit ist man aber wohl mehrheitlich zu der Überzeugung gekommen, dass der Anwendungsfall nicht mit einem Szenario gleichgesetzt werden sollte, sondern die Gesamtheit aller Szenarien beschreibt. Der Anwendungsfall ist also die Beschreibung der Menge aller möglichen Szenarien. Diese Menge der Szenarien kann durchaus unendlich sein. Bei der Buchung einer Reise gibt es zwar wohl nicht unendlich viele Szenarien, ihre Anzahl ist aber auf jeden Fall schon so groß, dass die Notation aller Szenarien nicht möglich ist.

Der Leser sei ausdrücklich darauf hingewiesen, dass in den aktuellen Veröffentlichungen (auch von Jacobson) dieser Sachverhalt zwischen Anwendungsfällen und Szenarien nicht immer auf diese Art und Weise dargestellt ist. Bei jeder Publikation ist genau zu prüfen, ob der Autor Anwendungsfall und Szenario gleichsetzt.

Auch Alistair Cockburn /2.22/ kann mit seiner Definition unterschiedlich interpretiert werden „... a use case tells a story of reaching a goal, or a set of stories of both getting and failing.", denn der Begriff Geschichte könnte als Szenario fehlinterpretiert werden.

In unserem Sinne ist die allgemeine Beschreibung für die Buchung einer Reise durch einen Touristen ein Anwendungsfall. Die Buchung der speziellen Reise von Stefan Seemann vom 3. Dezember bis 13. Dezember in das Hotel Luxus nach Berlin ist ein konkretes Szenario.

Ein Anwendungsfall wird durch einen Akteur, in unserem Fall durch einen Touristen ausgelöst. Dieser Akteur zieht aus dem Anwendungsfall einen messbaren Nutzen. Im Allgemeinen ist ein Akteur eine Rolle, die von einem Anwender in Bezug auf ein System eingenommen wird. In dem Buchungsbeispiel schlüpft eine beliebige Person in die Rolle eines Touristen. Diese Rolle kann aber durchaus auch durch ein System eingenommen werden.

Definition 2.5   Akteur

> Ein Akteur ist eine außerhalb eines Systems liegende Rolle. Diese Rolle kann durch einen Anwender oder ein System ausgefüllt werden.

Es ist beispielsweise vorstellbar, dass ein Softwaresystem die Rolle des Touristen übernimmt. Softwareagenten können beauftragt werden, im Internet nach Reisen zu suchen, die bestimmten Kriterien entsprechen. Die Reise, die den Wünschen des Touristen am besten gerecht wird, soll dann automatisch gebucht werden.

An einem Anwendungsfall können auch Akteure beteiligt sein, die nur sekundär in den Anwendungsfall involviert sind. In dem diskutierten Beispiel wäre das eine weitere Person oder ein weiteres System, welches Auskunft über die Möglichkeit zum Mieten eines Autos gibt. Solche Zusatzleistungen können zwar mit gebucht werden, die genaue Abwicklung dieser Leistungen erfolgt aber extern.

Das Zitat von Cockburn mit der Erwähnung einer Geschichte macht deutlich, dass Anwendungsfälle auf ganz unterschiedliche Art und Weise mit unterschiedlichen Intentionen formuliert werden können, denn eine Geschichte kann zur Motivation der Beteiligten, zur Beschreibung allgemeiner Handlungsabläufe oder zur Beschreibung unterschiedlicher Szenarien genutzt werden.

Bevor formalere Notationsformen in UML vorgestellt und diskutiert werden, wird zunächst eine formalisierte textuelle Notation beschrieben.

Definition 2.6   Strukturbeschreibung eines Anwendungsfalls

Eine Strukturbeschreibung eines Anwendungsfalls ist eine abstrakte strukturierte Beschreibung eines Handlungsablaufs. Sie besteht aus Folgen, Alternativen und Wiederholungen von Aktionen.

Eine Strukturbeschreibung eines Anwendungsfalls ist in dem Sinne abstrakt, dass keine konkreten Personen agieren, sondern dass die Handelnden in Form von Akteuren im Sinne von Rollen beschrieben werden.

Im Unterschied zu einer Strukturbeschreibung eines Anwendungsfalls beinhaltet ein Szenario keine Alternativen und Wiederholungen, sondern ist eine „flache" Folge von Aktionen.

Larry Constantine /2.23/ fordert, zu Beginn der Spezifikation nur die Beziehung des Anwenders zum zukünftigen System zu betrachten. Nach seiner Philosophie werden zunächst nur die Interaktionen zwischen Anwender und System spezifiziert, sowie Sonderfälle notiert.

2.2.1 Beschreibung von Anwendungsfällen

Anlehnend an Cockburn /2.22/ kann man sich nachfolgende Informationen als Textformular zur Beschreibung eines Anwendungsfalls anlegen. Zu der jeweiligen Teilüberschrift soll die entsprechende Frage beantwortet werden. Falls es als notwendig erachtet wurde, so erfolgt zu jeder Frage noch ein kurzer erläuternder Kommentar. Beispielantworten findet man nach diesen Strukturbeschreibungen.

Ziel:

> *Was ist das Ziel des Anwendungsfalls?*
> In zwei bis drei kurzen Sätzen ist das Ziel zu beschreiben, welches mit der Ausführung eines Geschäftsvorfalls (Instanz des Anwendungsfalls) verbunden ist.

Anwendungskontext:

> *In welchem Kontext tritt der Anwendungsfall auf?*
> Hier wird beschrieben, in welcher Umgebung die spätere Anwendung genutzt wird.

Bereich:

> *Was gehört/gehört nicht zum System?*
> Beschreiben Sie hier die Bereichsgrenzen des Systems.

Niveau:

Welchen Detaillierungsgrad hat der Anwendungsfall?

Beim Niveau kann man komplexes Niveau (1), Aufgabenniveau (2) und Funktionsniveau (3) unterscheiden.

Primärer Akteur:

Wer ist primärer Akteur (Rollenname)?

Hier sind die Akteure zu notieren, die in der Lage sind, einen neuen Geschäftsvorfall auszulösen.

Sekundärer Akteur:

Welche weiteren Akteure werden vom System zur Ausführung des Anwendungsfalls benötigt?

Hier sind die Akteure zu benennen, die in einem Geschäftsprozess involviert sind, ihn aber nicht auslösen können.

Betroffene (Stakeholder):

Beschreiben Sie, wer neben den direkten Anwendern durch den Anwendungsfall betroffen ist. Welche Interessen hat der Betroffene am Anwendungsfall?

Bei den Betroffenen handelt es sich um Personen, die keine Akteure sind, also nicht aktiv in den Geschäftsprozess eingreifen, von der Nutzung des Systems aber trotzdem tangiert werden.

Vorbedingungen:

Welchen Ausgangszustand der Umgebung benötigt der Anwendungsfall?

Nachbedingung im Erfolgsfall:

Welcher Zustand der Umgebung wird bei erfolgreicher Abarbeitung des Anwendungsfalls garantiert?

Eine kurze Beschreibung des erreichten Zustandes genügt an dieser Stelle.

Nachbedingung in Fehlerfällen:

Welche Zustände werden in Fehlerfällen garantiert?

Einträge sollten mit folgender Struktur erfolgen:

Wenn <Fehlerfall> dann <garantierter Zustand>.

Auslöser:

Was ist der Auslöser (Trigger) für den Anwendungsfall?

Hier sind das oder die Ereignisse zu beschreiben, durch die ein neuer Geschäftsvorfall ausgelöst wird.

Interaktionsfolge:

Wie sieht die Interaktionsschrittfolge im Erfolgsfall aus?

Beschreiben Sie die Interaktionsschrittfolge in der Art:

" Schritt 1 Akteur führt ... aus, System reagiert mit ...,

Schritt 2 Akteur führt ... aus, System ...".

Ausnahmen und Fehlerfälle (Extensions):

Welche Ausnahmen sind möglich?

Schritt #   Alternativer Interaktionsschritt

Einträge mit folgender Struktur: <Bedingung für Alternative> : <Aktion oder Name des erweiterten (extending) Anwendungsfalls>

Variationen:

Für welchen Schritt gibt es Variationen?

Falls ein oben genannter Interaktionsschritt in unterschiedlichen Ausprägungen (Variationen) technisch realisiert werden kann, dann wird das hier beschrieben.

Enthaltene (Included) Anwendungsfälle:

Aufzählung aller Anwendungsfälle, die in Interaktionsschritten genutzt wurden.

Zusätzliche optionale Informationen:

Risiko:

Welche Auswirkungen hat eine fehlerhafte Ausführung des Anwendungsfalls in Bezug auf das System oder die Organisation?

Ausführungszeit:

Wie lange kann die Ausführung des Anwendungsfalls dauern?

Häufigkeit:

Wie oft wird der Anwendungsfall ausgeführt?

Übergeordnete Anwendungsfälle:

In welchen Anwendungsfällen ist der Anwendungsfall enthalten?

Kommunikationskanäle zu den primären Akteuren:

Welche Medien werden zur Kommunikation benutzt (z.B. E-Mail, Telefon; bestimmte Datenformate)?

Kommunikationskanäle zu den sekundären Akteuren:

Welche Medien werden zur Kommunikation benutzt (z.B. E-Mail, Telefon; bestimmte Datenformate)?

Offene Punkte:

Über welche offenen Probleme muss noch entschieden werden?

Geplant für:

Wann oder in welchem Release wird der Anwendungsfall unterstützt?

Managementinformation: .

Welche Informationen sind für das Management noch wichtig?

Die spezifizierte Interaktionsfolge wird in der Literatur auch Haupterfolgsszenario (main success scenario) bezeichnet.

 Eine Vorlage für das Textverarbeitungssystem Microsoft Word findet man auf den Internetseiten zu diesem Buch.

Mögliche Beispieleinträge in dieses Formular könnten für den Anwendungsfall des Geldabhebens am Automaten wie folgt aussehen.

Beispiel 2.1   Anwendungsfallbeschreibung für „Geld abheben am Automaten"

> **Ziel:**
> *Durch das Abheben von Geld vom Konto eines Bankkunden soll diesem Bargeld zur Verfügung gestellt werden*
>
> **Anwendungskontext:**
> *Der Anwendungsfall tritt am Automaten einer Bank auf.*
>
> **Bereich:**
> *Zum Anwendungsfall gehören nicht die buchhalterischen Vorgänge in der Bank.*
>
> **Niveau:**
> *3-Funktionsniveau*
>
> **Primärer Akteur:**
> *Bankkunde*
>
> **Sekundärer Akteur:**
> *Buchhaltungssystem, Kundenbetreuer*
>
> **Betroffene (Stakeholder):**
> *Herumstehende am Automaten*
> Sie sollten den Kontostand eines Akteurs sicher nicht durch eine laute Mitteilung hören.
>
> **Vorbedingungen:**
> *Kunde hat positiven Kontostand.*
>
> **Nachbedingung im Erfolgsfall:**
> *Kunde hat Geld erhalten.*
>
> **Nachbedingung in Fehlerfällen:**
> *Wenn Kontostand zu gering,*
>   *dann Hinweis über mögliche Geldauszahlung*
> *Wenn Kontostand nicht positiv,*
>   *dann Hinweis*
> *Wenn Geldfach nicht ausreichend,*
>   *dann Hinweis über mögliche Geldauszahlung*
> *Wenn Geldfach leer,*
>   *dann Hinweis*
> *Wenn PIN falsch,*
>   *dann Hinweis*
> *Wenn PIN dreimal falsch,*
>   *dann Karte sperren*
>
> **Auslöser:**
> *Einschieben einer Karte*
>
> **Interaktionsfolge:**
> *Kunde führt Karte ein.*
> *System fragt nach PIN.*
> *Kunde gibt PIN ein.*
> *System fragt nach Betrag.*
> *Kunde gibt Betrag ein.*
> *System gibt Karte aus.*
> *System gibt Geld aus.*
>
> **Ausnahmen und Fehlerfälle (Extensions):**
> *3a   PIN ist falsch: System fragt erneut nach PIN.*
> *3b   PIN ist dreimal falsch: Karte wird gesperrt; Kundenbetreuer erhält eine E-Mail.*
> *5a   Betrag zu hoch: System fragt erneut nach PIN.*

Variationen:

> *4*   *System gibt mögliche Beträge vor.*

Enthaltene (Included) Anwendungsfälle:

> *Es sind keine Anwendungsfälle enthalten.*

Zusätzliche optionale Informationen:

Risiko:

> *Das Renommee der Bank steht auf dem Spiel.*

Ausführungszeit:

> *Das Geld muss innerhalb von einer Minute ausgezahlt werden.*

Häufigkeit:

> *Etwa 100 Kunden nutzen täglich das System.*

Übergeordnete Anwendungsfälle:

> *Trifft nicht zu.*

Kommunikationskanäle zu den primären Akteuren:

> *Nur der visuelle Kanal.*

Kommunikationskanäle zu den sekundären Akteuren:

> *Kundenbetreuer erhält E-Mail.*

Offene Punkte:

> *Soll am Automaten auch der Kontostand anzeigbar sein?*
> *Soll für schlecht sehende auf deren ausdrücklichen Wunsch auch eine Sprachausgabe erfolgen?*

Geplant für:

> *Der Anwendungsfall muss im Release 1.0 unterstützt werden.*

Managementinformation:

> *Die offenen Punkte müssen bei der nächsten Sitzung mit dem Vorstand geklärt werden.*

In vielen Publikationen wird darauf hingewiesen, dass die textuelle Notation von Anwendungsfällen die günstigste Variante ist. Man darf darauf nicht verzichten.

 Die nachfolgenden Diagramme in UML sind nur zusätzliche Hilfsmittel. Sie geben eine gute Übersicht, ersetzen die Texte aber nicht.

Verglichen mit einem Buch, stellen die Diagramme das Inhaltsverzeichnis dar. Die eigentlichen Inhalte liegen sowohl im Buch als auch bei der Beschreibung von Anwendungsfällen in Textform vor.

2.2.2 Beschreibung von Szenarien und Anwendungsfällen

Textuelle Beschreibung von Szenarien

Die Formulierung eines Szenarios in der natürlichen Sprache lässt dem Verfasser viele Freiheiten. Es sollte aber deutlich ersichtlich werden, welche Botschaft von welchem Akteur oder Objekt an welchen Akteur oder welches Objekt gesendet wird.

Beispiel 2.2   Textuelles Szenario für die Buchung einer Reise

Ein Tourist Karl übermittelt zunächst das Reiseziel und danach den Reisetermin an das Informationssystem „FroheReise". Als Reaktion erfährt er vom System den Preis der Reise. Da er mit diesem Preis einverstanden ist, löst er einen Buchungsauftrag aus. Nach Eingang des Buchungsauftrages erhält er eine Buchungsbestätigung.

Natürlich ist dieses Szenario stark vereinfacht, hilft uns aber, die verschiedenen etwas formaleren Darstellungen von Szenarien in UML zu diskutieren. Durch grafische Darstellungen wird eine anschauliche Repräsentation ermöglicht. Die Syntax ist im Vergleich zur natürlichen Sprache wesentlich eingeschränkter und hilft, Missverständnisse zu vermeiden.

Grafische Beschreibung von konkreten Szenarien

Betrachten wir zunächst ein einfaches Sequenzdiagramm, welches die Interaktion eines Touristen Karl mit dem Buchungssystem FroheReise darstellt.

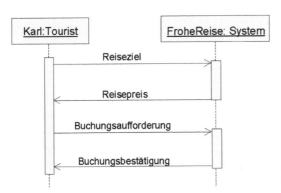

Abbildung 2.3 Beispiel für ein konkretes Szenario als Sequenzdiagramm

Die beiden Objekte `Karl` und `FroheReise` kommunizieren über die Botschaften `Reiseziel`, `Reisepreis`, `Buchungsaufforderung` und `Buchungsbestätigung`. Die Nachrichten werden auch genau in dieser zeitlichen Reihenfolge ausgetauscht. Sie können mit Parametern versehen werden, die zusätzliche Informationen übermitteln. Die vertikale Achse des Diagramms repräsentiert den zeitlichen Verlauf.

Eigentlich sind einige Botschaften aber nur die Reaktion auf eine erhaltene Nachricht. Sie stellen also eine Art Antwort dar. In diesem Falle kann man das in UML durch eine gestrichelte Linie ausdrücken. Damit ergibt sich die Spezifikation von **Abbildung 2.4**, bei der die Notation eines Frames genutzt wird. Diese Notation erlaubt eine einfache Wiederverwendung von Spezifikationen, wie später noch zu sehen sein wird.

Durch die Bezeichnung, die links oben im Frame zu sehen ist, kann später darauf Bezug genommen werden. Da es verschiedene Arten von Frames gibt, wird ihr Typ durch ein Schlüsselwort charakterisiert. Hier wird mit „sd" auf „`sequence diagram`" abgezielt.

Ein leeres Frame mit gleicher Bezeichnung repräsentiert später die detaillierte Spezifikation.

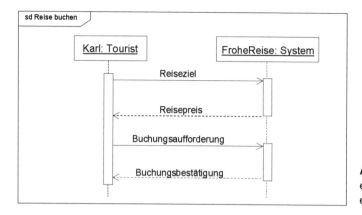

Abbildung 2.4 Notation eines Szenarios innerhalb eines Frames

Wird der zeitliche Verlauf in der Darstellung verkürzt nur durch eine Nummerierung ausgedrückt, so spricht man von *Kollaborationsdiagrammen*. Für **Abbildung 2.3** ergibt sich die Darstellung von **Abbildung 2.5**.

Abbildung 2.5 Beispiel der Notation eines Szenarios als Kollaborationsdiagramm

Für die Bezeichnung der Objekte sind in UML folgende Festlegungen getroffen.

O	Objekt O
O : C	Objekt O der Klasse C
O / R	Objekt O, das die Rolle R spielt
O / R: C	Objekt O der Klasse C, das die Rolle R spielt
: C	Unbenanntes Objekt der Klasse C
/ R	Unbenanntes Objekt, das die Rolle R spielt
/ R : C	Unbenanntes Objekt der Klasse C, das die Rolle R spielt

Unter Ausnutzung dieser Information erkennt man im Sequenz- und im Kollaborationsdiagramm, dass Karl vom Typ Tourist ist. Er ist ein Objekt dieser Klasse. FroheReise ist ein Objekt der Klasse System. Als Alternative ist in diesem Zusammenhang vorstellbar, dass Karl als Objekt der Klasse Person die Rolle Tourist spielt. Unter diesem Gesichtspunkt wäre die Bezeichnung dann Karl / Tourist: Person.

Aufgaben

2.1 Erstellen Sie ein Sequenzdiagramm zur Eingabe einer vierstelligen PIN bei einem Geldautomaten. Die PIN soll nur aus Ziffern bestehen.
Wie viele unterschiedliche Sequenzdiagramme gibt es dafür?
a) eins
b) vier
c) 10000
d) unendlich viele

2.2 Beschreiben Sie in einem Kollaborationsdiagramm den normalen Ablauf des Geldabholens mit Auswahl eines der angegebenen Beträge. Die Eingabe der PIN soll eine einzige Botschaft sein.

Eine Erweiterung des Szenarios zu einer Anwendungsfallbeschreibung sieht in textueller Form etwa wie folgt aus

Beispiel 2.3   Textuelle Beschreibung eines abstrakten Szenarios

Ein Tourist übermittelt das Reiseziel und danach den Reisetermin an das Informationssystem. Als Reaktion erhält er von dem System den Preis der Reise. Da er mit diesem Preis einverstanden ist, löst er einen Buchungsauftrag aus. Nach Eingang des Buchungsauftrags erhält er eine Buchungsbestätigung.

Hier wird ganz allgemein beschrieben, wie die Buchung einer Reise ablaufen soll. Vom konkreten Szenario wird abstrahiert, denn es werden nicht konkret agierende Personen und Objekte genannt.

In eine solche Beschreibung können auch Zeitbeschränkungen integriert werden, die bei einem konkreten Szenario keinen Sinn machen. Dort könnte man eigentlich nur notieren, wie lange etwas wirklich gedauert hat. Die Zeit wäre ja exakt messbar.

Beispiel 2.4   Textuelle Anwendungsfallbeschreibung mit Zeitbeschränkung

Ein Tourist übermittelt zunächst das Reiseziel und danach den Reisetermin an das Informationssystem. Als Reaktion erhält er innerhalb von 3 Sekunden vom System den Preis der Reise. Falls er mit diesem Preis einverstanden ist, so kann er einen Buchungsauftrag auslösen. Nach Eingang des Buchungsauftrags erhält er innerhalb von 2 Tagen eine Buchungsbestätigung .

Mitunter möchte man neben den Zeitbeschränkungen noch weitere allgemeine Aussagen über Alternativen und Wiederholungen in der Spezifikation treffen. Als Beispiel kann die nachfolgende textuelle Beschreibung dienen.

Beispiel 2.5   Textuelle Anwendungsfallbeschreibung mit Alternativen

Ein Tourist übermittelt das Reiseziel und danach den Reisetermin an das Informationssystem. Als Reaktion erhält er von dem System den Preis der Reise. Falls er mit diesem Preis einverstanden ist, löst er einen Buchungsauftrag aus, ansonsten werden ihm, solange er es wünscht, Alternativangebot zu ähnlichen Zielen unterbreitet, die preisgünstiger sind. Nach Eingang des Buchungsauftrags erhält er eine Buchungsbestätigung.

Sequenzdiagramme – ursprünglich nur zur Beschreibung von konkreten Szenarien entwickelt – wurden im Laufe der Zeit in UML um Spezifikationsmöglichkeiten für die gerade diskutierten zeitlichen Einschränkungen erweitert.

Der Austausch von Nachrichten kann mit Markierungen versehen werden, mit deren Hilfe Bedingungen formuliert werden, um gewisse Einschränkungen zu beschreiben.

Damit liegen Spezifikationsformen vor, die so eine Art Zwischenform zwischen Szenario und Anwendungsfall darstellen. Die Kommunikation wird zwischen konkreten Objekten in einer ganz spezifischen Botschaftsfolge, also einem konkreten Szenario, dargestellt. Die Bedingungen sind zusätzliche Informationen, die über den Rahmen eines konkreten Szenarios hinausgehen und Aussagen zur Anwendungsfallbeschreibung darstellen, die im zugehörigen Szenario natürlich eingehalten wurden.

Die Einschränkungen von Beispiel 2.4 sind im dargestellten Sequenzdiagramm (**Abbildung 2.6**) spezifiziert. Um darzustellen, dass dieses Sequenzdiagramm für alle Touristen gilt, kann man auf den konkreten Namen verzichten. Damit hat man eine Darstellung, die einem abstrakten Szenario entspricht.

Für Sequenzdiagramme ist das Problem der richtigen Detaillierungsebene genauso zutreffend, wie für viele anderen Spezifikationen auch. Im konkreten Fall ist entscheidend, ob die Botschaften (z.B. Reiseziel) oder die Objekte (z.B. FroheReise) im richtigen Detaillierungsgrad angegeben sind. Entsprechend hat man für Sequenzdiagramme genau diese beiden Varianten der Verfeinerung. Man kann vertikal oder horizontal verfeinern.

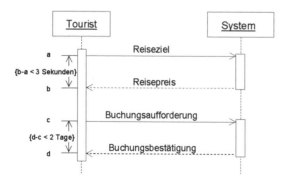

Abbildung 2.6 Sequenzdiagramm mit zeitlichen Einschränkungen

Die Aufteilung der Botschaft Reiseziel in Reiseziel und Reisezeit ist eine derartige vertikale Verfeinerung. Eine grafische Darstellung ist dazu in **Abbildung 2.8** enthalten.

Die Aufteilung der Botschaft Reiseziel in Reiseziel und Reisezeit ist eine derartige vertikale Verfeinerung. Eine grafische Darstellung ist dazu in **Abbildung 2.8** enthalten.

Die horizontale Verfeinerung ist die Aufgliederung des Systems FroheReise in seine Bestandteile Informationssystem Auskunft und Buchhaltung. Diese Verfeinerung ist in **Abbildung 2.7** dargestellt. Gleichzeitig sind alle Botschaften mit Parametern versehen, was in gewissem Sinne eine weitere Art der Verfeinerung darstellt. Zunächst sei die textuelle Verfeinerung betrachtet, bevor die grafische Darstellung gezeigt wird.

Beispiel 2.6   Horizontale Verfeinerung

Ein Tourist Karl übermittelt zunächst das Reiseziel an die Auskunft eines Informationssystems. Als Reaktion erhält er innerhalb von 3 Sekunden vom System den Preis der Reise und eine Identifikationsnummer. Da er mit diesem Preis einverstanden ist, löst er einen Buchungsauftrag unter Angabe der Identifikationsnummer bei der verantwortlichen Buchhaltung aus. Nach Eingang des Buchungsauftrags holt sich die Buchungsstelle über die Identifikationsnummer alle notwendigen Reiseinformationen von der Auskunft. Spätestens nach 2 Tagen erhält der Tourist Karl eine Buchungsbestätigung.

Die Darstellung dieses Sachverhaltes in der etwas übersichtlicheren grafischen Notation von UML erfolgt in **Abbildung 2.7**. Gleichzeitig sind alle Nachrichten mit Parametern versehen.

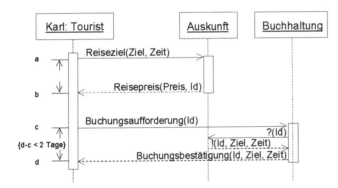

Abbildung 2.7 Horizontale Verfeinerung von **Abbildung 2.6**

Mit dem Reisepreis wird `Karl` vom Objekt `Auskunft` eine Identifikationsnummer `Id` übermittelt, auf die im weiteren Verlauf der Kommunikation Bezug genommen werden muss. Mit der Buchungsaufforderung an das Objekt `Buchhaltung` übermittelt `Karl` genau diese Identifikationsnummer. Sie erlaubt es dem Objekt `Buchhaltung`, die Reisedetails vom Objekt `Auskunft` zu erfragen.

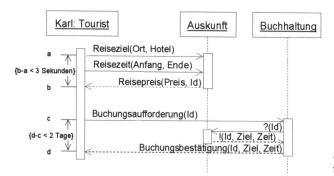

Abbildung 2.8 Vertikale Verfeinerung von **Abbildung 2.6**

Aufgaben

2.3 Erstellen Sie Sequenzdiagramme für die Bestellung, Bezahlung und Abholung von Theaterkarten. Nutzen Sie Zeitbeschränkungen, die Sie für angemessen halten.

2.4 Fassen Sie die Sequenzdiagramme zur Bestellung von Theaterkarten in einem Kollaborationsdiagramm zusammen.

Es hat sich gezeigt, dass mitunter die Erzeugung von Objekten in der Beschreibung von Szenarien ein sinnvolles Ausdrucksmittel ist. Auch unser Beispiel kann in diesem Sinne sinnvoll erweitert werden.

Beispiel 2.7 Szenario mit Objekterzeugung und Objektlöschung

Ein Tourist Karl übermittelt zunächst das Reiseziel und danach den Reisetermin an die Auskunft eines Informationssystems. Als Reaktion erhält er innerhalb von 3 Sekunden vom System den Preis der Reise und eine Identifikationsnummer. Da er mit diesem Preis einverstanden ist, löst er einen Buchungsauftrag unter Angabe der Identifikationsnummer bei der verantwortlichen Stelle Buchung aus. Nach Eingang des Buchungsauftrags holt sich die Buchungsabteilung über eine Identifikationsnummer alle notwendigen Reiseinformationen von der Auskunft und legt ein neues Dokument mit diesen Informationen an. Danach erhält der Tourist Karl eine Buchungsbestätigung. Diese geht nach höchstens 2 Tagen ein. Nach dem Erhalt der Bestätigung storniert der Tourist Karl die Reise bei der Buchungsstelle, wobei diese das entsprechende Dokument löscht. Alle Botschaften beinhalten dabei die Identifikationsnummer.

Jetzt wird der Text wirklich schon sehr unübersichtlich. So richtig sicher kann man sich nicht mehr sein, ob im Text auch alles korrekt formuliert ist. Da können durchaus Unvollständigkeiten in der Beschreibung vorhanden sein, die nicht gleich auffallen.

Das ist bei der grafischen Spezifikation in UML etwas anders. Hier hat man doch einen besseren Überblick.

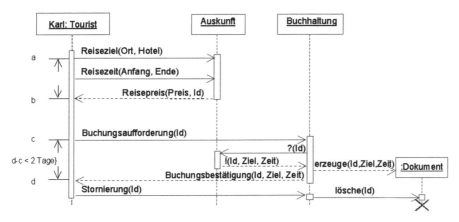

Abbildung 2.9 Erzeugen und Löschen von Objekten in einem Sequenzdiagramm

Im rechten Teil der **Abbildung 2.9** erkennt man die Notation für die Erzeugung und Löschung von Objekten. Durch eine gestrichelte Linie wird die Nachricht zur Erzeugung eines Objektes dargestellt. Es handelt sich dabei nicht um eine Nachricht im herkömmlichen Sinne, denn diese konnte immer nur an Objekte geschickt werden. Nun kann man so lange noch kein Objekt existiert, an dieses auch keine Nachricht zur Erzeugung schicken. Die Nachricht muss also an die entsprechende Klasse gehen. Das ist im Sequenzdiagramm nicht direkt ersichtlich, die gestrichelte Linie muss so interpretiert werden, dass sie eigentlich zur Klasse führt und als Ergebnis der Erzeugung jenes Objekt entsteht, auf welches die Pfeilspitze zeigt.

Das Löschen eines Objektes kann dann mit einer herkömmlichen Nachricht erfolgen. Am Ende der Lebenslinie des Objektes wird anschließend ein Kreuz notiert.

Aufgabe

2.5 Notieren Sie ein Sequenzdiagramm für das Szenario, dass ein Kunde Paul Geld abheben will und das System für die Ausgabe eines Beleges vorbereitet ist. Bei der Auswahl des auszuzahlenden Betrages drückt Paul auf die Abbruchtaste und damit wird auch der angelegte Beleg überflüssig. Er wird gelöscht.

Eine zusätzliche Erweiterung der Sequenzdiagramme besteht in der Einführung von Alternativen. Damit wird endgültig der Schritt von einer Beschreibungsform für Szenarien zu einer Beschreibungsform für Anwendungsfälle vollzogen. Ob man das unbedingt gut finden muss, sei hier einmal dahingestellt.

Auf jeden Fall muss man als Softwareentwickler über die möglichen Darstellungsformen informiert sein, um sie zumindest lesen zu können. Die Möglichkeit der Nutzung von Alternativen wird in Beispiel 2.8 zunächst in der textuellen Form aufgezeigt.

Beispiel 2.8   Anwendungsfall der Buchung einer Reise

Ein Tourist übermittelt zunächst das Reiseziel und danach den Reisetermin an die Auskunft eines Informationssystems. Als Reaktion erhält er innerhalb von 3 Sekunden vom System den Preis der Reise und eine Identifikationsnummer. Wenn der Preis unter 1000 liegt, so löst er einen Buchungsauftrag unter Angabe der Identifikationsnummer bei der verantwortlichen Buchhaltung aus. Nach Eingang des Buchungsauftrags legt die Buchhaltung unter der Identifikationsnummer ein neues Dokument an und holt sich über diese Nummer alle notwendigen Reiseinformationen von der Auskunft. Danach erhält der Tourist eine Buchungsbestätigung.

Sollte der Preis 1000 erreichen, dann wird keine Reise gebucht, sondern ein Buch über die entsprechende Gegend bestellt.

Sollte für einen Touristen die Schmerzgrenze bei einer Buchung mit 1.000 Euro wirklich erreicht sein, so können die beiden möglichen Nachrichtensequenzen auch in einem Diagramm notiert werden. Auf diese Art und Weise sind mehrere (in diesem Falle alle) abstrakten Szenarien eines Anwendungsfalls formulierbar. **Abbildung 2.10** ist ein Beispiel dafür.

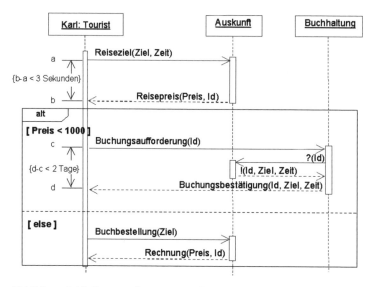

Abbildung 2.10 Sequenzdiagramm mit Fragment für Alternativen

Die Alternative wurde durch ein kombiniertes Fragment dargestellt. Dessen Notation gleicht der eines Rahmens von Sequenzdiagrammen. An Stelle des Namens der Interaktion wird hier allerdings die Bezeichnung eines Interaktionsoperators notiert. **Abbildung 2.11** gibt noch einmal den prinzipiellen Aufbau eines solchen Fragmentes wieder.

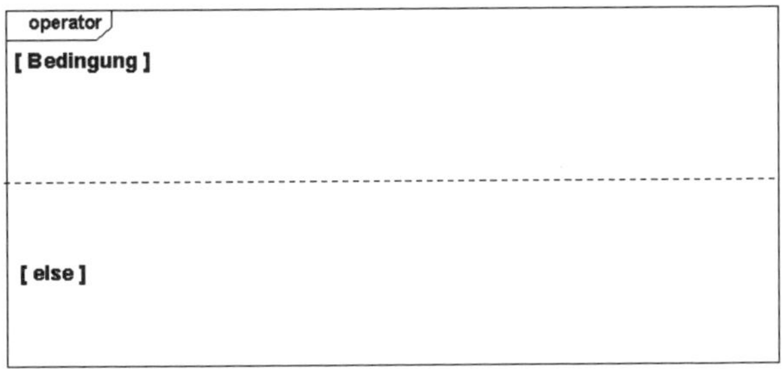

```
┌─────────────────────────────────────────────┐
│ operator │                                   │
│ [ Bedingung ]                                │
│                                              │
│                                              │
│                                              │
│- - - - - - - - - - - - - - - - - - - - - - - │
│                                              │
│                                              │
│ [ else ]                                     │
│                                              │
│                                              │
└─────────────────────────────────────────────┘
```

Abbildung 2.11 Kombiniertes Fragment

Neben dem Interaktionsoperator oben links kann man Interaktionsbedingungen formulieren, die für die Ausführung der Operanden erfüllt sein müssen. Liegen mehrere Interaktionsoperanden vor, so werden sie durch eine gestrichelte Linie getrennt. Ein Operand kann aus einer Folge von Nachrichten bestehen, die zwischen Objekten ausgetauscht werden. Zu dieser Beschreibung können auch weitere Fragmente herangezogen werden.

Mögliche Interaktionsoperatoren sind `alt` (alternative), `opt` (option), `break` (break), `loop` (loop), `par` (parallel), `neg` (negative), `seq` (weak sequencing), `strict` (strict sequencing), `critical` (critical region), `ignore` (ignore), `consider` (consider) und `assert` (assertion), die im Folgenden noch genauer erläutert werden.

Sollte man in seinem Sequenzdiagramm optionale Teile spezifizieren wollen, so steht damit in UML das notwendige Beschreibungsmittel zur Verfügung. Damit ist Beispiel 2.8 exakt modellierbar.

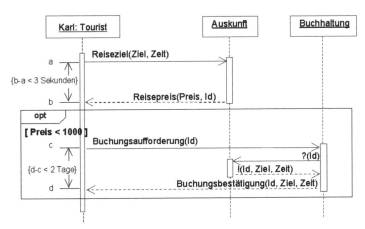

Abbildung 2.12 Sequenzdiagramm mit optionalem Teil

Wie bei vielen Spezifikationen kommt es auch bei den Sequenzdiagrammen vor, dass man gewisse Teile mehrfach verwenden möchte. Dafür ist eine Beschreibung des Nachrichtenflusses beim Anmelden für ein Softwaresystem ein gutes Beispiel. Diese Interaktionen zwischen dem Anwender und der Software kommen in unterschiedlichem Kontext vor. Es ist sinnvoll, sie einmal zu beschreiben und dann immer wieder auf diese Spezifikation zu verweisen.

Abbildung 2.13 stellt eine mögliche Form der Anmeldung im Kontext des Reisebürobeispiels dar.

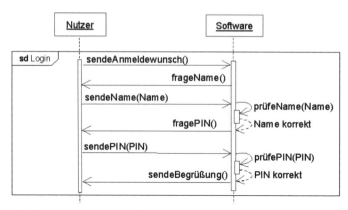

Abbildung 2.13 Sequenzdiagramm zum Anmelden

Mit Hilfe dieser Spezifikation kann nun die Kommunikation für das zukünftige Softwaresystem für ein Reisebüro noch detaillierter modelliert werden. Auf die Spezifikation des Sequenzdiagramms für das Anmelden wird dabei einfach verwiesen (referenziert).

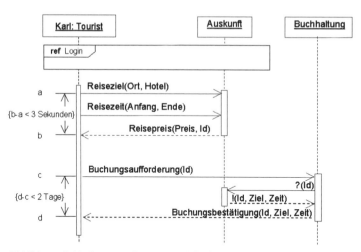

Abbildung 2.14 Sequenzdiagramm mit Referenz auf bestehendes Sequenzdiagramm

Bisher wurde stets davon ausgegangen, dass die Nachrichtenübermittlung ohne Zeitverzögerung erfolgt. Die entsprechenden Pfeile waren stets waagerecht angeordnet. Um nun gegebenenfalls auszudrücken, dass zwischen dem Abschicken und dem Erhalten einer Nachricht durchaus eine gewisse Zeitspanne vergehen kann, ist es in UML auch möglich, die Nachrichtenpfeile etwas geneigt zu notieren. Damit wird ersichtlich, dass ein gewisses Zeitintervall vergeht.

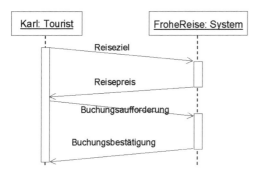

Abbildung 2.15 Sequenzdiagramm mit Zeitbedarf der Nachrichtenübermittlung

Das Sequenzdiagramm von **Abbildung 2.15** wäre geeignet, eine Kommunikation per Brief oder elektronische Mail darzustellen. Bei beiden Arten der Kommunikation besteht eine größere Verzögerung zwischen dem Abschicken der Nachricht und deren Erhalt. Am deutlichsten ist das natürlich beim klassischen Brief.

Ab der Version 2.0 von UML ist man auch dazu übergegangen, Schleifen in Sequenzdiagrammen zuzulassen. Dafür gibt es einen speziellen Rahmen, welcher durch das Schlüsselwort „loop" charakterisiert wird.

Die im „loop"-Rahmen angegebenen Interaktionen zwischen Objekten werden so lange wiederholt, bis die angegebene Bedingung erfüllt ist. Auf diese Art und Weise kann man beispielsweise formulieren, dass die Anmeldung für ein System so lange wiederholt werden muss, bis sie schließlich in Ordnung ist.

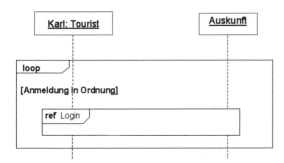

Abbildung 2.16 Darstellung von Schleifen

Die in **Abbildung 2.16** formulierte Spezifikation hat allerdings den Nachteil, dass man die Schleife nur verlassen kann, wenn eine ordnungsgemäße Anmeldung erfolgt ist. Was muss man an dem Sequenzdiagramm ändern, damit auch ein Abbruch der Anmeldung möglich ist?

Aufgabe

2.6 Notieren Sie ein Sequenzdiagramm unter Nutzung einer Schleife, welches das wiederholte Anmelden zulässt, dem Nutzer aber auch die Möglichkeit des Abbruchs des Einloggens ermöglicht.

Zu der in obiger Aufgabe gesuchten Lösung gibt es noch eine Alternative. In UML gibt es ein Fragment mit einem break-Operator.

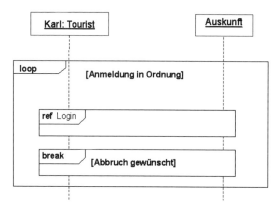

Abbildung 2.17 Darstellung von Schleifen

Die bisherigen Szenarien waren so formuliert, dass die Anmeldung beim System zunächst über den Namen erfolgt und danach zur Sicherheit noch eine PIN abgefragt wird. Diese Reihenfolge ist aber vielleicht nicht zwingend notwendig. Man kann sich auch vorstellen zunächst die PIN und dann den Namen einzugeben. Beim Prüfen müsste man dann allerdings entsprechend abfragen, ob die jeweils andere Information schon vorliegt. Am Sinnvollsten wäre es wahrscheinlich, die Prüfung sogar ganz am Ende durchzuführen. Von diesem Problem wollen wir aber erst einmal abstrahieren und uns die mögliche Spezifikation in UML ansehen. Darum geht es uns hier ja hauptsächlich. **Abbildung 2.18** spezifiziert, dass die Eingabe des Namens und die Eingabe der PIN parallel erfolgen können. Die Prüfung soll nur die syntaktische Korrektheit der Angaben kontrollieren.

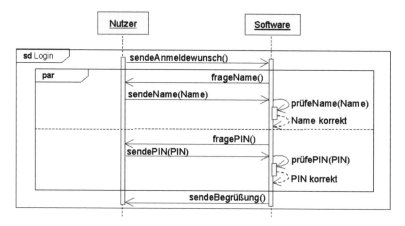

Abbildung 2.18 Sequenzdiagramm mit parallel ablaufenden Bestandteilen

Parallel ausführbare Interaktionen werden also in einem Rahmen notiert, dem das Schlüsselwort „par" zugeordnet wurde. Die parallelen Stränge sind durch eine gestrichelte Linie voneinander getrennt.

Nachfolgend wird nun noch ein Sprachelement beschrieben, was zwar in UML aufgenommen wurde, leider aber etwas zweifelhaft bei der Anwendung ist. Es handelt sich um das Fragment mit dem neg-Operator, das ungültige Abfolgen von Interaktionen darstellt.

Mit diesem Sprachelement werden die Grundlagen der Sequenzdiagramme erneut etwas auf den Kopf gestellt.

Zunächst waren Sequenzdiagramme Beschreibungen von Szenarien, also beispielhafte Abläufe, die keinen Anspruch auf Vollständigkeit erhoben haben. Es konnte also keine Aussage über sonstige Abläufe getroffen werden. Alle sonstigen Folgen von Interaktionen waren auch möglich.

Mit der Erweiterung von Sequenzdiagrammen um Fragmente zur Spezifikation von Alternativen und Schleifen wurde dieses Prinzip verändert. Zumindest für die beschriebenen Teile ging man davon aus, dass nur die spezifizierten Interaktionsfolgen möglich waren. Alles, was aus der Spezifikation nicht ableitbar war, wurde als nicht korrekt angesehen.

Bei diesem Wissensstand befinden wir uns im Moment. Nun werden explizit bestimmte Pfade der Interaktion untersagt.

Handelt es sich dabei nur um eine Überspezifikation oder stimmt das Prinzip nicht, dass sonstige Pfade in den Anwendungsfällen nicht existieren?

Im ersten Falle einer Überspezifikation wird etwas beschrieben, was sowieso nicht erlaubt ist. Es wird nur noch einmal explizit notiert.

Im zweiten Falle wären die gesamten Spezifikationen nur Hinweise über mögliche Abläufe und alle anderen Folgen von Interaktionen sind ebenfalls denkbar. In diesem Falle müssten wirklich sehr viele Pfade explizit ausgeschlossen werden, was die Arbeit unnötig erschweren würde.

Gehen wir also davon aus, dass der erste Fall vorliegt und nur etwas beschrieben wird, was eigentlich schon ausgeschlossen ist. Damit charakterisieren wir gleichzeitig die Bedeutung dieser Diagramme. Man sollte sie also wohl wirklich kaum einsetzen.

Trotzdem geben wir nachfolgend ein Beispiel, wie die Spezifikation einer falschen Kommunikation erfolgen kann.

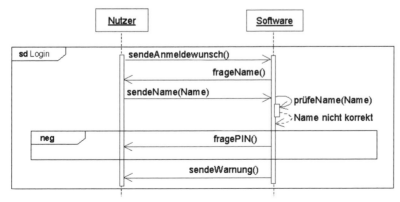

Abbildung 2.19 Sequenzdiagramm mit „negiertem" Pfad

In **Abbildung 2.19** wird durch die explizite Formulierung eines nicht gewünschten Pfades noch einmal verdeutlicht, dass nach der fehlerhaften Eingabe eines Namens keinesfalls nach einer PIN gefragt werden darf.

Bisher wurde in allen Diagrammen mit asynchroner Kommunikation gearbeitet. Bei einer solchen Art des Nachrichtenaustausches sendet ein Objekt eine Nachricht und wartet nicht derart auf die Antwort, dass es keine anderen Aktivitäten ausübt. Es kann durchaus weitere Botschaften verschicken.

Bei einer synchronen Kommunikation ist das genau nicht der Fall. Nach dem Absenden der Nachricht ist das Objekt inaktiv und wartet auf Antwort auf seine Botschaft. Erst nach dem Erhalt der Antwort werden weitere Aktivitäten ausgeführt.

Die synchrone Kommunikation entspricht dem Methodenaufruf, wie er in den meisten Programmiersprachen realisiert ist. Hier bleibt der Algorithmus an der Stelle des Methodenaufrufes stehen und wartet. Er wird erst fortgesetzt, wenn die aufgerufene Methode ihre Arbeit beendet und eine entsprechende Rückmeldung übermittelt hat. Diese Arbeitsweise ist schon von der einfachen Unterprogrammtechnik her bekannt.

Bei der asynchronen Kommunikation wird nach dem Absetzen einer Botschaft nicht gewartet, sondern die Abarbeitung des Algorithmus fortgesetzt.

Die Notation der unterschiedlichen Kommunikationsarten unterscheidet sich an den Spitzen der Nachrichtenpfeile, wie das in **Abbildung 2.20** zu sehen ist.

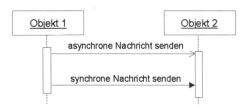

Abbildung 2.20 Synchroner und asynchroner Nachrichtenaustausch

Die unterschiedliche Art der Kommunikation lässt sich gut am Ausgangsbeispiel dieses Buches demonstrieren. Dort hatten wir auf einen Lehrer verwiesen, der seinen Schülern die Nachricht schickt, dass sie lernen sollen. Diese Botschaften könnte der Lehrer abgeschickt haben, nachdem ihn der Schulrat aufgefordert hat, zu lehren. Das entsprechende Sequenzdiagramm mit synchroner Kommunikation ist in **Abbildung 2.21** dargestellt.

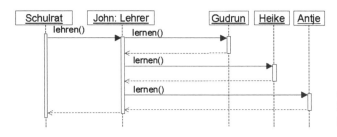

Abbildung 2.21 Synchroner Nachrichtenaustausch zwischen Lehrer und Schüler

Beispielhaft sei nachfolgend die Klasse `Lehrer` mit ihren Methoden `lehren` und `feiern` angegeben.

```
class Lehrer {
   public String geburtsdatum, einkommen;
   public Student[] studentenliste;

   public Lehrer(String gebdat, Student[] studenten) {
      geburtsdatum = gebdat;
      einkommen = "Gehalt";
      studentenliste = studenten;
   }
   public void lehren() {
      int i, j;
      i = 0;
      j = studentenliste.length;
      while (i < j) {
         studentenliste[i].lernen();
         i = i+1;
      }
   }
   public void feiern() {
      int i, j;
      i = 0;
      j = studentenliste.length;
      while (i < j) {
         studentenliste[i].feiern();
         i = i+1;
      }
   }
}
```

 Die Klassen für die Studenten findet man auf den Internetseiten zu diesem Buch. Die Testklasse zur Abarbeitung eines Testbeispiels könnte dann das folgende Aussehen haben.

```
class Test {
   public static void main(String[] args) {
      Student gudrun, antje, heike;
      Lehrer john;

      Student[] liste = new Student[3];

      System.out.println( "Test der Kommunikation");
      gudrun   = new Student_fuer_Fach1("Gudrun");
      antje    = new Student_fuer_Fach2("Antje");
      heike    = new Student_fuer_Fach2("Heike");

      liste[0] = gudrun;
      liste[1] = antje;
      liste[2] = heike;

      john  = new Lehrer("01.01.1955", liste);
      System.out.println("");
      System.out.println("Lehren");
      john.lehren();
```

```
System.out.println("");
System.out.println("Feiern");
john.feiern();
System.out.println("");
System.out.println("Schluss");
    }
}
```

Beim Ausführen der Testklasse ergeben sich die nachfolgenden Meldungen auf der Konsole.

```
Test der Kommunikation

Lehren
Gudrun beginne zu lernen!
Gudrun bin fertig mit dem Lernen!
Antje beginne zu lernen!
Antje bin fertig mit dem Lernen!
Heike beginne zu lernen!
Heike bin fertig mit dem Lernen!

Feiern
Gudrun trinken
Antje tanzen
Heike tanzen

Schluss
```

Es ist deutlich zu sehen, dass der Lehrer John in dem Testbeispiel nach der Aufforderung an einen Schüler zu lernen so lange wartet, bis dieser Schüler mitgeteilt hat, dass er den Prozess des Lernens beendet hat. Erst danach kommt die Aufforderung an den nächsten Schüler, mit dem Lernen zu beginnen.

Diese Art der Kommunikation ist zwar leicht zu programmieren, entspricht aber nicht den Anforderungen, die man auch in der Realität vorfinden würde. Alle Schüler sollen dort möglichst gleichzeitig mit dem Lernen beginnen und nicht Zeit dadurch verlieren, dass andere Schüler noch beim Lernen sind.

Abbildung 2.22 spezifiziert die der Realität angepasste asynchrone Kommunikation zwischen Lehrer und Schülern.

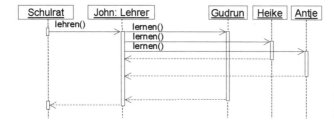

Abbildung 2.22 Asynchroner Nachrichtenaustausch zwischen Lehrer und Schülern

Um diese Art der Kommunikation in einem Programm zu realisieren, muss man schon einige Anstrengungen unternehmen und sich in die Thematik der Programmierung von Threads einarbeiten.

Als Beispiel sei nachfolgend die Klasse Student als Thread implementiert, indem sie von dieser Klasse erbt. Beim Start eines Threads wird die Methode run aktiviert. In dieser Methode muss nun ständig abgefragt werden, was als Nächstes getan werden soll. Dazu wird ein Attribut was genutzt, in dem Botschaften abgelegt werden können. Falls dort die Botschaft „ende" gefunden wird, beendet der entsprechende Thread seine Tätigkeit.

```java
class Student extends Thread {
    public String name, einkommen;
    public String was;

    public Student(String gebname) {
        super(gebname);
        was = "nichts";
        name = gebname;
        einkommen = "Stipendium";
    }
    public void run(){
        while (!was.equals("ende")) {
            if (was.equlas("lernen")) {
                this.lernen(); was = "nichts";
            } else {
                if (was.equals("feiern")) {
                    this.feiern(); was = "nichts";
                }
            }
        }
    }
    public void setWas(String w) {
        while (!was.equals("nichts")) {};
        was = w;
    }
    public void lernen() {
        System.out.println(name + "beginne zu lernen!");
        try {Thread.sleep((int)(Math.random() * 1000)); }
        catch ( InterruptedException e) {}
        System.out.println(name + "bin fertig mit dem Lernen!");
    }
    public void feiern() {
        System.out.println(name + "singen");
    }
}
```

Die Methoden selbst sind auf die klassische Art und Weise implementiert. Hier wird nur eine zufällige Zeit für das Lernen simuliert.

Der Lehrer selbst kann auch als Thread implementiert werden. Das muss aber nicht unbedingt der Fall sein. In diesem Beispiel ist darauf verzichtet worden. Die Klasse Lehrer hat sich im Vergleich zur synchronen Variante wenig verändert. Die Methoden der Studenten können nicht direkt aufgerufen werden, sondern in deren „Ablage" kann die entsprechende Botschaft hinterlegt werden. Das jeweilige Objekt aktiviert die entsprechende Botschaft dann selbst.

```java
class Lehrer {
    public String geburtsdatum, einkommen;
    public Student[] studentenliste;
```

```
      public Lehrer(String gebdat, Student[] studenten) {
        geburtsdatum = gebda;
        einkommen = "Gehalt";
        studentenliste = studenten;
      }
      public void lehren() {
        int i, j;
        i = 0;
        j = studentenliste.length;
        while (i < j) {
          studentenliste[i].setWas("lernen");
          i = i+1;
        }
      }
      public void feiern() {
        int i, j;
        i = 0;
        j = studentenliste.length;
        while (i < j) {
          studentenliste[i].setWas("feiern");
          i = i+1;
        }
      }
    }
```

Nachfolgend sei noch die Testklasse angegeben, die sich im Vergleich zur synchronen Variante leicht verändert hat. Die einzelnen Threads (Schüler) werden gestartet und arbeiten danach nebenläufig.

Die programmierten Pausen sind nur deshalb notwendig, um das Hauptprogramm, das selbst ein Thread ist, zu verlangsamen. Ansonsten kann es schon beendet sein, bevor die einzelnen Studenten ihre Hinweise auf die Konsole bringen konnten.

```
class Test {
  public static void main(String[] args) {
    Student gudrun, antje, heike;
    Lehrer john;
    Student[] liste = new Student[3];

    System.out.println("Test der Komunikation");

    gudrun = new Student_fuer_Fach1("Gudrun");
    antje  = new Student_fuer_Fach2("Antje");
    heike  = new Student_fuer_Fach2("Heike");

    gudrun.start(); antje.start(); heike.start();

    liste[0] = gudrun; liste[1] = antje; liste[2] = heike;

    john  = new Lehrer("01.01.1955", liste);
    System.out.println("");
    System.out.println("Lehren");
    john.lehren();
    try {Thread.sleep(10000);} catch (Exception e) {}

    System.out.println("");
    System.out.println("Feiern");
    john.feiern();
    try {Thread.sleep(10000);} catch (Exception e) {}
```

```
            gudrun.setWas("ende"); antje.setWas("ende");
            heike.setWas("ende");
            try {gudrun.join(); antje.join(); heike.join(); }
            catch (Exception e1) {};


            System.out.println("");
            System.out.println("Schluss");
        }
    }
```

Nach der Abarbeitung des Testbeispiels ergeben sich auf der Konsole die folgenden Informationen.

```
    Test der Kommunikation

    Lehren
    Gudrun beginne zu lernen!
    Antje beginne zu lernen!
    Heike beginne zu lernen!
    Antje bin fertig mit dem Lernen!
    Gudrun bin fertig mit dem Lernen!
    Heike bin fertig mit dem Lernen!

    Feiern
    Heike tanzen
    Antje tanzen
    Gudrun trinken

    Schluss
```

Hier ist deutlich zu erkennen, dass der Prozess des Lernens bei den einzelnen Schülern parallel aktiviert wird, wobei `Antje` die kürzeste Zeit benötigte.

Das kleine Beispiel verdeutlicht sicher gut die unterschiedlichen Arten der Kommunikation und zeigt gleichzeitig die Defizite der gängigen Programmiersprachen gegenüber dem objektorientierten Konzept. Hier wurde Java benutzt. Im Prinzip unterscheiden sich die meisten Programmiersprachen hinsichtlich der parallelen Abarbeitung aber kaum. Programmierer müssen einige Klimmzüge machen, um das eigentliche objektorientierte Verhalten der Programme zu erreichen. Hier ist zukünftig noch einiges zu tun.

Doch kommen wir zu unserem eigentlichen Thema, den Sequenzdiagrammen in UML zurück. Der Leser sollte nun in der Lage sein, sie sinnvoll einzusetzen.

Aus Sicht des Autors ist es zu vermeiden, die Darstellung der Sequenzdiagramme zu überladen. Nicht alle Informationen sollten mit Gewalt in diese Spezifikationsform gezwängt werden.

Ein Sequenzdiagramm ist eine gute Darstellungsform für ein Szenario. Für die Darstellung eines ganzen Anwendungsfalles gibt es möglicherweise bessere Alternativen. Beispiele sind Struktogramme oder Aufgabenbäume.

Oft sind die Details eines Anwendungsfalles zunächst auch noch gar nicht so interessant. Ein abstrakteres Herangehen ist sinnvoll, um den Überblick über ein Gesamtsystem zu finden, ohne sich zu sehr in den Details zu verwickeln. Der folgende Abschnitt wendet sich dieser Modellierung von Anwendungsfällen zu.

Aufgabe

2.7 Verbessern Sie das Programm zur Kommunkation des Lehrers mit den Schülern dadurch, dass das Attribut durch eine Schlange ersetzt wird.

Darstellung von Anwendungsfällen

Ein Anwendungsfall wird grafisch in Form einer Ellipse repräsentiert. Er steht immer mit einem Akteur in Beziehung, kann aber auch von anderen Anwendungsfällen genutzt werden oder diese nutzen (include). Er kann ein Sonderfall (extend) sein oder einen Sonderfall haben. Zusätzlich wird auch noch dargestellt, dass ein Anwendungsfall einen bestehenden Anwendungsfall spezialisiert (verfeinert). Diese prinzipiellen Möglichkeiten der Assoziationen zwischen Modellelementen in einem Anwendungsfall sind abstrakt in **Abbildung 2.23** dargestellt.

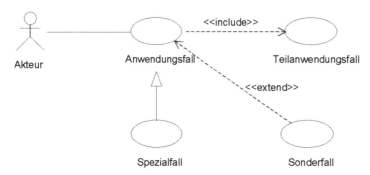

Abbildung 2.23 Modellelemente eines Anwendungsfalldiagramms

Ein Akteur kann dabei eine Person aber auch ein anderes Softwaresystem sein. Als Beispiel sei auf das Abholen von Geld bei einer Bank verwiesen (siehe auch **Abbildung 2.24**). Hier ist der Anwendungsfall ein richtiger Geschäftsprozess. (Einige Autoren nutzen Anwendungsfall und Geschäftsprozess als Synonym. Es gibt aber Anwendungsfälle, die keine Geschäftsprozesse sind. Dagegen ist jeder Geschäftsprozess ein Anwendungsfall.).

Es gibt zwei Akteure, den Bankkunden und die Bank. Wird der Geschäftsprozess klassisch am Schalter abgewickelt, so ist der Mitarbeiter der Bank am Schalter, der Vertreter der Bank, der involviert ist. Er hat in weiteren Geschäftsprozessen die Konsequenzen einer Geldabholung eines Kunden zu aktivieren. Eventuell nutzt der Bankmitarbeiter dazu bereits ein Softwaresystem oder trägt Daten in Formulare ein.

Erfolgt die Abwicklung des gleichen Geschäftsprozesses an einem Geldautomaten, so steht dieser in Kommunikation mit einem Abrechnungssystem der Bank, welches die weiteren Geschäftsprozesse aktiviert. In diesem Falle repräsentiert der Akteur Bank ein Softwaresystem.

Bankkunde   Geld abholen   Bank

Abbildung 2.24 Anwendungsfall zum Aushändigen von Bargeld

Eine ganze Reihe von Autoren schlagen bei der Modellierung von Anwendungsfällen die Unterscheidung zwischen primären und sekundären Akteuren vor. In dem obigen Falle wäre der Bankkunde der primäre Akteur, da er der unmittelbare Nutznießer des Anwendungsfalls ist. Er aktiviert den Geschäftsprozess. Die Bank wäre der sekundäre Akteur, der nur involviert ist und nicht von allein aktiv wird.

Auch wenn die Bank vielleicht insgesamt gesehen der Hauptnutznießer des Geschäftsprozesses ist, spielen bei der Modellierung nur kurzfristige Gesichtspunkte eine Rolle. Entscheidend ist, wer den Prozess aktiviert. Er gilt als Nutznießer des Anwendungsfalls.

Bei der Organisation einer Reise ist der Tourist der primäre Akteur. Er startet einen neuen Geschäftsprozess „Reise organisieren". Das Reisebüro und einbezogenen Reiseanbieter sind sekundäre Akteure. Der Geschäftsprozess beinhaltet die Geschäftsprozesse „Über Reise informieren", „Reise reservieren", „Reise buchen" und „Reise bezahlen". Die letzten drei genannten beinhalten in dem dargestellten Beispiel ihrerseits wieder den Geschäftsprozess „Tourist identifizieren". Für den Prozess des Reservierens gibt es einen Sonderfall, der eintritt, wenn die ausgewählte Reise bereits ausgebucht ist. Das wird durch eine Erweiterung des Geschäftsprozesses „Reise reservieren" durch „Reise ausgebucht" spezifiziert.

Anwendungsfalldiagramme gestatten eine Modellierung der Anforderungen an ein System auf abstrakter Basis. Konkrete Details werden noch nicht spezifiziert. Trotzdem können sich die Beteiligten einen Überblick über involvierte Akteure und die Funktionalität eines Systems verschaffen.

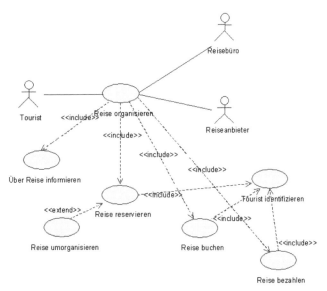

Abbildung 2.25 Anwendungsfall Reise organisieren

Sind die Anwendungsfälle spezifiziert, dann sollte begonnen werden die Objekte zu identifizieren, die für die Ausführung eines Anwendungsfalls notwendig sind. Dabei handelt es sich zum einen um die Objekte, die bearbeitet werden, die so genannten Arbeitsgegenstände oder Materialien, und zum anderen um die Objekte, die zu dieser Bearbeitung notwendig sind, die Werkzeuge und Hilfsmittel genannt werden. Sind diese identifiziert, so können Szenarien mit Hilfe von Sequenzdiagrammen beschrieben werden. Sie dienen dazu, mit den Anwendern Anwendungsfälle durchzuspielen, um zu überprüfen, ob alle Beteiligten der Softwareentwicklung die gleichen Systemvorstellungen besitzen.

2.3 Klassenmodelle

2.3.1 Klassen und Objekte

Darstellung von Klassen und Objekten

Klassen und Objekte werden in UML durch Rechtecke repräsentiert. In den bisherigen Ausführungen wurden bereits derartige Notationen genutzt. Am Beispiel eines Bankkontos soll hier zunächst noch einmal die Notation einer Klasse präsentiert werden. Eine Klasse hat einen Namen (z.B. Bankkonto), besitzt zur Charakterisierung eine Anzahl von Attributen (z.B. Kontoinhaber, Kontostand, Mindestbetrag) und stellt Methoden bereit, mit denen die Attribute manipuliert werden können (z.B. einzahlen, abheben).

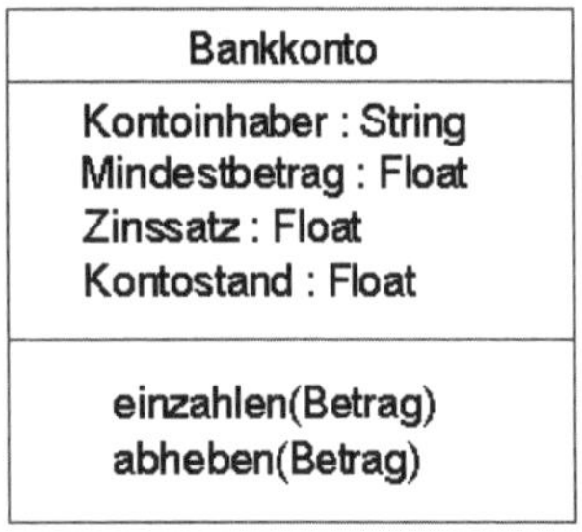

Bankkonto
Kontoinhaber : String Mindestbetrag : Float Zinssatz : Float Kontostand : Float
einzahlen(Betrag) abheben(Betrag)

Abbildung 2.26 Darstellung einer Klasse Bankkonto

Objekte haben, wie bei Sequenzdiagrammen bereits dargestellt, prinzipiell keine andere Darstellungsform als Klassen. Der einzige Unterschied besteht in der Form der Namensangabe.

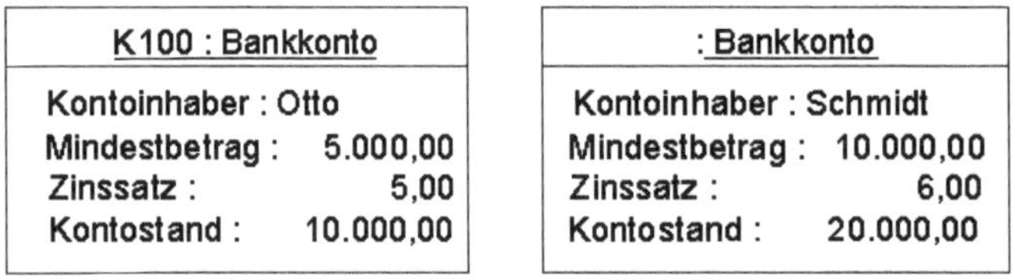

K100 : Bankkonto
Kontoinhaber : Otto Mindestbetrag :   5.000,00 Zinssatz :   5,00 Kontostand :   10.000,00

: Bankkonto
Kontoinhaber : Schmidt Mindestbetrag :   10.000,00 Zinssatz :   6,00 Kontostand :   20.000,00

Abbildung 2.27 Darstellung zweier Objekte der Klasse Bankkonto

Bei Objekten ist der Name unterstrichen. Durch Doppelpunkt vom Namen getrennt kann auch die Klasse angegeben werden, zu der das Objekt gehört. Attribute sind bei Objekten natürlich bereits mit Werten belegt. In **Abbildung 2.27** werden zwei Beispiele für Konten als Objekte angegeben. Einmal handelt es sich um das Bankkonto K100 und im zweiten Falle ist die genaue Identität des Kontos nicht angegeben. Sie ist in diesem Falle unbedeutend. Es wird nur ausgedrückt, dass es sich um ein Bankkonto mit einer gewissen Wertebelegung der Attribute handelt.

Ist es offensichtlich, zu welcher Klasse ein Objekt gehört oder ist diese Information nicht so entscheidend, so kann auch nur der Name des Objektes (z.B. K100) angegeben werden. Kann auf die Werte von Attributen verzichtet werden, so ist die Darstellung von Objekten wie folgt möglich.

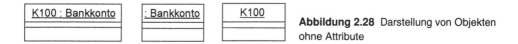

Abbildung 2.28 Darstellung von Objekten ohne Attribute

Auch Klassen können ohne Attribute und Methoden dargestellt werden, wenn das für die Lesbarkeit förderlich ist. Dies soll hier aber nicht gesondert dargestellt werden. In vielen Beispielen wird diese Notation verwendet.

Nach der Idee der Kapselung von Informationen innerhalb von Objekten soll nicht direkt auf den Wert von Attributen zugegriffen werden. Deren Veränderung sollte stets mit Hilfe von Methoden erfolgen. Selbst für den lesenden Zugriff ist die Verwendung von Methoden angeraten. Trotz der Anerkennung dieses grundlegenden Prinzips wird gelegentlich dagegen verstoßen. Solange Attribute nur gelesen werden, ist dies unter Umständen auch tolerierbar.

In UML wird für Attribute trotz des Kapselungsgedanken eine Sichtbarkeitsspezifikation zugelassen. Sie werden als `public` (öffentlich) charakterisiert, wenn der Zugriff nicht eingeschränkt ist. Die Charakterisierung `private` (privat) erfolgt, wenn nur Methoden innerhalb der entsprechenden Klasse den Zugriff haben. Eine Zwischenstufe zwischen der vollständigen Zugriffsfreigabe und der nach außen hin vollständigen Verbergung stellt die Zugriffscharakteristik `protected` (geschützt) dar. Ist ein Attribut derart charakterisiert, so können nur Methoden auf die Werte der Attribute zugreifen, die von Klassen stammen, die direkt oder indirekt von der Klasse erben, in der das Attribut definiert ist. Alle „Verwandten" im Sinne von „Erben" haben Zugriff. Die Werte bleiben sozusagen in der Familie. Wirklich Außenstehende können sich nicht informieren und können auch nicht manipulierend eingreifen. Für die Zugriffscharakterisierung sind in UML einfache Symbole +, # und – für Abkürzungszwecke eingeführt worden. Es werden aber auch grafische Symbole genutzt, um die Darstellungen etwas ausdrucksstärker in Farbe zu gestalten. Beim Abdruck dieses Buches geht der farbliche Gesichtspunkt verloren. Er ist aber für Werkzeuge wichtig, mit denen interaktiv objektorientierte Spezifikationen entwickelt werden. **Abbildung 2.29** gibt einen Überblick über die Symbole, die festgelegt wurden.

+ public	⬦ public
# protected	⬦ protected
- private	⬦ private

Abbildung 2.29 Symbole zur Charakterisierung der Sichtbarkeit von Attributen

Für Methoden gelten sinngemäß die gleichen Regeln. Die Sichtbarkeit wird ebenfalls mit `public`, `protected` und `private` charakterisiert.

Bankkonto
⬦ Kontoinhaber : String
⬦ Mindestbetrag : Float
⬦ Zinssatz : Float
⬦ Kontostand : Float
⬦ Kontoinhaber setzen(Inhaber)
⬦ Kontoinhaber abfragen()
⬦ Mindestbetrag setzen(Betrag)
⬦ Mindestbetrag abfragen
⬦ Zinssatz setzen(Satz)
⬦ Zinssatz abfragen()
⬦ einzahlen(Betrag)
⬦ abheben(Betrag)
⬦ drucken()

Abbildung 2.30 Klasse Bankkonto mit Sichtbarkeitscharakteristiken

Abbildung 2.30 zeigt eine Klasse Bankkonto, bei der die Attribute Kontoinhaber und Mindestbetrag `public` sind. Der Zinssatz ist `protected` und kann nicht von jedermann eingesehen werden. Der aktuelle Kontostand ist `private` und damit nach außen völlig unsichtbar. Er kann nur durch `einzahlen` und `abheben` manipuliert werden. Durch die Methode `drucken` kann der Wert natürlich gelesen und auf Papier ausgegeben werden. Ob das so geschieht, ist aber das Geheimnis der Methode `drucken`.

Stereotypen

Neben den Sichtbarkeiten können Klassen durch Stereotypen (sterotype) und Merkmale (property) genauer beschrieben werden.

Definition 2.7   Stereotyp

> Die Klassifikation von Elementen eines UML-Modells durch einen Namen bezeichnet man als Stereotyp.

Ein Stereotyp kann sowohl die gesamte Klasse als auch Gruppen von Attributen und Methoden beschreiben. Die Namen der Stereotypen sind frei wählbar.

Definition 2.8   Merkmal

Eigenschaften von Elementen eines UML-Modells werden durch Merkmale beschrieben.

Handelt es sich um mehrere Merkmale, so werden diese zu Listen zusammengefasst, bei denen ein Merkmal immer durch Gleichheitszeichen von seiner Wertebelegung getrennt ist. **Abbildung 2.31** gibt ein Beispiel für Charakterisierungen, Gruppierungen und Merkmalsbelegungen.

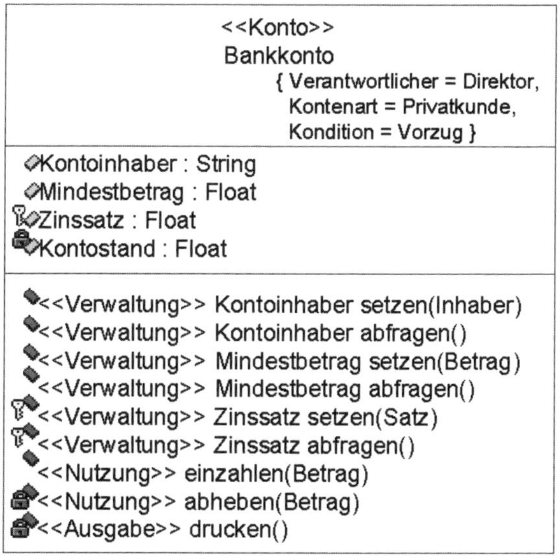

Abbildung 2.31 Klasse mit Stereotypen und Merkmalen

UML ist in seiner Beschreibungsform sehr offen. Es gestattet neben eigenen Namen von Stereotypen auch frei gestaltete Symbole. Eine ganze Anzahl von Stereotypen ist allerdings bereits vordefiniert. Dafür sind auch grafische Symbole festgelegt, die natürlich bei der Definition neuer Stereotypen berücksichtigt werden müssen. Ähnlichkeiten sollten vermieden werden, um nicht unnötige Verwechslungen aufkommen zu lassen.

Besonders bekannt sind die vordefinierten Stereotypen zur Modellierung von Anwendungsfällen. Sie stammen aus der Schule von Jacobsen und finden ihre Anwendung in den Spezifikationen der frühen Entwicklungsphasen.

Abbildung 2.32 stellt die grafischen Symbole der Stereotypen vor, die sowohl zur Charakterisierung von Klassen als auch von Objekten genutzt werden können. Die Modellierung erfolgt zunächst mit Hilfe von Objekten, bevor eine Verallgemeinerung zu Klassen erfolgt.

Grenzobjekte sind jene Objekte, mit denen ein Akteur interagiert. Je nach Sichtweise können es einzelne Objekte an der Oberfläche eines Softwaresystems oder komplexere Gebilde, wie ein ganzes Bestellsystem sein. In komplexen Systemen kann auch eine Person die Rolle eines Grenzobjekts spielen. Das trifft beispielsweise auf einen Mitarbeiter in der Rezeption eines Hotels zu. Er stellt für den Gast eine Schnittstelle zu den agierenden Objekten dar. Er leitet Nachrichten an andere Personen, wie beispielsweise das Zimmermädchen bei fehlender Seife, oder an Systeme, wie beispielsweise das Reservierungssystem bei der Veränderung von Daten, weiter.

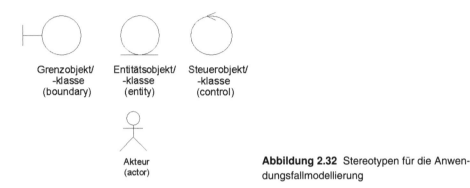

Grenzobjekt/
-klasse
(boundary)

Entitätsobjekt/
-klasse
(entity)

Steuerobjekt/
-klasse
(control)

Akteur
(actor)

Abbildung 2.32 Stereotypen für die Anwendungsfallmodellierung

Entitätsobjekte beinhalten die Informationen, die zur Abarbeitung notwendig sind. Sie stammen hauptsächlich aus der Analyse des Problembereichs und entsprechen den Arbeitsgegenständen, die bei der Anwendung bearbeitet werden. Es kann sich aber auch um Werkzeuge handeln, die bestimmte Informationen bereitstellen.

Steuerobjekte schließen die Kluft zwischen Grenzobjekten und Entitätsobjekten. Sie übernehmen die Steuerfunktion für die Übermittlung von Nachrichten und damit die Aktivierung von Methoden in den Objekten, die diese Nachrichten erhalten. Die Anwendungslogik ist hauptsächlich in diesen Objekten enthalten.

Im Unterschied zu den anderen Objekten, die durch Klassen im Design repräsentiert werden, finden sich Steuerobjekte häufig in Form von Methoden in den Grenz- und Entitätsklassen wieder.

Entität

<<entity>>
Entität

Entität

Abbildung 2.33 Darstellungsformen einer Entitätsklasse

UML gestattet die Darstellung von Klassen und Objekten in Abhängigkeit von ihrem Stereotypen auf unterschiedliche Art und Weise.

Abbildung 2.33 stellt dies beispielhaft für eine Entitätsklasse dar. Sie kann, wie links dargestellt, durch ein spezielles Symbol repräsentiert werden oder es kann, wie in der Mitte dargestellt, textuell der Stereotyp über dem Namen der Klasse angegeben werden. Eine Kombination des Symbols mit dem normalen Klassendiagramm wird in der Form mit Marke weiter rechts dargestellt. Aus Übersichtlichkeitsgründen wird man sicher häufig auf die einfache Symboldarstellung zurückgreifen. **Abbildung 2.34** gibt dafür ein Beispiel.

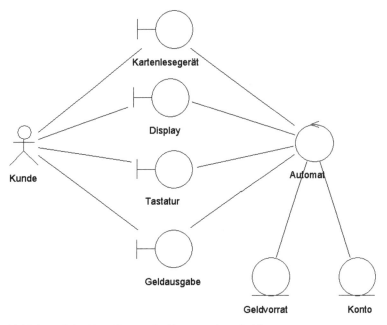

Abbildung 2.34 Modellierung der Nutzung eines Geldautomaten

Ein Kunde tritt mit einem Geldautomaten über vier Objekte in Kommunikation. Dabei ist natürlich der Abstraktionsgrad entscheidend, ob man nun ein einheitliches Display modelliert oder die einzelnen dargestellten Elemente auf dem Bildschirm betrachtet. Auch der Detaillierungsgrad der anderen Objekte hängt von der Sichtweise ab.

Bei dieser Art von Diagrammen modelliert man einerseits nicht mehr ganz auf dem Objektniveau, denn die konkreten einzelnen Objekte werden nicht benannt, und ist andererseits noch nicht ganz auf dem Klassenniveau angelangt. Man beschreibt das Verhalten von Rollen. Auf deren Spezifikation wird in den Abschnitten 2.4.2 Aktivitätsdiagramme und 3.3 Entwurf noch genauer eingegangen.

Die Kommunikation zwischen den Objekten der verschiedenen Stereotypen ist von UML etwas eingeschränkt. Nicht jedem Objekttyp ist die Kommunikation mit jedem anderen gestattet. So kann ein Akteur nur mit Grenzobjekten kommunizieren. Alle anderen Systemobjekte sind für ihn verborgen. Auch dürfen Entitätsobjekte nicht untereinander kommunizieren. Sie verhalten sich passiv und können nur durch ein Steuerobjekt aktiviert werden.

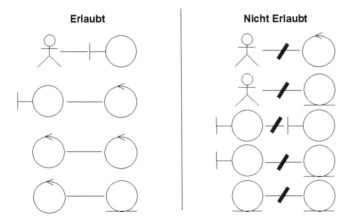

Abbildung 2.35 Erlaubte und unerlaubte Kommunikation zwischen Stereotypen

Neben den oben erwähnten Stereotypen gibt es mit «utility» (Hilfsmittel) noch eine weitere Möglichkeit zur Charakterisierung einer Klasse. Im Sinne der Objektorientierung haben Objekte einer Klasse einen Zustand, der durch die Anwendung von Methoden verändert wird. Mitunter ist es aber auch notwendig, eine Klasse nur als Sammlung von Funktionalitäten zu nutzen, die zwar inhaltlich einen Zusammenhang haben, aber eigentlich unabhängig voneinander arbeiten. Beispiele dafür sind Klassen, die trigonometrische Funktionen bereitstellen, oder wenn man im Bankbereich bleiben möchte, Klassen, die Umrechnungen für verschiedene Währungen bereitstellen.

In beiden Fällen handelt es sich um Klassen, die mehr oder weniger als Sammelbehälter für Funktionalitäten dienen.

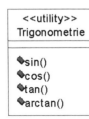

Abbildung 2.36 Hilfsmittelklassen

Aufgaben

2.8 Modellieren Sie eine Klasse Kunde, die für ein Verwaltungssystem einer Bank benötigt wird. Nutzen Sie dazu Stereotypen.

2.9 Welche Fehler befinden sich in folgendem Diagramm?

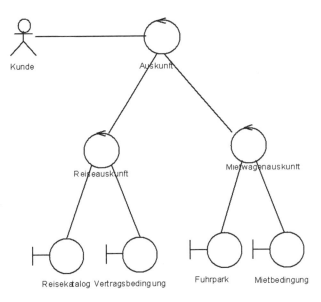

2.10 Modellieren Sie das Zusammenspiel von Objekten bei dem Besuch eines Gastes in einem vornehmen Restaurant.

Assoziation

Wie bereit aus Kapitel 1 bekannt, beschreiben Assoziationen Beziehungen zwischen Objekten, die zwischen Klassen modelliert werden. Zunächst soll erst einmal die Modellierung binärer Assoziationen in UML betrachtet werden.

Rein aus Modellierungssicht müssen Objekte nicht über ihre Beziehungen informiert sein. Diese können relativ selbständig existieren. So wird man über nähere Verwandtschaftsverhältnisse meist informiert sein, doch bei fernerer Verwandtschaft ist das schon fraglich. Selbst bei der Vater-Kind-Beziehung gibt es Fälle, in denen die betroffenen Personen nicht informiert sind, obwohl die Beziehung existiert.

Bei der objektorientierten Spezifikation ist das etwas anders. Hier werden Assoziationen mit dem Begriff Navigierbarkeit verknüpft. Damit soll ausgedrückt werden, dass man sich entlang der Beziehungen von einem Objekt zu dem oder zu den in Beziehung stehenden Objekten bewegen kann. Ein Objekt ist mindestens über die Beziehung informiert und von ihm kann man sich zu anderen Objekten bewegen. In dem Falle, in dem nur ein Objekt informiert ist, spricht man von unidirektionalen Assoziationen. Sind beide Objekte einer binären Assoziation über das andere Objekt informiert, so ist die Beziehung bidirektional.

Mietvertrag	*vereinbart* 1..*	Konto

+Sicherheit

Abbildung 2.37 Beispiel einer unidirektionalen Assoziation

Nach diesem Modell wird in einem Mietvertrag eine Reihe von Konten als Sicherheit vereinbart, von denen bestimmte Beträge eingezogen werden können. Ein Konto spielt in diesem Falle die Rolle der Sicherheit. Aus der Spezifikation ist abzulesen, dass in einem Mietvertrag mindestens ein Konto angegeben werden muss. Es kann sich aber auch um beliebig viele handeln. Von einem Mietvertrag kann man zu den Konten navigieren. Die Umkehrung gilt nicht. Einem Konto ist nicht bekannt, in welchen Mietverträgen es als Sicherheit angegeben ist.

Wie soll man sich aber vorstellen, dass ein Objekt über eine Beziehung informiert ist?

Die Frage ist relativ leicht zu beantworten. In dem jeweiligen Objekt müssen Verweise auf die betreffenden Objekte vorgesehen sein, mit denen es in Beziehung steht.

In der Klasse Mietvertrag gibt es danach beispielsweise Vorbereitungen für einen oder mehrere Verweise auf Konten. Bei mehreren Verweisen handelt es sich sinnvollerweise um ein Feld von Verweisen. Über die eingetragenen Werte dieser Verweise kann später von einem speziellen Mietvertrag (Instanz der Klasse Mietvertrag) zu den in Beziehung stehenden Konten (Instanzen der Klasse Konto) navigiert werden.

In einem Banksystem steht ein Konto auch in Beziehung zu der dort modellierten Klasse Kunde.

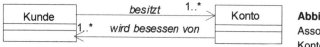

Abbildung 2.38 Unidirektionale Assoziationen zwischen Kunde und Konto

Ein Kunde besitzt bei einer Bank mindestens ein Konto und ein Konto kann einem oder mehreren Kunden gehören. Die Navigation ist von beiden Seiten möglich. Ein Kunde ist also über die zugehörigen Konten informiert und umgekehrt sind aus jedem Konto die Eigentümer ersichtlich. Liegen zwei unidirektionale Assoziationen in verschiedenen Richtungen zwischen zwei Klassen vor, so kann dies unter Umständen auch als bidirektionale Assoziation modelliert werden.

Jede bidirektionale Assoziation ist umgekehrt durch zwei unidirektionale Assoziationen repräsentierbar. Für das Beispiel aus **Abbildung 2.38** ergibt sich das Modell in **Abbildung 2.39**.

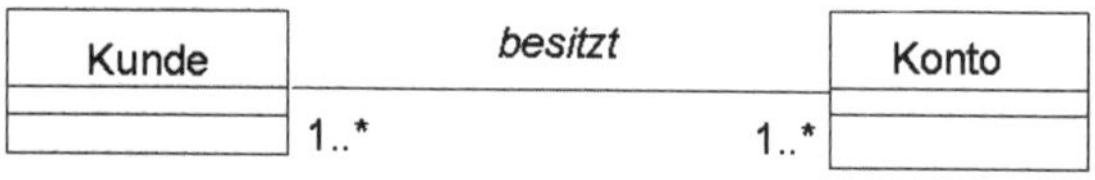

Abbildung 2.39 Assoziation zwischen Kunde und Konto

In UML ist nicht immer genau definiert, ob eine Assoziation, wie in **Abbildung 2.39** angegeben, eine bidirektionale Assoziation ist oder ob die Navigationsangabe nicht spezifiziert ist und sowohl unidirektional in eine der beiden Richtungen oder bidirektional sein kann. Um die Leserichtung der Assoziation zu verdeutlichen, kann man ein Dreieck nutzen. Damit wird im Beispiel von **Abbildung 2.40** deutlich, dass Kunden Konten besitzen und nicht das Umgekehrte gilt.

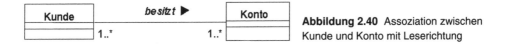

Abbildung 2.40 Assoziation zwischen Kunde und Konto mit Leserichtung

Hier wird explizit ausgedrückt, dass die Navigation in beide Richtungen möglich sein soll. In UML wird die Nutzung eines Dreiecks vorgeschlagen, dessen Spitze die Richtung der Assoziation angibt. Dieses Dreieck ist ein reiner Kommentar.

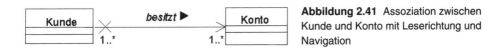

Abbildung 2.41 Assoziation zwischen Kunde und Konto mit Leserichtung und Navigation

Abbildung 2.41 spezifiziert explizit durch ein Kreuz, dass die Navigation von einem Konto zum Kunden nicht möglich ist. Die Navigationsmöglichkeit von einem Kunden zum Konto wird durch einen Pfeil spezifiziert.

Assoziationen können benutzt werden, um die Zusammenhänge zwischen Objekten verschiedener Klassen zu spezifizieren. **Abbildung 2.42** drückt aus, dass ein Kunde einen Kontovertrag hat, auf dem die Abwicklung eines Kontos basiert.

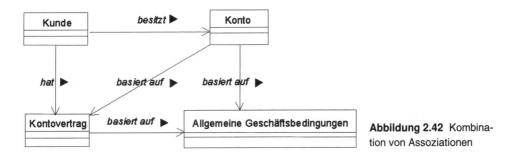

Abbildung 2.42 Kombination von Assoziationen

Der Kontovertrag basiert auf den allgemeinen Geschäftsbedingungen. Damit basiert auch die Verwaltung eines Kontos auf diesen Geschäftsbedingungen. Da es sich damit um eine abgeleitete Assoziation handelt, kann auf sie verzichtet werden. Die Navigation von einem Konto zu den allgemeinen Geschäftsbedingungen kann auch über den Kontovertrag erfolgen (Konto -> Kontovertrag -> Allgemeine Geschäftsbedingungen).

Auf die Assoziation zwischen Konto und Kontovertrag könnte auch verzichtet werden, da vom Konto über Kunde zu Kontovertrag navigiert werden kann. Mitunter ist es aber durchaus sinnvoll, derartige Informationen doppelt zu verwalten und wenn es nur darum geht, die Navigation zu vereinfachen. In dem Falle muss aber sichergestellt werden, dass die Navigation von Konto zu Kontovertrag den gleichen Vertrag liefert, wie die Navigation über den Kunden. Dazu kann man Zusicherungen formulieren.

Definition 2.9   Zusicherung (Constraint)

> Eine Zusicherung ist ein Ausdruck, der mögliche Inhalte, Zustände oder Semantik eines Modellelementes einschränkt. Der Ausdruck kann ein Stereotyp sein, der vorhanden sein muss. Er kann eine Aufzählung von Eigenschaftswerten sein, von denen einer erfüllt sein muss. Es kann sich um Abhängigkeitsbeziehungen und freie Formulierungen handeln. In vielen Fällen ist eine Zusicherung ein logischer Ausdruck.

Im aktuellen Beispiel sind zwei logische Ausdrücke vorstellbar, die die Konsistenz der Informationen sichern. Der Klasse Kunde kann der Ausdruck

```
{Kunde.Kontovertrag=Kunde.Konto.Kontovertrag}
```

zugeordnet werden. Er besagt, dass die Navigation von Kunde zu Kontovertrag das gleiche Ergebnis liefert, wie die Navigation von Kunde zu Konto und danach zu Kontovertrag.

Eine Zusicherung mit gleichem Inhalt kann auch der Klasse Konto zugeordnet werden.

Dabei handelt es sich um den Ausdruck

```
{Konto.Kontovertrag=Konto.Kunde.Kontovertrag}.
```

Mit derartigen Zusicherungen können Abhängigkeiten zwischen Assoziationen gut beschrieben werden. Nachfolgend beschäftigt sich noch ein gesamter Abschnitt mit der Sprache für zulässige Zusicherungen. Sie nennt sich OCL (Object Constraint Language).

Explizit ist in UML noch eine weitere Art von Zusicherung festgeschrieben, die dazu genutzt werden kann, auszudrücken, dass ein Objekt nur eine von zwei möglichen Beziehungen eingehen kann.

Wenn in einem Banksystem zwischen Privatkunde und Geschäftskunde unterschieden wird, dann kann auch ein Konto eine entsprechende Zugehörigkeit haben. Eigentümer eines Kontos sind eine oder mehrere Privatpersonen. Es sind aber auch ein oder mehrere Unternehmer als Eigentümer denkbar. Inhaber eines Kontos dürfen aber nicht gleichzeitig ein Privatkunde und Geschäftskunde sein.

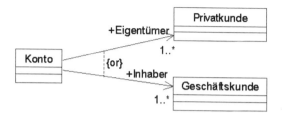

Abbildung 2.43 Oder-Assoziation

Durch die Zusicherung „{or}" wird verdeutlicht, dass nur eine Assoziation für ein Konto zutreffend ist. Wichtig ist dabei, den Rollen der beiden in die Assoziationen einbezogenen Klassen unterschiedliche Namen zu geben. In dem dargestellten Fall darf nicht in beiden Fällen die Rolle Eigentümer genutzt werden.

Erklären kann man diese Einschränkung durch die spätere Implementation und speziell durch Werkzeuge, die automatisch Code in einer Programmiersprache erzeugen.

Damit die Objekte der Klasse Konto die Referenzen zu den Privat- und Geschäftskunden verwalten können, ist in der Klassendefinition jeweils ein Array enthalten, welches die Referenzen aufnehmen kann. Der Name dieses Arrays ist der Name der Rolle, den die Objekte spielen. In Java würde die Klasse Konto folgendes Aussehen haben:

```java
public class Konto {

    public Privatkunde Eigentümer[];
    public Geschäftskunde Inhaber[];

    Konto() {
    }
}
```

Die Zusicherung gewährleistet die Wertebelegung nur eines der beiden Arrays. Liegen in beiden Assoziationen die gleichen Rollennamen vor, so gibt es natürlich einen Konflikt.

Mitunter ist es besser, auf die Angabe der Rollennamen zu verzichten, da in diesem Falle der Name der Klasse als Rollenname angenommen wird. Damit wäre gesichert, dass nicht der gleiche Name vorliegt, da die Klassennamen unterschiedlich sind.

Die Angabe des gleichen Rollennamens in beiden Fällen mag fachlich durchaus als sinnvoll erscheinen, darf aber in UML unter keinen Umständen spezifiziert werden.

Grundsätzlich darf eine Klasse nicht mit verschiedenen anderen Klassen in Beziehung stehen, die die gleiche Rolle spielen. Alle Rollennamen im Kontext einer Klasse müssen eindeutig sein. Bei der or-Verknüpfung ist die Gefahr am größten, dass man auf den gleichen Namen zurückgreift.

Mitunter möchte man Assoziationen auch gewisse Eigenschaften zuordnen. Beispielsweise könnte bei einem Konto über die Assoziation festgelegt werden, um welche Art von Konto es sich handelt, welcher monatliche Betrag als Gutschrift erfolgen muss, welcher Verfügungsrahmen besteht und wie die Verzinsung aussieht. Man spricht in diesem Falle auch von attributierten Assoziationen.

Abbildung 2.44
Attributierte Assoziation mit
Assoziationsklasse

In diesem Modell hat ein Konto genau einen Eigentümer. Dieser kann aber mehrere Konten haben. Ein Konto muss ein Kunde aber mindestens besitzen. Die Eigenschaften der Assoziation werden durch eine gesonderte Klasse modelliert. Der Name der Klasse muss mit dem Namen der Assoziation übereinstimmen. Ihre Attribute sind gleichzeitig die Assoziationsattribute.

Eine solche Assoziationsklasse spielt eine Sonderrolle. Sie kann nicht, wie alle anderen Klassen, unabhängige Objekte erzeugen. Die von ihr erzeugten Objekte sind von der Existenz anderer Objekte abhängig. Sie kapseln Informationen, die diesen anderen Objekten nicht direkt zugeordnet werden können, sondern genau der Beziehung zwischen ihnen entsprechen.

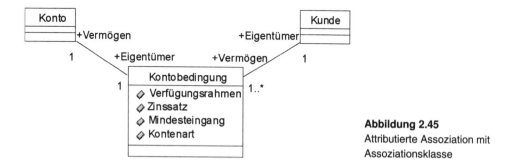

Abbildung 2.45
Attributierte Assoziation mit
Assoziationsklasse

Die Attribute der Klasse Kontobedingung beschreiben die Beziehung zwischen den Klassen Konto und Kunde. Besonders zu beachten sind die Multiplizitäten. An den Klassen Konto und Kunde entsteht 1. Es existiert also aus Sicht der späteren Objekte genau ein Beziehungsobjekt. Die ursprüngliche Multiplizität an den Klassen steht nun an der Assoziation mit der jeweils anderen Klasse. Dort wiederum stehen sie an der Seite der Beziehungsklasse. Die an der Klasse Kontobedingung links stehende Multiplizität 1 stammt von der Klasse Kunde und die rechts stehende Multiplizität 1..* stammt von der Klasse Konto.

Aufgaben

2.11 Erstellen Sie ein allgemeines Klassendiagramm mit einer attributierten Assoziation, die durch eine Klasse beschrieben ist. Stellen Sie die Multiplizitäten durch Variablen dar.

2.12 Erstellen Sie nun ein zweites Klassendiagramm, welches auf dem ersten basiert, aber die Assoziation vollständig durch eine Klasse modellieren soll.
Beachten Sie, welche Multiplizitäten Sie explizit angeben können.

2.13 Modellieren Sie ein Klassendiagramm, in dem die Beziehung zwischen einem Touristen und seinen Reiseunterlagen mit Attributen belegt ist. Was könnte neben Versicherungssumme und Art der Bezahlung noch als Attribut der Beziehung zwischen beiden Klassen angesehen werden?

Aggregation und Komposition

Aggregation und Komposition wurden bereits im Einführungskapitel behandelt und in der Notation von UML dargestellt. Beides sind spezielle Assoziationen. Sie werden zwischen Klassen modelliert, beziehen sich aber auf die Beziehungen der Objekte.

Wenn diese Beziehung zwischen den Objekten sehr eng wird, dann modelliert man nicht mehr eine allgemeine Assoziation, sondern eine Aggregation. Werden die Objekte unzertrennlich, dann ist die Komposition die richtige Form der Darstellung. In diesem Fall beendet die Existenz des Aggregates auch die Existenz aller Teilobjekte.

Der Unterscheidung zwischen beiden Assoziationsformen ist mitunter nicht ganz einfach. Sie muss aus der Sicht des jeweiligen Projektes getroffen werden und kann nicht alle möglichen globalen Betrachtungen berücksichtigen.

Ein Beispiel ist die Modellierung des menschlichen Körpers. Hier verwendet man sicher die Komposition für die Modellierung der Hände, da sie fester Teil des Körpers sind. Wenn man allerdings Transplantationen in die Betrachtung einbezieht, so treffen die oben aufgeführten Regeln nicht mehr ganz zu und man müsste eigentlich eine Assoziation nutzen. Solchen globalen Entwicklungen müssen in einem Projekt nicht berücksichtigt werden.

Man sollte sich allerdings nicht zu viele Gedanken über den Unterschied zwischen allgemeiner Assoziation, Aggregation und Komposition machen. Die Konsequenzen für die weitere Softwareentwicklung sind nicht so entscheidend. Andere Dinge sind da wichtiger.

Die unterschiedlichen Konsequenzen für die Software werden nach den folgenden Ausführungen kurz am Beispiel eines Würfelspiels demonstriert.

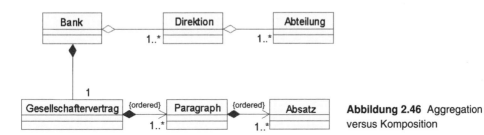

Abbildung 2.46 Aggregation versus Komposition

Bei dieser Modellierung wurde die Beziehung zwischen Gesellschaftervertrag und Bank so eng modelliert, dass der Vertrag bei Auflösung der Bank auch nicht mehr existent ist. Physisch liegt er als Papier zwar weiter vor. Seine Bedeutung hat er aber verloren. Der Vertrag selbst besteht aus Paragraphen und diese wiederum aus Abschnitten. Der Pfeil besagt, dass eine Navigation nur vom Ganzen zu den Teilen erfolgen kann. Die Teilobjekte „wissen" damit nicht, zu welchen Aggregaten sie gehören. Mit der Zusicherung `ordered` wird ausgedrückt, dass die Teilobjekte nicht in beliebiger Reihenfolge Teil des Ganzen sind. Wonach geordnet wird, kann noch separat modelliert werden, erfolgt anhand der Werte der Teilobjekte und ist im beschriebenen Fall klar.

Hier ist die Modellierung der Komposition sicher ziemlich klar. Wenn Paragraphen gelöscht werden, sind natürlich automatisch die Absätze gelöscht und wenn der Gesellschaftervertrag insgesamt gelöscht wird, dann gilt das ebenso für die Paragraphen. Wichtig ist auch die sonstige Weiterleitung (propagieren) von Methoden. Wird ein Gesellschaftervertrag formatiert oder gedruckt, so werden auch die Paragraphen und Abschnitte formatiert und gedruckt. Das Aggregat leitet die Ausführung einer Methode an seine Teile weiter.

Diese Eigenschaft ist der Grund, warum bei organisatorischen Strukturen häufig die Aggregation und nicht die Komposition modelliert wird. In **Abbildung 2.46** betrifft das die Direktionsbereiche und die Abteilungen. Bei der Existenz der Bank könnte man argumentieren, dass das Auflösen der Bank zum Auflösen der Direktionen führt. Eine Direktion kann aber in einer anderen Bank weitergeführt werden. Bei dem Verhältnis Direktion zu Abteilung wird das vielleicht noch deutlicher. Hier kann ein Direktionsbereich aufgelöst werden, ohne dass Abteilungen betroffen sind. Sie arbeiten unter anderen Direktionen eventuell weiter.

Auch das Propagieren der Methode erfolgt nicht automatisch. Werden die Direktionen umstrukturiert, so betrifft das nicht unbedingt ein Umstrukturieren der Abteilungen. Ganze Abteilungen können weiterhin in bestehender Form anderen Direktionen zugeordnet werden. Die Umstrukturierung kann auch nur einzelne Abteilungen treffen.

Organisatorische Strukturen und Mitgliedschaft in Vereinen und Gesellschaften sollten als Aggregation modelliert werden.

Für die Komposition gibt es in UML drei verschiedene Darstellungsformen. Für das Beispiel des Gesellschaftervertrages sind sie in **Abbildung 2.47** angegeben. Den allgemeinen Aufbau der Darstellungen enthält **Abbildung 2.48**.

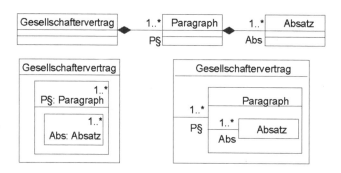

Abbildung 2.47 Darstellungsformen der Komposition für einen Gesellschaftervertrag

Welche Art der Darstellungsform genutzt wird, ist den Softwareentwicklern freigestellt. In den meisten Fällen wird jedoch die obere Notation mit dem Drachenviereck genutzt, da sie die beste Übersichtlichkeit besitzt. Eine Ausnahme bilden generische Klassen. Bei ihnen wird häufig die untere rechte Darstellungsform genutzt, um besser zu sehen, welche Teile der Spezifikation mit der generischen Klasse direkt zu tun haben. Auf generische Klassen wird in einem späteren Abschnitt noch genauer eingegangen.

Es ist, wie bereits erwähnt, nicht immer ganz einfach, die richtige Art der Beziehung festzulegen. Im Zweifelsfalle sollte man eine Assoziation modellieren. Die Konsequenzen für die Softwareentwicklung sollen am Beispiel von **Abbildung 2.49** demonstriert werden.

Alle drei Varianten (einfache *Assoziation*, *Aggregation* und *Komposition*) sind bei der Modellierung eines Spiels mit Würfel möglich.

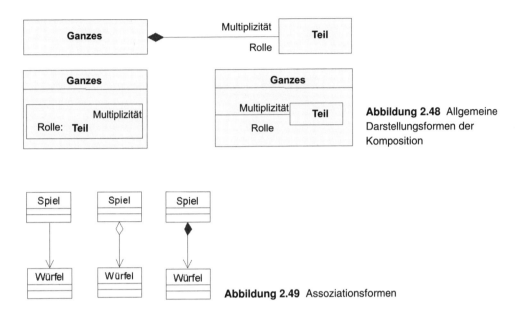

Abbildung 2.48 Allgemeine Darstellungsformen der Komposition

Abbildung 2.49 Assoziationsformen

Die erste Variante ist die allgemeinste Art der Modellierung einer Beziehung zwischen den Klassen Spiel und Würfel. Die späteren Objekte haben damit einen losen Zusammenhang. Bei der Erzeugung eines Spiels muss der entsprechende Würfel noch nicht existieren. Methoden, die auf ein Spiel angewendet werden, haben keinen Einfluss auf den Würfel.

Der nachfolgende Quelltext in Java demonstriert die entsprechende Implementation. In /2.26/ und den zugehörigen Internetseiten findet man das Beispiel auch in Python, Eiffel und Pascal.

```java
public class Spiel {

    public String name;
    public String farbe;
    public Wuerfel wuerfel;

    Spiel(String initFarbe){
        name = "Spiel1 ";
        farbe = initFarbe;
    };

    public void show(){
        System.out.print(this.name);
        System.out.println(this.farbe);
    };
```

```
        public void setFarbe(String f){
                this.farbe=f;
        };

        public void setWuerfel(Wuerfel w){
                this.wuerfel=w;
        }
}
```

Deutlich sieht man bei der Initialisierung, dass neben dem Namen des Spiels auch die Farbe bereits einen Wert hat. Ein Würfel wird aber noch nicht zugewiesen.

```
public class Wuerfel {

        public String name;
        public String farbe;

        Wuerfel(String initFarbe) {
                name = "Wuerfel 1";
                farbe = initFarbe;
        };

        public void show() {
                System.out.print(this.name);
                System.out.println(this.farbe);
        };

        public void setFarbe(String f) {
                this.farbe=f;
        }
}
```

Die Implementation eines Würfels ist hier aus Übersichtlichkeitsgründen ganz einfach gehalten.

Die dargestellten Klassen eines Spiels und eines Würfels erlauben aber schon die prinzipielle Überprüfung des Verhaltens der entsprechenden Objekte und ihrer Methoden.

```
public class Test {

    public static void main(String[] args) {

        System.out.println("Test der allgemeinen Assoziation");

        System.out.println();
        System.out.println("Ausgangssituation");
        Spiel s = new Spiel("rot");
        s.show();
        Wuerfel w = new Wuerfel("schwarz");
        w.show();

        System.out.println();
        System.out.println("Manipulationen");
        s.setWuerfel(w);
        s.show();
        s.setFarbe("gelb");
        s.show();
        w.show();
    }
}
```

Das Ergebnis der Ausgabe des Testprogramms sieht wie folgt aus:

```
Test der allgemeinen Assoziation

Ausgangssituation
Spiel1 rot
Wuerfel 1 schwarz

Manipulationen
Spiel1 rot
Spiel1 gelb
Wuerfel 1 schwarz
```

Spiel und Würfel sind bei der Modellierung der allgemeinen Assoziation zwischen den beiden Klassen relativ unabhängig voneinander. Das Verhalten eines Objektes beeinflusst das Verhalten des anderen Objektes nicht. Wenn sich die Farbe des Spiels ändert, dann hat das keinen Einfluss auf die Farbe des Würfels.

Etwas enger ist der Zusammenhang schon bei der Aggregation. Auch hier werden die Objekte unabhängig voneinander erzeugt. Methoden des Ganzen werden aber auf die Methoden der Teile delegiert. In dem Beispiel von Spiel und Würfel kann sich das auf die Veränderung der Farbe und auf die Methode show() beziehen. Beim Verändern der Farbe für ein Spiel wird auch die Farbe des zugehörigen Würfels verändert, falls er vorhanden ist. Falls die Methode show() bei einem Spiel ausgeführt wird, so wird gegebenenfalls auch der zugehörige Würfel mit angezeigt. Die Methoden, ausgeführt auf das „Ganze", werden auf Methoden auf das „Teil" propagiert.

```java
public class Spiel {

    public String name;
    public String farbe;
    public Wuerfel wuerfel;

    Spiel(String initFarbe){
        name = "Spiel1 ";
        farbe = initFarbe;

    }

    public void show() {
        System.out.print(this.name);
        System.out.print(this.farbe);
        if (this.wuerfel != null) {
            System.out.print(this.wuerfel.name);
            System.out.println(this.wuerfel.farbe);
        } else {
            System.out.println();
        }
    }

    public void setFarbe(String f) {
        this.farbe=f;
        if (this.wuerfel != null) {
            this.wuerfel.farbe=f;
        }
    }
}
```

```
public void setWuerfel(Wuerfel w){
        this.wuerfel=w;
    }
}
```

Nachfolgend wird das Verhalten des Testprogramms für die Aggregation demonstriert.

```
Test der Assoziationsform Aggregation

Ausgangssituation
Spiel1 rot
Wuerfel 1 schwarz

Manipulationen
Spiel1 rot Wuerfel 1 schwarz
Spiel1 gelb Wuerfel 1 gelb
Wuerfel 1 gelb
```

Ist eine Komposition modelliert, so ist bei der Erzeugung eines Spiels auch gleichzeitig der entsprechende Würfel zu erzeugen. Die Bildung der Instanz des „Ganzen" muss mit der Erzeugung der „Teile" gekoppelt sein.

Wird die Farbe eines Spiels verändert, so ändert sich damit auch automatisch die Farbe des zugeordneten Würfels. Auf den Test, ob der Würfel existiert, kann in den Methoden verzichtet werden. Der Würfel darf zu einem Spiel nicht fehlen.

```
public class Spiel {

    public String name;
    public String farbe;
    public Wuerfel wuerfel;

    Spiel(String initfarbe){
            name = "Spiel1";
            farbe = initfarbe;
            wuerfel = new Wuerfel(initfarbe);
    }

    public void show(){
            System.out.print(this.name);
            System.out.print(this.farbe);
            System.out.print(this.wuerfel.name);
            System.out.println(this.wuerfel.farbe);
    }

    public void setFarbe(String f){
            this.farbe=f;
            this.wuerfel.farbe=f;
    }

    public void setWuerfel(Wuerfel w){
            this.wuerfel=w;
    }
}
```

Nachfolgend wird das Verhalten des Testbeispiels für die Komposition demonstriert.

```
Test der Assoziationsform Komposition

Ausgangssituation
Spiel1 rot Wuerfel 1 rot
Wuerfel 1 schwarz

Manipulationen
Spiel1 rot Wuerfel 1 schwarz
Spiel1 gelb Wuerfel 1 gelb
Wuerfel 1 gelb
```

Sinngemäß gelten die für die Erzeugung von Objekten formulierten Ausführungen auch für das Löschen. Bei der Assoziation hat das nicht unbedingt einen Einfluss auf die beteiligten Objekte. Bei der Komposition müssen die Teilobjekte auch gelöscht werden. Die Aggregation nimmt wieder eine Mittelstellung ein. Hier kann es zur Löschung der Objekte kommen, muss es aber nicht.

Zusammenfassend kann noch einmal festgestellt werden, dass die allgemeine *Assoziation*, die *Aggregation* und die *Komposition* die gleichen Datenstrukturen als Konsequenz haben, wenn man mit Programmiersprachen mit Verweissemantik arbeitet. Eine *Assoziation* hat die Existenz eines entsprechenden Attributes zur Konsequenz, was die *Referenz* auf ein oder mehrere Objekte der entsprechenden Partnerklasse realisiert (vgl. mit Zeigern in imperativen Programmiersprachen). Dieses Attribut wird nicht explizit modelliert.

Ein wesentlicher Unterschied besteht bei dem unterschiedlichen Verhalten der Erzeugungsmethode, dem Konstruktor. Auswirkungen gibt es auch auf die Art der Realisierung der weiteren Methoden, ob sie an die Teile weitergeleitet werden oder nicht.

Vererbung

Die Vererbungsmöglichkeit von Attributen und Methoden zwischen Klassen ist ein Grundkonzept objektorientierter Programmiersprachen. Zunächst für die Implementierung entwickelt, hat dieses Konzept auch in die früheren Phasen der Softwareentwicklung und damit in die Spezifikationssprachen Einzug gehalten.

In UML wird Vererbung mit dem Begriff der *Spezialisierung* beschrieben. Eine spezielle Klasse erbt die Eigenschaften einer allgemeineren Klasse. Die umgekehrte Richtung von speziellen Klassen zu allgemeineren wird als *Generalisierung* bezeichnet.

Generalisierung und Spezialisierung sind allgemeine Abstraktionsprinzipien und schon vor der Definition von UML bekannt gewesen. Die verschiedenen Darstellungsformen der Vererbung mit einem nicht ausgefüllten Dreieck, dessen Spitze zur Oberklasse weist, sind in **Abbildung 2.50** dargestellt. Die Verbindungen von den Unterklassen zur Oberklasse können getrennt notiert werden oder in einer gemeinsamen Verbindung münden.

Die Vererbungsbeziehung kann mit vordefinierten Zusicherungen versehen werden. Dabei handelt es sich um zwei Arten, die einerseits die Vollständigkeit der Spezifikation und andererseits die Art des Zusammenhangs zwischen Vererbungsbeziehungen betreffen. Jede der beiden Zusicherungsarten hat zwei vordefinierte Belegungen.

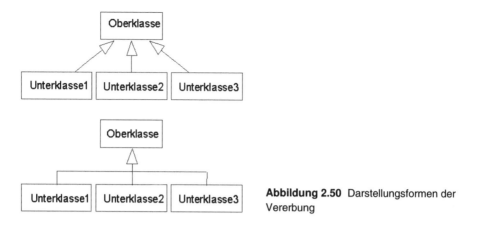

Abbildung 2.50 Darstellungsformen der Vererbung

Zusammenhang zwischen Vererbungsbeziehungen

Vollständigkeit der Klassen:

- `complete` (vollständig)

  Alle Unterklassen sind spezifiziert, unabhängig davon, ob sie im konkreten Diagramm alle angezeigt sind. Es werden keine weiteren Unterklassen erwartet.

- `incomplete` (unvollständig)

  Einige Unterklassen wurden spezifiziert, doch es ist bekannt, dass diese Liste der Nachfolger nicht vollständig ist. Es gibt weitere Unterklassen, die noch nicht im Modell enthalten sind.

Mengenbeziehung der Objekte der Unterklassen:

- `disjoint` (durchschnittsfrei)

  Eine weitere Unterklasse der Unterklassen kann nur Nachfolger einer der modellierten Unterklassen sein.

- `overlapping` (überlappend)

  Eine weitere Unterklasse kann der Nachfolger mehrerer der dargestellten Unterklassen sein.

Standardmäßig wird `disjoint` angenommen. **Abbildung 2.51** veranschaulicht die Situation bei der Vererbung. Dabei modelliert eine gestrichelte Linie, welche Vererbungsbeziehungen durch die Zusicherung betroffen sind, nämlich genau die durch die diese Linie geschnittenen.

Da die Vererbungsbeziehung von `Unterklasse1` und `Unterklasse2` als `overlapping` charakterisiert wird, kann es eine `UnterklasseA` geben, die sowohl von `Unterklasse1` als auch von `Unterklasse2` erbt. Diese Mehrfachvererbung muss nicht sofort in der nächsten Ebene der Vererbungshierarchie erfolgen. Die Zusammenführung der Vererbungspfade kann auf einer tieferen Ebene erfolgen. Analog ist sie im anderen Falle auf jeder Ebene verboten. Ein gemeinsames Erben der `UnterklasseB` von `Unterklasse2` und `Unterklas-se3` ist nicht gestattet.

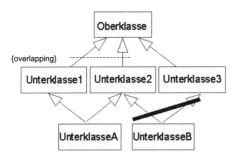

Abbildung 2.51 Erlaubte und unerlaubte Vererbungsbeziehungen

Oestereich /2.7/ interpretiert die Bedeutung von `overlapping` und `disjoint` etwas anders. Er gestattet die Mehrfachvererbung auch im Standardfall `disjoint` und unterscheidet nur in der Semantik der Attributvererbung. Im Standardfall werden Attribute mehrfach vererbt und ansonsten erfolgt eine Verschmelzung der über mehrere Vererbungspfade geerbten Attribute.

Aus den Originaldokumenten ist diese Sicht nach Überzeugung des Autors aber nicht ablesbar, da `disjoint` explizit einen gemeinsamen Nachfolger verschiedener Unterklassen ausschließt.

Die Klassifikation von Unterklassen einer Klasse kann nach verschiedenen Gesichtspunkten erfolgen. Bankkunden wurden in den bisherigen Beispielen bereits in Privatkunden und Geschäftskunden unterteilt. Ein anderer Gesichtspunkt ist die Unterteilung nach Umsatz in Groß- und Kleinkunden. Ein weiteres Klassifikationskriterium könnte die Art der Anlage in Wertpapier- und Immobilienkunden sein. Die Art der Klassifikation kann in den UML-Modellen durch einen Diskriminator beschrieben werden. Er kann einem Vererbungspfeil oder analog zur Zusicherung mit Hilfe einer gestrichelten Schnittlinie den betreffenden Vererbungspfeilen zugeordnet werden.

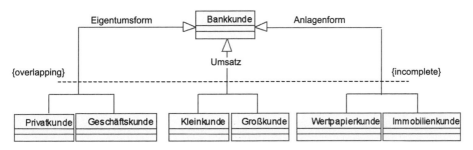

Abbildung 2.52 Beispiel einer Vererbungshierarchie mit Diskriminatoren

Hier beschreiben die Diskriminatoren, nach welchem Gesichtspunkt die verschiedenen Klasseneinteilungen vorgenommen werden. Unterklassen können von verschiedenen hier dargestellten Unterklassen abgeleitet werden. Damit wird ausgedrückt, dass es Objekte gibt, die mehreren Klassifizierungen genügen.

Im Beispiel ist die Menge der Wertpapierkunden mit der Menge der Privatkunden überlappend. Demnach gibt es private Wertpapierkunden. Dazu muss es eine Klasse gleichen Namens geben, die sowohl von Privatkunde als auch von Wertpapierkunde erbt.

Der Abbildung ist auch zu entnehmen, dass die dargestellte Modellierung unvollständig ist. Es gibt weitere Unterklassen von Bankkunde, die aber noch nicht spezifiziert sind.

2.3.2 Metaklassen

Bisher wurde im vorigen Abschnitt immer von Klassen und Objekten gesprochen und es hörte sich so an, als ob da eine ganz klare Trennung existiert. Das ist auch richtig, denn es gibt ja sogar unterschiedliche Darstellungen zwischen Klassen und Objekten. Es wird zwar ein ähnliches rechteckiges Symbol genutzt, Objekte haben aber unterstrichene Namen und die Attribute sind mit Werten belegt. Bei einer abstrakten Betrachtung kann man sich aber vorstellen, dass die erzeugten Objekte selbst wieder Klassen sind. **Abbildung 2.53** gibt ein Beispiel dafür.

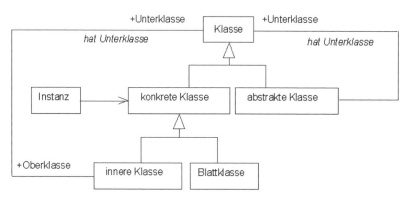

Abbildung 2.53 Beispiel eines Metamodells für eine Klasse

Eine Klasse kann eine *konkrete Klasse* sein, zu der es Instanzen gibt. Es kann sich aber auch um eine *abstrakte Klasse* handeln, die keine Objekte erzeugen kann. Aus dem Klassendiagramm ist ersichtlich, dass eine abstrakte Klasse eine Beziehung zu einer anderen Klasse hat. Sie ist immer eine Oberklasse. Die Unterklasse kann wieder eine abstrakte Klasse sein, es kann sich aber auch um eine konkrete Klasse handeln. Irgendwann müssen in der Vererbungshierarchie nach abstrakten Klassen aber immer konkrete Klassen kommen. Eine konkrete Klasse kann nun wiederum eine innere Klasse oder eine Blattklasse sein. Eine Blattklasse hat dann keine Unterklassen mehr, bei einer inneren Klasse gibt es diese aber noch.

Bei der Definition von UML hat man sich diese Idee zunutze gemacht und UML selbst in UML beschrieben. Diese Diagramme sind eine Beschreibung auf einer Metaebene.

Dieses Spiel kann man nun weiter fortsetzen und Diagramme nutzen, die beschreiben, wie auf der Metaebene beschrieben werden kann, also die Metasprache definieren. Damit ist man bei einer Meta-Metasprache angelangt.

Dem Leser ist sicher klar, dass dieser Mechanismus beliebig oft angewendet werden kann. Für UML hat man es als sinnvoll erachtet, 4 Ebenen zu nutzen. Diese Ebenen nennen sich Objektebene, Klassenebene, Metamodellebene und Meta-Metamodellebene.

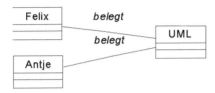

Abbildung 2.54 Modell aus der Objektebene

In der Objektebene werden die Instanzen von Klassen zusammen mit ihren Beziehungen dargestellt. Hier sind aus Platzgründen nur zwei Studenten angegeben, die einen Kurs in UML belegen. Normalerweise nehmen natürlich viel mehr Studenten an einer Lehrveranstaltung teil.

Objektdiagramme stellen gewisse Konstellationen zwischen Objekten dar, die später als Testdaten für die erstellte Software dienen können. Die Software muss bei dieser Konstellation ein sinnvolles Verhalten zeigen.

Objektdiagramme werden nicht so häufig genutzt, da ihre Zusammenstellung für realistische Situationen recht aufwändig ist. Die meisten Case-Werkzeuge gestatten nicht die Erzeugung von Objekten aus Klassen, eine Funktionalität, die man sich als Softwareentwickler oft wünscht. Eine Ausnahme bilden USE und BlueJ, zwei Werkzeuge, auf die später noch eingegangen wird.

Abbildung 2.55 Modell aus der Klassenebene

Die Modellierung von Klassen von Objekten mit ihren Assoziationen erfolgt auf der Klassenebene. Dabei handelt es sich um die Modellebene. Implizit denken viele Softwareentwickler bei UML unmittelbar an Klassendiagramme, die Klassifikationen der vielfältigen Objekte der Realität vornehmen und damit Modelle beschreiben, die Charakteristika der einzelnen Objekte in Form von Abstraktionen. Von Eigenschaften einzelner Objekte wird sofort auf Gruppencharakteristika abstrahiert.

Auf der *Metaebene* wird beschrieben, wie Sprachelemente der Klassenebene zu interpretieren sind. Im angegebenen Beispiel erkennt man, dass eine Klasse die Eigenschaften eines Classifiers besitzt und Assoziationsklassen alle Eigenschaften von normalen Klassen haben.

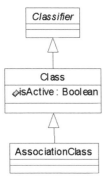

Abbildung 2.56 Modell aus der Metaklassenebene

In der Meta-Metaklassenebene kann beschrieben werden, dass eine Metaklasse Meta-attribute und Metaoperationen besitzt.

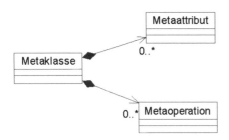

Abbildung 2.57 Modell aus der Meta-Metaklassen-ebene

Der normale Softwareentwickler wird sich hauptsächlich auf der Klassenebene mit seiner Modellierung bewegen. Die Metaebene wird mitunter noch zum detaillierten Verständnis der Spezifikationssprache UML notwendig sein.

Nachfolgend wollen wir das Konzept der Anwendungsfallmodelle mit ihren Szenarien durch ein Metamodell verdeutlichen.

Nutzer und Geschäftsprozesse werden bei der Anwendungsfallmodellierung durch Akteure und Anwendungsfälle repräsentiert. Es gibt natürlich auch Anwendungsfälle, die keine Geschäftsprozesse darstellen. Das ist beispielsweise der Fall, wenn ein Anwendungsfall auf Funktionsniveau spezifiziert wird.

Die Ziele eines Akteurs repräsentieren die Ziele der Nutzer, die durch zukünftige Services unterstützt werden.

Ein Anwendungsfall hat drei unterschiedliche Beziehungen zu anderen Anwendungsfällen. Er kann solche enthalten, sie erweitern oder zu ihnen in Vererbungsbeziehung stehen.

Ein Anwendungsfall wird durch Szenarien beschrieben. Ein solches *Szenario* kann abstrakt oder konkret formuliert werden. Szenarien bestehen immer aus einer Folge von Aktionen, die häufig wiederum paarweise als Aktion und Reaktion auftreten.

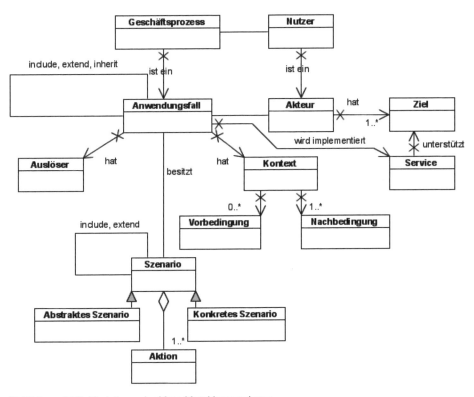

Abbildung 2.58 Modell aus der Meta-Metaklassenebene

Da Anwendungsfälle andere Anwendungsfälle enthalten oder erweitern können, gilt dies für die zugehörigen Szenarien entsprechend.

Spezielle Ereignisse stellen Auslöser dar, die für die Aktivierung eines Anwendungsfalles verantwortlich sind. Die Durchführung eines Anwendungsfalles hängt dabei immer noch von Vorbedingungen ab, die erfüllt sein müssen. Als Ergebnis werden Nachbedingungen erzeugt, die man zusammen mit den Vorbedingungen als Kontext eines Anwendungsfalles betrachten kann.

Ein Anwendungsfall wird durch einen oder mehrere Services implementiert. Diese dienen zur Erfüllung der für die Akteure spezifizierten Ziele, was zur Folge hat, dass spätere Nutzer des entwickelten Systems ihre Ziele bei der Erfüllung von Aufgaben durch die Nutzung des Services erreichen können.

2.3.3 Schnittstellen

Definition 2.10   Schnittstelle

Die Spezifikation des extern sichtbaren Verhaltens eines Modellelementes wird als Schnittstelle bezeichnet.

Bei Klassen besteht die Schnittstelle aus der Menge aller Nachrichten, die Objekte dieser Klasse verstehen. Da Nachrichten Methoden gleichen Namens aktivieren, handelt es sich bei einer Schnittstelle indirekt um die Menge der aktivierbaren Methoden.

Diese Informationen sollen nun beispielhaft auf das bereits früher schon einmal erwähnte Bankkonto bezogen werden. **Abbildung 2.59** stellt die Klasse noch einmal dar und präsentiert zusätzlich die entsprechende Schnittstelle. Der Schnittstelle fehlen alle Attribute und alle nicht öffentlichen Methoden.

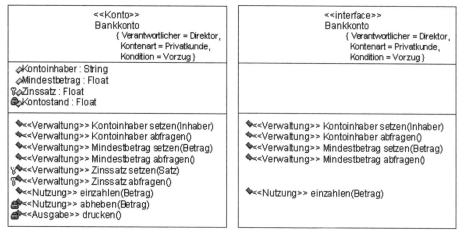

Abbildung 2.59 Klasse und Schnittstelle für ein Bankkonto

Eine *Schnittstellenklasse* wird durch den Stereotypen «interface» charakterisiert. Sie ist mit einer abstrakten Klasse vergleichbar, in der auch alle Methoden abstrakt sind. In einer Schnittstellenklasse müssen Methoden nicht als abstrakt charakterisiert werden, da dies selbstverständlich ist.

Eine Klasse implementiert eine Schnittstelle, wenn alle in der Schnittstelle aufgeführten Signaturen durch Methoden implementiert sind. Bezogen auf **Abbildung 2.59** trifft damit die Aussage zu, dass die Klasse `Bankkonto` die Schnittstelle `Bankkonto` implementiert. Die grafische Notation kann auf zwei unterschiedliche Arten erfolgen.

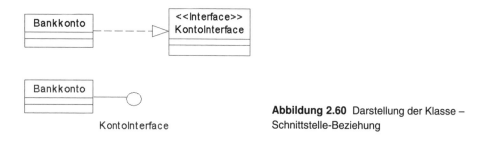

Abbildung 2.60 Darstellung der Klasse – Schnittstelle-Beziehung

Beide Notationsformen drücken aus, dass von der Klasse `Bankkonto` die entsprechende Schnittstelle implementiert wird. Bei der oberen Notationsform hat man noch die Chance, die Operationen anzugeben, die von der Schnittstelle gefordert sind. Das ist in der unteren verkürzten Form nicht möglich. Diese verkürzte Form der Darstellung wird auch als Stecker bezeichnet.

Eine Klasse kann auch mehrere Schnittsstellen implementieren. Es muss sich nicht, wie im dargestellten Fall nur um eine einzige Schnittstelle handeln.

In den Einführungsbeispielen wurde bei der Mehrfachvererbung ein Luxustaxi modelliert, welches sowohl die Methoden von einem Taxi als auch die Methoden von einer Bar erbt. Mit Hilfe von Schnittstellen ließe sich auch formulieren, dass das Luxustaxi die Schnittstellen Taxischnittstelle und Barschnittstelle erfüllt.

Abbildung 2.61 Klasse und Schnittstelle

Die Nutzung der durch die Klasse `Luxustaxi` bereitgestellten Services kann auf drei unterschiedliche Art und Weisen erfolgen. So können die Schnittstellen als Klassensymbole mit den Operationsnamen dargestellt werden. Die Bereitstellung wird dann durch eine Realisierungsbeziehung (gestrichelte Linie mit Vererbungssymbol) dargestellt. Die Nutzung wird durch eine Abhängigkeitsbeziehung (gestrichelte gerichtete Assoziation) symbolisiert. Weiterhin kann eine verkürzte Schnittstellendarstellung in zwei Ausprägungsformen in Form einer „Buchse" genutzt werden. Zunächst soll ein Blick auf die ausführlichere Variante in **Abbildung 2.62** geworfen werden.

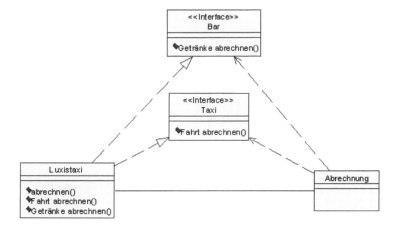

Abbildung 2.62 Darstellung von Schnittstellen als Klassensymbole

Die Klasse Luxustaxi erfüllt die Schnittstellen Taxi und Bar. Sie hat daher neben den in den Schnittstellen geforderten Methoden eventuell noch weitere. Hier ist eine solche Methode „abrechnen()" modelliert. Eine Klasse Abrechnung nutzt die Schnittstellen Taxi und Bar, um mit der Klasse Luxustaxi zusammenzuarbeiten. Die Methoden „Fahrt abrechnen" und „Getränke abrechnen" werden von Methoden der Klasse Abrechnung aktiviert. Damit die Kommunikation erfolgen kann, muss eine Assoziation zwischen den Klassen Luxustaxi und Abrechnung existieren. Sie sichert die Navigierbarkeit von einem Abrechnungsobjekt zum Luxustaxiobjekt. Ein Objekt der Klasse Abrechnung kennt daher ein Objekt der Klasse Luxustaxi, dem es Botschaften schicken kann und das die entsprechenden Methoden ausführt.

Der gleiche Sachverhalt kann auch verkürzt mit Stecker und Buchse dargestellt werden. Das ist in **Abbildung 2.63** ersichtlich.

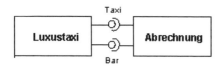

Abbildung 2.63 Darstellung von Schnittstellen in verkürzter Form mit „Stecker" und „Buchse"

Aus dieser Darstellung ist nur ersichtlich, dass die Schnittstellen Taxi und Bar von der Klasse Abrechnung genutzt werden. Welche Methoden damit in Zusammenhang stehen, muss aus anderen Spezifikationen entnommen werden. Die Darstellung hat allerdings den Vorteil einer wesentlich größeren Übersichtlichkeit und ist daher in vielen Fällen vorzuziehen. Bei mehr Informationsbedarf ist die Spezifikation der Schnittstelle heranzuziehen.

Die dritte Form der Darstellung ist eine Kombination aus „Stecker" und „Buchse" in Verbindung mit einer Abhängigkeitsbeziehung. Sie ist in **Abbildung 2.64** dargestellt.

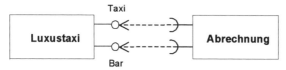

Abbildung 2.64 Darstellung von Schnittstellen mit „Stecker" und „Buchse"

Schnittstellen können auch in einer Vererbungsbeziehung zueinander stehen. Damit ist neben der Vererbungshierarchie der Klassen auch eine Vererbungshierarchie der Schnittstellen möglich. Für das oben gewählte Beispiel kann auch eine Schnittstelle Luxustaxi definiert werden, die sowohl von der Schnittstelle Taxi als auch von der Schnittstelle Bar erbt und zusätzlich die Operation abrechnen umfasst.

Mit jeder Klasse, die die Schnittstelle Luxustaxi realisiert, können die Objekte der Klasse Abrechnung kommunizieren und die Abarbeitung der entsprechenden Methoden auslösen.

Die Mehrfachvererbung bei Schnittstellen ist unproblematisch, da die Namen der Operationen noch mit keiner Semantik belegt sind. Wird ein Methodenname mit gleicher Signatur über verschiedene Vererbungspfade geerbt, so kann er problemlos zu einem einzigen Methodennamen vereinigt werden. Die Schnittstelle sichert ja nur zu, dass auf eine entsprechende Botschaft reagiert wird. Das ist in jedem Falle garantiert, ob nun einfach oder mehrfach geerbt.

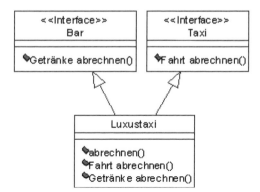

Abbildung 2.65 Klasse und Schnittstelle

2.3.4 Generische Klassen

Bei der Modellierung trifft man häufig auch auf generische Aspekte. Die Beschreibung eines Sachverhaltes trifft auf die unterschiedlichsten Systeme zu. Ein Beispiel dafür ist die Beschreibung der Ablage von Informationen in einem Büro. Das Ablegen und das Aufsuchen von Informationen kann beschrieben werden, ohne auf die Vielfalt der ablegbaren Einheiten einzugehen. Das kann mit Hilfe der Metapher eines Ordners geschehen, der eine Menge von Eintragungen umfasst. Dabei kann es sich um Akten, speziell um Kontoauszüge oder auch um persönliche Briefe handeln. Auch die Anzahl der zugelassenen Eintragungen soll in einer Spezifikation zunächst noch offen gelassen werden. Gemeinsam ist allen Anwendungen die Menge von Operationen, die auf den Daten ausgeführt werden kann.

Wenn nun eine derartige Klasse Ordner genutzt werden soll, bei der der Typ der Elemente und ihre Anzahl zunächst noch variabel gehalten werden soll, so bietet sich die Nutzung einer parametrisierten Klasse an. In der allgemeinen Form wird eine parametrisierte Klasse wie in **Abbildung 2.66** dargestellt. Speziell bezogen auf den Ordner mit den unterschiedlichen Eintragungen ergibt sich **Abbildung 2.67**.

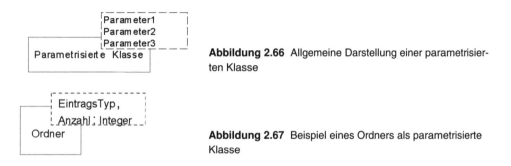

Abbildung 2.66 Allgemeine Darstellung einer parametrisierten Klasse

Abbildung 2.67 Beispiel eines Ordners als parametrisierte Klasse

Die formalen Parameter einer parametrisierten Klasse können an aktuelle Parameter gebunden (bind) werden. Dadurch entstehen Klassen im herkömmlichen Sinne, die wirklich
Objekte erzeugen können. Mit einer parametrisierten Klasse ist das nicht direkt möglich. In
der grafischen Notation gibt es zwei Möglichkeiten zum Ausdrücken dieses Sachverhalts.

Abbildung 2.68 Erzeugung von
Klassen aus parametrisierten
Klassen

Abbildung 2.68 stellt zwei Möglichkeiten zur Bindung der Parameter einer Klasse dar.
Die linke Variante nutzt explizit einen Stereotypen, um den ersten Parameter (Eintrags-
Typ) durch Brief und den zweiten Parameter (Anzahl) durch 500 zu ersetzen. Dadurch
entsteht eine neue Klasse, die Briefordner heißt. Sie hat alle Attribute und Methoden von
Ordner in einem gewissen Sinne geerbt. Die rechte Variante drückt aus, dass bei der para-
metrisierten Klasse Ordner der erste generische Parameter an Kontoauszug und der zweite
generische Parameter an 1000 gebunden wird. Damit liegt eine Klasse vor, die Ordner für
Kontoauszüge erzeugen kann, deren jeweilige Ablagekapazität bei 1000 Einträgen liegt.

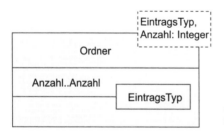

Abbildung 2.69 Parametrisierte Klasse mit grafischer
Struktur

Wie in **Abbildung 2.69** dargestellt, kann die Struktur einer parametrisierten Klasse und
speziell die Abhängigkeit dieser Struktur von den Parametern auch grafisch dargestellt
werden. Hier erkennt man, dass sich der Ordner aus Elementen vom „EintragsTyp" zu-
sammensetzt. Es liegt eine Komposition vor. Die Multiplizität „Anzahl..Anzahl" drückt
aus, dass die minimale und die maximale Anzahl der Elemente gleich sind und als generischer Parameter der Klasse noch nicht explizit festgelegt wurden. Für die Darstellung der
Multiplizität werden in UML die folgenden Festlegungen getroffen:

0..0	Null
0..1	Null oder Eins

0..n	Null oder mehr
1..1	Eins
1..n	Eins oder mehr
n	Unbegrenzte Anzahl
<literal>	Genaue Anzahl (z.B: 21)
<literal>..n	Genaue Anzahl oder mehr

(z.B.: 21..n, was 21 oder mehr bedeutet)

<literal>..<literal>   Spezifizierter Bereich (z.B.: 21..45)

Aufgaben

2.14 Notieren Sie Alternativen für die Spezifikation der Multiplizität in **Abbildung 2.69** und interpretieren Sie diese.

2.15 Spezifizieren Sie die Klasse `Reiseunterlagen` generisch. Die Objekte dieser Klasse sollen in der Lage sein, eine zwischen 1 und 10 schwankende Anzahl von Verträgen zu verwalten. Die Art der Verträge wird als Parameter übergeben.

2.3.5 Pakete

Pakete (package) stellen eine Möglichkeit der Gruppierung von Modellelementen dar. Sie ermöglichen die Einteilung eines Gesamtsystems in Teilsysteme und stellen damit eine einfache Art der Modularisierung von Spezifikationen dar.

Definition 2.11   Paket

Eine Sammlung von Modellelementen beliebigen Typs, die zu einer Einheit gruppiert wurden, bezeichnet man als Paket.

Die grafische Darstellung von Paketen wird in der nachfolgenden Abbildung präsentiert. In einem Reiter auf einem Rechteck kann der Name des Paketes angegeben werden. Mitunter wird der Name des Paketes aber auch in dem Rechteck notiert.

Abbildung 2.70 Grafische Darstellung eines Pakets

Die Modellelemente in einem Paket können selbst wieder Pakete sein, wodurch eine Hierarchie von Gruppierungen in Form von Paketen entsteht. Innerhalb eines Paketes sind Namen eindeutig vergeben. Es können in einem Paket aber auch Modellelemente anderer Pakete referenziert werden. Das Gesamtsystem kann immer als ein Paket betrachtet und sollte auch so modelliert werden.

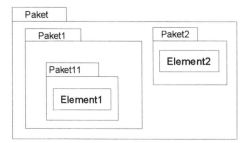

Abbildung 2.71 Geschachtelte Pakete

Sollte die Implementierung der Software in Java geschehen, so kann die Strukturierung der Pakete in die Implementation übernommen werden, denn das Package-Konzept in UML und Java stimmen überein.

Auch der Zugriff auf Elemente ist in UML und Java gleich gelöst. Elemente aus anderen Paketen werden über einen Zugriffspfad referenziert, der der Pakethierarchie entspricht. Der Zugriffspfad hat in UML folgenden Aufbau:

$$Paket1::Paket2::...::Paketn:: Element$$

Bezogen auf das in **Abbildung 2.71** dargestellte Beispiel sind folgende Zugriffspfade bei Benutzung von Element1 und Element2 außerhalb ihres Pakets zu berücksichtigen:

$$Paket::Paket1::Paket11::Element1$$
$$Paket::Paket2::Element2$$

Im Vergleich dazu sei die gleiche Hierarche der Pakete in Java dargestellt. **Abbildung 2.72** stellt die Pakethierarchie einmal so dar, wie sie in Entwicklungsumgebungen präsentiert wird.

Abbildung 2.72 Pakethierarchie in Java-Entwicklungsumgebungen

Im Hauptprogramm kann dann wie folgt auf die einzelnen Elemente in den Paketen zugegriffen werden.

```java
public static void main(String[] args) {
    Paket.Paket1.Paket11.Element1 x = new Paket.Paket1.Paket11.Element1();
    Paket.Paket2.Element2 y = new Paket.Paket2.Element2();
    . . .
}
```

Der gewohnten Baumstruktur angepasst ist nun auch in UML eine Notation eingeführt worden, die eine Seitenansicht zu der bereits in **Abbildung 2.71** dargestellten Hierarchie ermöglicht.

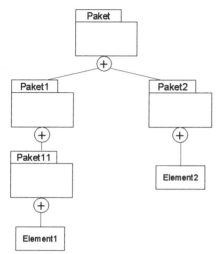

Abbildung 2.73 Alternative Darstellung von Paketen

Normalerweise führt man natürlich zunächst einen Import der Elemente aus den anderen Paketen durch, um dann nicht immer die Pfadausdrücke schreiben zu müssen.

In UML werden derartige Importanweisungen über Abhängigkeiten von Paketen realisiert. Die Referenz ohne vorher definierte Abhängigkeiten kann sich wie in **Abbildung 2.74** auf die Nutzung einer Klasse, hier Konto, in einem Klassendiagramm eines anderen Pakets beziehen.

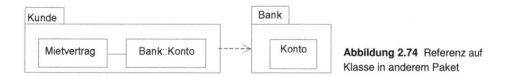

Abbildung 2.74 Referenz auf Klasse in anderem Paket

Sie kann sich aber auch auf die Benutzung als Attributtyp beschränken. In **Abbildung 2.75** wird ein Attribut Girokonto der Klasse Mietvertrag definiert, dessen Typ Konto im Paket Bank definiert ist.

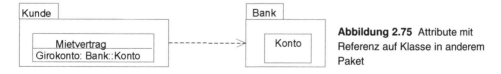

Abbildung 2.75 Attribute mit Referenz auf Klasse in anderem Paket

In beiden Fällen wird eine Abhängigkeit der Pakete modelliert, die sich auch grafisch durch die Modellierung eines Pfeils für den Zugriff widerspiegelt.

Zur genaueren Spezifikation kann dieser Pfeil durch einen Stereotyp charakterisiert werden.

Wird der Stereotyp <<import>> genutzt, so werden die vom Originalpaket bereitgestellten Informationen (z.B. Klassen) im importierenden Paket öffentlich (**public**). Wird dieses Paket von einem anderen Paket importiert, so stehen auch die importierten Informationen zur Verfügung.

Durch die Notation des Stereotyps <<access>> werden die Klassen des Originalpaketes im importierenden Paket privat (**private**). Bei einer weiteren Importbeziehung stehen diese Informationen dann nicht zur Verfügung.

Ist kein Stereotyp spezifiziert, so gilt als Defaultwert <<import>>.

2.3.6 Objekte

Eine ähnliche Struktur wie Klassendiagramme haben die Objektdiagramme. Trotzdem werden sie in vielen Case-Werkzeugen nicht unterstützt.

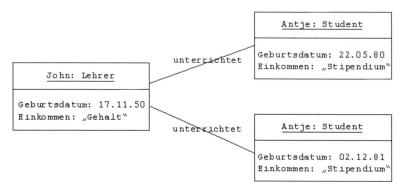

Abbildung 2.76 Objektdiagramm zu Einführungsbeispiel

Der durch Objektdiagramme beschriebene Zustand entsteht während der Laufzeit eines Systems oder beschreibt eine gewisse Situation in der Realität. Diese Art von Diagrammen wird eher wenig benutzt. Das hängt natürlich auch mit der geringen Werkzeugunterstützung zusammen. Als Anwender würde man sich schon freuen, wenn man aus einem Klassendiagramm derartige Objektdiagramme interaktiv erzeugen kann.

Ein System, was eine derartige Funktionalität besitzt ist USE /2.29/. Allerdings fordert USE eine spezielle textuelle Notation von Klassenmodellen. Im Rahmen eines Projektes wurde daher an der Universität Rostock ein Werkzeug entwickelt, was Klassendiagramme, die mit dem Case-Werkzeug AgoUML erzeugt wurden, in die Notation von USE transformiert.

2.3.7 Komponenten

Definition 2.12   Komponente

Eine Komponente ist entsprechend UML eine spezielle Klasse, deren Bestandteile ge-
kapselt sind und die eine austauschbare Einheit im System darstellt.

Der Begriff einer Komponente wird in der Softwaretechnik sehr unterschiedlich verwendet. Hooper und Chester /2.13/ definieren alles als Komponente, was wiederverwendbar
ist. Niestrasz und Dami /2.14/ verwenden eine kurze Defintion mit „static abstractions with
plugs", wobei mit plugs die Steckverbindungen gemeint sind, über die man an eine Komponente andocken kann. Der statische Aspekt wird häufig zur Unterscheidung zwischen
Komponenten und Objekten herangezogen. Der dynamische Aspekt obliegt den Objekten,
während die Komponenten als Strukturierungshilfsmittel dienen.

In UML wird dieser statische Aspekt mit den Paketen modelliert, die man also aus Sicht
einiger Autoren auch als Komponenten betrachten könnte. In der Sprechweise von UML
wird das aber genau getrennt. Pakete sind ein Strukturierungskonzept für allgemeine Dokumente und Komponenten sind ein Modularisierungskonzept bei der Implementation. Sie
werden durch einen Stereotyp <<component>> und grafisch durch nachfolgendes Symbol
dargestellt. Ursprünglich war dieses Symbol sogar die Form der Elemente in Komponen-
tendiagrammen. Jetzt dient es nur noch zur Visualisierung des Stereotyps.

Abbildung 2.77 Grafisches Symbol einer Komponente

Komponenten können genutzt werden, um eine Softwarearchitektur aufzubauen. Dabei
kann auch die Schnittstelle modelliert werden, die eine Komponente nach außen bereitstellt. Eine Komponente ist damit als eine Menge von Objekten und Klassen zu betrachten,
die untereinander kommunizieren und gemeinsam eine Schnittstelle nach außen bedienen.
Die Schnittstelle einer Komponente ist somit eine Teilmenge der Vereinigung der Schnittstellen der enthaltenen Objekte und Klassen.

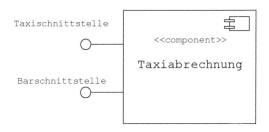

Abbildung 2.78 Grafische Darstellung einer
Komponente

In der vorangehenden Abbildung wird ausgedrückt, dass die Komponente die `Taxi-schnittstelle` und die `Barschnittstelle` für Abrechnungszwecke zur Verfügung stellt. Ist man auch noch daran interessiert zu modellieren, welche Bestandteile innerhalb einer Komponente existieren, so ist auch das möglich.

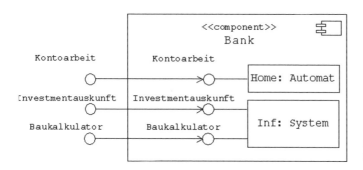

Abbildung 2.79 Komponente mit Objekten

Abbildung 2.79 stellt eine Komponente Bank dar. Sie setzt sich aus zwei Objekten zusammen, dem Objekt, das ein `Automat` ist, und dem Objekt `Inf`, das vom Typ `System` ist. Die beiden Objekte sichern drei Schnittstellen ab, nämlich die Schnittstelle zur Kontoarbeit, zur Investmentauskunft und zum Baukalkulator. Aus dem Diagramm ist auch ersichtlich, wie die Schnittstellen intern abgesichert werden.

In diesem Falle sind nur Objekte dargestellt. Es können aber auch Klassen involviert sein, die dynamisch Objekte zur Laufzeit generieren, welche dann Services für die Erfüllung der Schnittstelle der Komponente bereitstellen. Das kann direkt geschehen oder auch indirekt, indem die bereits statisch bekannten Objekte bei der Erfüllung ihrer Aufgaben unterstützt werden.

Die bisherigen Beispiele für Komponenten gingen nur von der Bereitstellung von Schnittstellen aus. Eine Komponente kann mitunter aber auch eine bestehende Schnittstelle fordern.

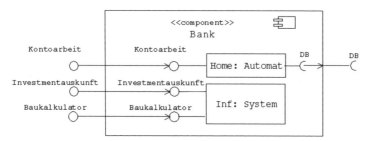

Abbildung 2.80 Komponente mit bereitgestellter und benötigter Schnittstelle

Für die grafisch dargestellten Sachverhalte gibt es auch eine Notation, die die Details einer Komponente mehr in Form von Text spezifiziert. Man unterscheidet dabei eine Darstellung, bei der die Realisierungsdetails mit genannt werden, von der, die nur die Schnittstellen benennt. **Abbildung 2.81** gibt einen allgemeinen Eindruck von der Darstellung wieder.

Neben der Angabe der notwendigen Klassen zur Realisierung können auch notwendige Artefakte spezifiziert werden.

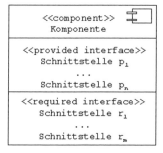 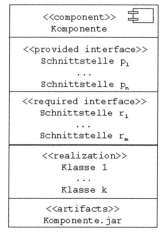

Abbildung 2.81 Black-box- (links) und White-box-Darstellung (rechts)

Für Web-Anwendungen spielen häufig Ports eine Rolle, die freigeschaltet sein müssen. Bei Komponenten hat man es daher als notwendig angesehen, das Konzept der Ports ebenfalls einzuführen. Spezielle Schnittstellen können dabei an Ports gebunden werden. Man spricht von komplexen Ports, wenn mehrere Schnittstellen darüber bereitgestellt werden.

Abbildung 2.82 Schnittstellen und Ports einer Komponente

Eine Komponente muss nicht im objektorientierten Sinne realisiert sein. Bei Spezifikationen kann auf existierende Komponenten zurückgegriffen werden, die nach einem einfachen Modulkonzept realisiert wurden. Altsoftware (legacy software) kann auf diese Art und Weise in neue Softwarearchitekturen integriert werden.

Natürlich kann man Altsoftware auch in Klassen einhüllen (wrappen). Dafür gibt es auch eigene Entwurfsmuster. Auf eine Diskussion der Vor- und Nachteile beider Varianten soll hier aus Platzgründen verzichtet werden.

Aufgabe

2.16 Erstellen Sie eine grafische Notation einer Komponente Tourismusinformation, die Objekte der Klasse Reisedokument, Reiseinformation, Vertrag und Katalog enthält. Die Komponente erfüllt die Schnittstellen Information und Abrechnung.

2.3.8 Abhängigkeiten

Die Abhängigkeit zwischen Modellelementen wird in UML durch einen Pfeil mit gestrichelter Linie ausgedrückt. Sie kann mit einem Namen und einen Stereotyp versehen sein. Semantisch kann diese Abhängigkeit ganz unterschiedliche Ursachen modellieren. Sie beschreibt eine Beziehung zwischen den Modellelementen und benötigt keine Instanzen für ihre Erklärung.

Definition 2.13   Abhängigkeit

Eine Beziehung zwischen zwei oder mehr Modellelementen, die ausdrückt, dass eine Änderung in dem einen Element (dem unabhängigen) eine Veränderung in dem anderen Element (dem abhängigen) notwendig machen kann, bezeichnet man als Abhängigkeit.

Die folgenden Arten von Abhängigkeiten sind vordefiniert und können durch ihre Schlüsselworte erläutert werden.

- derive – derivation (abgeleitet – Ableitung)

  Eine berechenbare Abhängigkeit eines Elementes von einem anderen wird mit dem Stereotypen „derive" oder „derivation" spezifiziert.

- trace – trace (abhängig – Abhängigkeit)

  Eine historische Verbindung zwischen zwei Elementen, die das gleiche Konzept auf verschiedenen Bedeutungsniveaus repräsentiert, führt zu einer Abhängigkeit mit dem Stereotypen „trace".

- refine – refinement (verfeinern – Verfeinerung)

  Eine historische oder abgeleitete Verbindung zweier Elemente wird als Abstraktionsabhängigkeit „refine" oder „refinement" modelliert.

- use – usage (benutzen – Benutzung)

  Eine Situation, in der ein Element die Existenz eines anderen für seine korrekte Implementierung oder Arbeitsweise erfordert, wird als Abhängigkeit mit dem Stereotypen „use" oder „usage" modelliert.

- bind – binding (binden – Bindung)

  Die Abhängigkeit einer parametrisierten Klasse von aktuellen Parametern wird mit dem Stereotypen „bind" oder „binding" modelliert.

- access – access (zugreifen – Zugriff)

  Wenn ein Paket seine Klassifikatoren lokal für die Nutzung in einem anderen Paket zur Verfügung stellt, dann wird die Abhängigkeit durch „access" charakterisiert.

- import – import (importieren – Import)

  Wenn ein Paket seine Klassifikatoren global für die Nutzung in einem anderen Paket zur Verfügung stellt, dann wird die Abhängigkeit durch „import" spezifiziert.

- merge – merge (mischen – Vermischung)

  Durch den Stereotypen „merge" wird das Mischen von Paketen charakterisiert. Diese Abhängigkeit stellt eine Art der Vererbung zwischen Paketen dar. Darauf wird im Kapitel 3 eingegangen.

In den bisherigen Diagrammen wurde bereits eine ganze Anzahl dieser Abhängigkeiten benutzt. Die folgenden Diagramme sollen noch einmal einen Überblick über mögliche Abhängigkeiten geben. Sie können wie alle Spezifikationen sehr detailliert auf Methodenebene, etwas abstrakter auf Klassenebene oder noch abstrakter auf Paketebene beschrieben werden. Die weiter unten angegebenen Diagramme (**Abbildung 2.83** bis **Abbildung 2.87**) folgen diesem steigenden Abstraktionsgrad.

Jede Abbildung enthält eine allgemeine Darstellung der Beziehung, gefolgt von einem konkreten Beispiel.

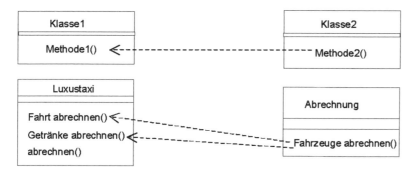

Abbildung 2.83 Abhängigkeit einer Methode von anderen Methoden

Diese Abhängigkeit beschreibt konkret, welche anderen Methoden innerhalb einer Methode durch eine Botschaft aktiviert und damit aufgerufen werden. In diesem Falle wird zum Abrechnen der Fahrzeuge die Methode „Fahrt abrechnen" und „Getränke abrechnen" für jedes Fahrzeug aktiviert. Die Aktivierung der Methoden für jedes Fahrzeug ist aus der Spezifikation nicht erkennbar. Es muss ein Kommentar ergänzt werden, was häufig in Form eines Pseudocodes wie in Abbildung 1.17 für das Luxustaxi realisiert wird.

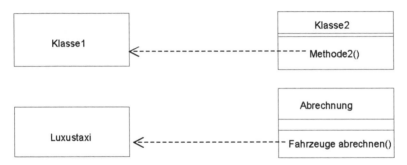

Abbildung 2.84 Abhängigkeit einer Methode von einer Klasse

Möchte man nur die Abhängigkeit einer Methode von einer Klasse spezifizieren, so eignet sich die in **Abbildung 2.84** dargestellte Form. Hier wird für eine Methode nur ausgedrückt, dass eine Abhängigkeit von einer anderen Klasse existiert. Die Methode „Fahrzeug abrechnen" sendet Botschaften an Objekte der Klasse Luxustaxi und erwartet die Abarbeitung der entsprechenden Methoden. Welche Methoden das genau sind, wird bei dieser Art der Darstellung nicht spezifiziert. Wenn dies allerdings als notwendig erachtet wird, dann sollte die Form von **Abbildung 2.83** genutzt werden. Für die Zukunft wären Werkzeuge wünschenswert, die automatisch die Umformung der verschiedenen Sichten ermöglichen, je nachdem, wie der aktuelle Bedarf an Details bei der Betrachtung ist. Ist man nur an den Abhängigkeiten zwischen Klassen interessiert, was bei größeren Diagrammen eine notwendige Einschränkung ist, dann ist eine Darstellung der Abhängigkeiten analog zu **Abbildung 2.85** angebracht.

Abbildung 2.85 Abhängigkeit einer Klasse von einer anderen Klasse

Die folgende Abbildung stellt nun erstmals wieder einen etwas spezielleren Zusammenhang dar. Die allgemeine Abhängigkeit von **Abbildung 2.85** ist mitunter etwas zu allgemein. Wenn schon nicht alle Details darstellbar sind, so möchte man mitunter wenigstens noch die Information, welche Schnittstelle eine Klasse von einer anderen Klasse erwartet. Damit kann auch ausgedrückt werden, welche Rolle eine Klasse, nämlich die ihrer Schnittstelle, spielen soll. Die Abhängigkeit reduziert sich auf bestimmte Methoden. Nur wenn diese sich ändern, dann müssen Konsequenzen in der abhängigen Klasse gezogen werden.

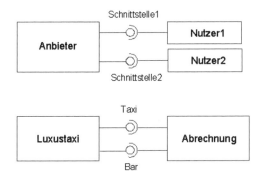

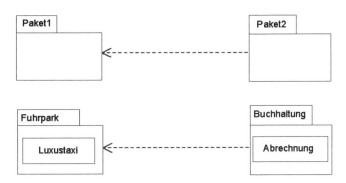

Abbildung 2.86 Klassen mit Schnittstellen-abhängigkeiten

Änderungen an der Klasse Luxustaxi haben nur Auswirkungen auf die Klasse Abrechungen, wenn sich an den Schnittstellen Taxi oder Bar etwas ändert. Ansonsten besteht keine Notwendigkeit der Aktualisierung von Abrechnung.

Die Abhängigkeit zwischen Paketen setzt den Abstraktionsprozess von Methoden über Klassen fort. Hier wird von den Klassen abstrahiert und die Abhängigkeit von ganzen Teilsystemen betrachtet, die in Form von Paketen organisiert sind. Erst in einer detaillierteren Sicht interessieren die Klassen und schließlich die Methoden. In der abstrakten Sicht werden analog zur Zusammenfassung mehrerer Methodenabhängigkeiten zu einer Klassenabhängigkeit mehrere Abhängigkeiten zwischen verschiedenen Klassen zu einer Abhängigkeit zwischen Paketen zusammengefasst. **Abbildung 2.87** stellt die allgemeine Form der Abhängigkeit zwischen Paketen und ein konkretes Beispiel vor.

Abbildung 2.87 Abhängigkeit zwischen Paketen

Wenn die Klasse für das Luxustaxi zusammen mit den Klassen anderer Fahrzeuge in dem Paket Fuhrpark verwaltet wird und die Klasse Abrechnung im Paket Buchhaltung enthalten ist, dann ist das Paket Buchhaltung vom Paket Fuhrpark abhängig. Die Gründe für die Abhängigkeit sind aus den vorhergehenden Beispielen bekannt, aus **Abbildung 2.87** aber nicht ersichtlich.

Eine der komplexesten Abhängigkeiten besteht zwischen generischen Klassen, den als Parameter gebundenen Klassen und der entstehenden Klasse. Sie wird daher grafisch auch etwas anders notiert als die anderen Abhängigkeiten, nämlich mit einer gestrichelten Linie und dem Dreiecksymbol der Vererbung. Die Spitze des Dreiecks zeigt zur generischen Klasse, von der die neue Klasse abgeleitet wird. Bei der Ableitung werden die formalen Parameter durch aktuelle ersetzt, die zusammen mit dem Stereotypen <<bind>> an der Abhängigkeitslinie notiert werden. Die Abhängigkeit besteht dabei mehrfach. Zunächst hauptsächlich von der generischen Klasse, aber auch jeweils von jedem aktuellen Parameter. Das gilt insbesondere für Parameter, die keine Konstanten darstellen. Handelt es sich um eine solche Konstante, so ändert sich natürlich die abgeleitete Klasse, wenn eine andere Konstante bei der Ableitung genutzt wird. Problematischer wird es aber, wenn der aktuelle Parameter eine Klasse darstellt. In diesem Falle ändert sich die abgeleitete Klasse auch, wenn Veränderungen an der Parameterklasse vorgenommen werden. Diese finden völlig unabhängig von der Spezifikation der Ableitung der generischen Klasse statt. In dem nachfolgenden Beispiel ändert sich die Klasse Taxiordner, wenn an der Klasse Taxi Veränderungen vorgenommen werden. Das ist besonders wichtig, wenn zwischen dem Ordner und den verwalteten Objekten Botschaften ausgetauscht werden. Im einfachsten Fall könnte das die Methode anzeigen betreffen, die das jeweilige Objekt im Ordner auf dem Bildschirm anzeigt. Damit liegt als Mindestanforderung an die Klasse Taxi vor, dass sie eine Methode anzeigen besitzen muss. Es sollte also bei der Definition einer generischen Klasse Wert darauf gelegt werden, festzulegen, welche Schnittstelle aktuelle Parameter einhalten müssen. In UML ist dafür noch nicht explizit eine passende Notation vorgesehen. Man könnte sich mit einem Kommentar helfen oder eine Notation wählen wie in nachfolgender Abbildung.

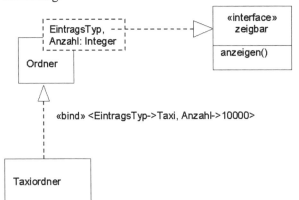

Abbildung 2.88 Abhängigkeit von generischer Klasse und aktuellen Parametern

Hier wird aus der parametrisierten Klasse Ordner deutlich, welche Schnittstelle von dem Parameter EintragsTyp erwartet wird. Er muss eine Methode anzeigen besitzen. Es muss ausreichen, wenn er nur diese Methode besitzt. Weitere Anforderungen sind nämlich nicht spezifiziert. Falls der Name der Schnittstelle aussagekräftig genug ist, kann man auch die verkürzte Form der Schnittstellendarstellung nutzen. Dabei wird vom Leser der Spezifikation allerdings mehr Wissen vorausgesetzt. Er muss diese Schnittstelle bereits kennen, um die Konsequenzen der Spezifikation zu durchschauen.

Aufgabe

2.17 Wie wird in UML spezifiziert, dass die generische Klasse Reiseunterlage aus Aufgabe 2.15 so instantiiert wird, dass das entstehende Objekt Mietverträge verwalten kann?

2.3.9 Entwurfsmuster

Entwurfsmuster (Design Patterns) stellen komplexe Abhängigkeiten zwischen Modellelementen dar. Sie haben sich in den letzten Jahren als große Hilfe bei der objektorientierten Softwareentwicklung herausgestellt. Zahlreiche Veröffentlichungen sind zu dieser Thematik erschienen. Die Grundidee der Muster geht auf einen Architekten namens Christopher Alexander zurück. Er definierte ein Muster als dreigeteilte Relation, der Beziehung zu einem gewissen Kontext, der Problemstellung und der Lösung. Alexander stellte Muster für den Anwendungsbereich der Architektur zusammen. Später wurde sein Ansatz auf andere Gebiete erweitert. Für den Bereich der Softwarespezifikation haben Erich Gamma, Richard Helm, Ralph Johnson und John Vlissides, jetzt auch bekannt unter dem Namen „Gang of Four" (GoF), mit ihrem Buch /2.8/ den Weg zu Entwurfsmustern geöffnet und den Anfang für eine Vielzahl von Veröffentlichungen getätigt. Sie haben einen Katalog von Entwurfsmustern zusammengestellt, der aus Erfahrungen guter objektorientierter Programme resultiert.

Definition 2.14   Entwurfsmuster (Design Pattern)

> Generalisierte Lösungsideen zu immer wiederkehrenden Entwurfsproblemen werden Entwurfsmuster genannt. Sie sind keine fertig kodierten Lösungen, sondern beschreiben den Lösungsansatz.

Die Beschreibung der Entwurfsmuster erfolgt selbst nach einem Muster, welches in etwa folgende Struktur hat:

1. **Name:** Ein eindeutiger Name, der das Entwurfsproblem definiert, sowie seine Lösung und die daraus resultierenden Folgerungen erläutert. Ein solcher Name vereinfacht die Kommunikation und die Dokumentation

2. **Kontext- und Problemspezifikation:** Der Kontext beschreibt die allgemeine Situation, in der das Problem auftritt und die Problembeschreibung erläutert spezielle Entwurfsprobleme. Darin können Bedingungen enthalten sein, die zur Anwendung des Entwurfsmusters erfüllt sein müssen.

3. **Lösung:** Elemente mit ihren Beziehungen, Verantwortlichkeiten und Interaktionen, die eine Problemlösung darstellen, werden beschrieben.

   Ein Entwurfsmuster ist allgemeiner als ein spezieller Algorithmus. Es kann wie eine parametrisierte Klasse auf eine ganze Anzahl von Problemstellungen angewendet werden. Häufig werden Klassendiagramme zur Visualisierung herangezogen, die durch

Verhaltensmodelle ergänzt werden. (Derartige Modelle werden im nächsten Abschnitt behandelt.)

4. **Folgerungen:** Vor- und Nachteile der Anwendung eines Entwurfsmusters werden diskutiert und die Konsequenzen aufgeführt, welche die Effizienz, Wiederverwendbarkeit, Flexibilität, Erweiterbarkeit und Portierbarkeit des entwickelten Systems betreffen.

5. **Beispiele:** Durch Beispiele in speziellen Programmiersprachen wird das Verständnis des Entwurfsmusters erleichtert.

Es ist hier nicht der Platz, um den gesamten Katalog von Design Patterns vorzustellen. Der Leser sei dazu auf Kapitel 3 und die einschlägige Literatur verwiesen. Hier sei beispielhaft nur ein Entwurfsmuster vorgestellt, um die Notation von Design Patterns sinnvoll anwenden zu können und ein Verständnis für die grundsätzliche Herangehensweise zu gewinnen. In Abschnitt 3.2.2 werden weitere wichtige Entwurfsmuster vorgestellt und deren Nutzung erläutert. Mögliche und vorhandene Werkzeugunterstützung wird dabei ebenfalls diskutiert.

Die allgemeine Darstellung eines Entwurfsmusters ist in **Abbildung 2.89** dargestellt. Ohne Beispiel ist diese Art der Notation aber schwer verständlich.

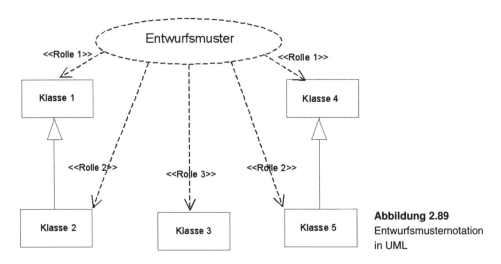

Abbildung 2.89
Entwurfsmusternotation
in UML

Das Entwurfsmuster wird mit Hilfe einer gestrichelten Ellipse dargestellt, die den Namen des Musters enthält. Mit gestrichelten Pfeilen von der Ellipse ausgehend werden diejenigen Klassen festgelegt, die in das Entwurfsmuster einbezogen sind. Zusätzlich erfolgt eine Angabe der Rolle, die sie in dem Muster spielen. Um diese Darstellung zu verstehen, ist Voraussetzung, dass das Entwurfsmuster bekannt ist. Ansonsten haben die Rollennamen für den Leser keine Bedeutung.

Aus diesem Grunde wird kurz das Entwurfsmuster eines Beobachters (observer) vorgestellt, das im Entwurfskatalog von Gamma et. al. /2.8/ enthalten ist. Es hat viele Anwendungen und ist auch in die Programmiersprache Java mit eingeflossen. Darauf soll jedoch erst später eingegangen werden.

Zur Motivation sei zunächst das einfache Beispiel einer Uhr in einem Rechner herangezogen. Es soll davon ausgegangen werden, dass es ein Uhrwerk gibt und verschiedene Displays, welche die Uhrzeit in verschiedenen Darstellungsformen präsentieren. Wird ein neues Fenster mit einer weiteren Uhrzeitanzeige geöffnet, so wird dieses neue Display beim Uhrwerk angemeldet. Das Uhrwerk hat dann die Aufgabe, bei jedem Zeitwechsel, in diesem Falle nach einer Minute, alle bei ihm angemeldeten Displays zu informieren, dass eine Veränderung eingetreten ist. Die Displays haben die Möglichkeit, den neuen Zustand des Uhrwerkes abzufragen. Die Displays können als Beobachter des Uhrwerks bezeichnet werden und das Uhrwerk ist das beobachtete Objekt.

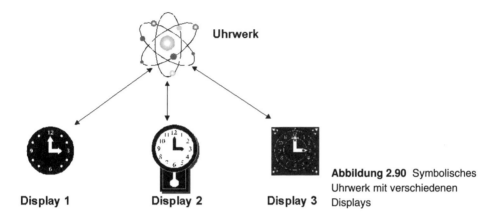

Abbildung 2.90 Symbolisches Uhrwerk mit verschiedenen Displays

Die Beobachter müssen eine Methode besitzen, die den Zustand des beobachteten Objektes abfragt. Das beobachtete Objekt muss die Funktionalität der Anmeldung neuer Beobachter bereitstellen und bei Zustandsänderung alle Beobachter informieren. Ein erster Lösungsversuch würde vielleicht so wie das Klassendiagramm in **Abbildung 2.91** aussehen.

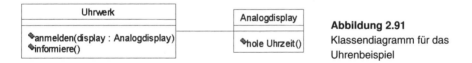

Abbildung 2.91
Klassendiagramm für das
Uhrenbeispiel

Die prinzipielle Kommunikationsstruktur der Komponenten des Entwurfsmusters Beobachter ist damit bereits identifiziert. Es fehlt nur noch der Schritt der Verallgemeinerung, der durch Gamma et. al. /2.8/ vorgenommen wurde.

Abstrakte Klassen werden zur Beschreibung der Schnittstellen genutzt und die beteiligten Komponenten mit ihren Methoden erhalten etwas allgemeingültigere Namen. **Abbildung 2.92** gibt in Form eines Klassendiagramms einen Einblick in die Struktur des Entwurfsmusters Beobachter.

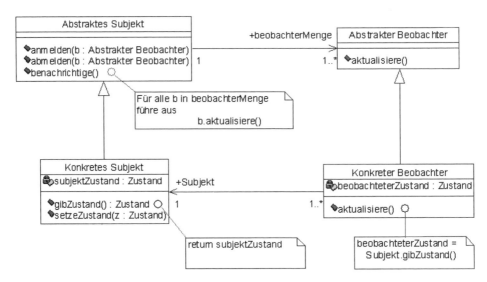

Abbildung 2.92 Klassendiagramm des Entwurfsmusters Beobachter

In diesem Entwurfsmuster wird zunächst für das Subjekt und den Beobachter jeweils eine abstrakte Klasse mit der entsprechenden Schnittstelle festgelegt. Es ist auch schon spezifiziert, dass ein Subjekt ein oder mehrere Objekte in der Rolle von Beobachtern kennt. Realisiert wird das durch ein Feld oder eine Liste mit Verweisen auf die Objekte, die das Subjekt beobachten. Der Name dieses Attributes entspricht bekanntlich dem spezifizierten Rollennamen, was in diesem Fall beobachter Menge bedeutet. Wenn sich ein Objekt mit anmelden() bei einem Subjekt anmeldet, dann wird es in die Liste aufgenommen, meldet es sich ab, wird es aus der Liste gelöscht. Verändert ein Subjekt seinen Zustand, so wird mit der Methode benachrichtige() jedem Objekt b, das in der Liste der Beobachter steht, die Botschaft aktualisiere gesendet. In der abstrakten Klasse Abstrakter Beobachter ist eine entsprechende Methode zwingend vorgesehen, damit jeder Beobachter auf die Nachricht reagieren kann.

Ein konkreter Beobachter hat zusätzlich zu der Methode aktualisiere ein Attribut, welches den beobachteten Zustand speichert. Erhält er die Botschaft aktualisiere, so wird das beobachtete Subjekt aufgefordert, den aktuellen Zustand zu liefern, damit der beobachtete (lokale) Zustand aktualisiert werden kann.

Ein konkretes Subjekt hat daher die Möglichkeit, den Zustand (subjektZustand) mit Hilfe der Methode gibZustand() abzufragen und zu lesen. Natürlich muss ein Zustand auch gesetzt werden können. Die Methode setzeZustand() ist aber innerhalb des Entwurfsmusters selbst für die Kommunikation nicht unbedingt notwendig. Von außen kann der Zustand verändert werden, was dann automatisch ein Auslösen der Nachricht benachrichtige zur Folge hat.

Abbildung 2.93 demonstriert den Ablauf des Nachrichtenaustausches bei der Nutzung des Beobachterpatterns in Form eines Sequenzdiagramms.

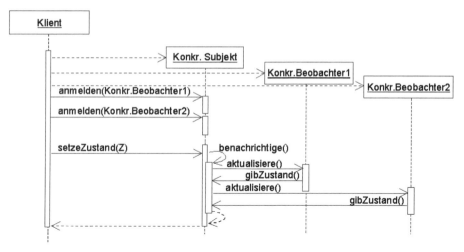

Abbildung 2.93 Sequenzdiagramm für das Entwurfsmuster Beobachter

Einem Klienten ist es in diesem Beispiel überlassen, zunächst einmal ein konkretes Subjekt und zwei konkrete Beobachter zu erzeugen. Der Klient meldet die beiden Beobachter dann auch gleich beim konkreten Subjekt an. Damit ist die Situation erreicht, dass bei Zustandsveränderungen die Beobachter informiert werden. Im konkreten Fall setzt der Klient einen neuen Zustand. Dabei wird im konkreten Subjekt selbst die Methode `benachrichtige()` aktiviert. Innerhalb dieser Methode erfolgt die Information der angemeldeten Beobachter durch senden der Nachricht `aktualisiere()`. Bei der Aktivierung der entsprechenden Methode wird jeweils die Nachricht `gibZustand()` erzeugt und damit der neue Zustand abgerufen.

Das Entwurfsmuster Beobachter kann auf die verschiedensten Probleme angewendet werden. Prinzipiell müssen praktisch alle Informationssysteme dieses Entwurfsmuster berücksichtigen. Dadurch wird gesichert, dass alle Darstellungen in Fenstern stets aktuelle Inhalte anzeigen. Sie fungieren als Beobachter und werden informiert, wenn sich im Subjekt der Betrachtungen Veränderungen ergeben haben. Bei einem Reservierungssystem sollte so der Bildschirminhalt immer den aktuellen Buchungsstand darstellen. Ansonsten können nach wenigen Momenten völlig unbrauchbare Informationen vorliegen.

Für die grafischen Editoren in CASE-Systemen trifft das gleiche zu. Erhält eine Klasse eine neue Methode oder ein neues Attribut, dann müssen alle Diagramme, in denen dieses Element enthalten ist, aktualisiert werden. Ob die Veränderung wirklich Auswirkungen auf die Darstellung hat, das ist dann eine zweite Frage. Das kann nur der jeweilige Beobachter selbst entscheiden.

Wird das Entwurfsmuster auf das Uhrenbeispiel angewendet, sieht das entsprechende Klassendiagramm etwa wie folgt aus:

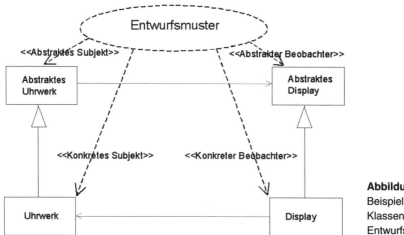

Abbildung 2.94
Beispiel für
Klassendiagramm mit
Entwurfsmuster

Durch die gestrichelten Pfeile, die von der Ellipse ausgehen, werden den Klassen die Rollen zugeordnet, die im Entwurfsmuster definiert sind. Dadurch erhält eine Klasse automatisch die Methoden, die im Muster einer bestimmten Klasse zugeordnet sind. Für die Klasse Abstrakter Beobachter wäre das beispielsweise die Methode aktualisiere(). Wenn sie bereits vorhanden ist, muss sie die im Muster enthaltenen Eigenschaften haben. Ansonsten wird sie neu definiert.

Der Leser eines Klassendiagramms mit Entwurfsmuster kann erkennen, welche Methoden eine Klasse deswegen besitzt, weil sie eine entsprechende Rolle im Entwurfsmuster spielt. Für das Uhrwerk betrifft das die Methode anmelden() zum Anmelden eines neuen Beobachters, die eigentlich einem Uhrwerk nicht innewohnt. Sie ergibt sich aus der Rolle, die die Klasse im Rahmen des Entwurfsmusters spielt. Einige Klassen, wie Abstraktes Uhrwerk und Abstraktes Display, waren vorher eventuell noch gar nicht im Klassenmodell enthalten. Sie sind erst durch die Anwendung des Entwurfsmusters identifiziert und erstellt worden. Das ist aber schon eine Vermutung, die sich nur aus vorherigen Klassendiagrammen erhärten lässt.

Das in UML modellierte Entwurfsmuster beschreibt nicht, welche Veränderungen am Klassenmodell durch das Entwurfsmuster entstehen, sondern es beschreibt nachträglich am Resultat der Anwendung, welche Auswirkungen eventuell vom Entwurfsmuster herrühren. Es handelt sich eigentlich nur um einen strukturierten Kommentar, mit dessen Hilfe evaluiert werden kann, ob die richtigen Methoden für eine Klasse vorgesehen sind. Dazu ist aber die Kenntnis der Entwurfsmuster unbedingte Voraussetzung. Ohne deren Kenntnis ist ein derartiges Diagramm wenig aussagefähig.

Eine Klasse kann mehrfach in Entwurfsmustern verwendet werden. Das kann im gleichen oder in unterschiedlichen Entwurfsmustern passieren.

In Java wurde die Idee des Beobachters für die Auswertung von Ereignissen der grafischen Benutzungsoberfläche aufgegriffen. Dort ist der „Listener" ein etwas modifizierter Beobachter. Er dient nicht zur Darstellung von Zuständen der beobachteten Objekte, sondern zum Auslösen von Aktionen bei Zustandsänderungen. Welcher Zustand dabei erreicht wird, ist weniger von Interesse.

Einem Objekt der Benutzungsoberfläche, wie beispielsweise einem Knopf (button), werden Beobachter zugeordnet, die informiert werden, wenn sich Veränderungen an dem Knopf ergeben. Diese Beobachter können nicht nur ein Objekt beobachten, sie können mehreren Knöpfen als Beobachter zugeordnet sein. Dabei handelt es sich um eine mehrfache Anwendung eines Entwurfsmusters.

Aufgaben

2.18 Erstellen Sie ein Klassendiagramm für das Entwurfsmuster Listener, das eine Aktion auslöst, wenn beim Subjekt der Beobachtung eine Veränderung eintritt. Ist der Zustand des Subjektes für diese Anwendung notwendig?

2.19 Erstellen Sie ein Klassendiagramm für das Entwurfsmuster Listener, das eine Aktion1 auslöst, wenn das Subjekt der Beobachtung gedrückt ist. Ist es nicht gedrückt, dann wird die Aktion2 ausgelöst. Ist der Zustand des Subjektes für diese Anwendung notwendig?

In der Literatur werden Entwurfsmuster meist nur isoliert vorgestellt. Es besteht aber auch die Möglichkeit der Kombination mehrerer Muster zu neuen Entwurfsmustern. In /2.15/ und /2.16/ wird das Prinzip der patternorientierten Softwareentwicklung und eine an Eiffel angelehnte Sprache vorgestellt. Ein grafischer Editor wurde auf diese Weise implementiert und in der Zwischenzeit wurden auch Skripte für die Bearbeitung von Pattern in Rational Rose erstellt. Etwas ausführlicher wird auf diese Vorgehensweise in Abschnitt 3.2.2 eingegangen.

2.4 Verhaltensmodelle

In diesem Kapitel geht es um die Darstellung dynamischer Aspekte, also die Spezifikation von Verhalten. Klassenmodelle stellen statische Beschreibungsmöglichkeiten zur Verfügung. Man kann erkennen, welche Methoden eine Klasse besitzt. Die Reihenfolge, in der diese Methoden abgearbeitet werden können ist aus einem Klassendiagramm aber nicht ersichtlich. Informationen an den Softwareentwickler über die mögliche Reihenfolge der Nutzung von Methoden sind nur durch Kommentare möglich, was allerdings nicht sehr präzise ist. Die natürliche Sprache ist für derartige Spezifikationen nicht besonders geeignet. Die folgenden Spezifikationsarten erlauben es, gewisse zeitliche Abhängigkeiten präzise zu formulieren. In UML stehen dafür Zustands- und Aktivitätsdiagramme zur Verfügung.

2.4.1 Zustandsdiagramm

Mit einem Zustandsdiagramm ist die Beschreibung der Zustände eines Systems möglich, die es in seinem ganzen Leben oder in einem gewissen Zeitraum durchläuft. Die in UML enthaltenen Notationen entsprechen den Statecharts von Harel /2.4/, die auf einer Verallgemeinerung von endlichen Automaten beruhen. Grundsätzlich gibt es zwei Arten von endlichen Automaten, den Mealy- und den Moore-Automaten, die in Kapitel 1 vorgestellt wurden.

Harel hat für seine Zustandsdiagramme zunächst einen hybriden Automaten definiert, der die Eigenschaften des Moore- und des Mealy-Automaten verknüpft. Er unterscheidet bei den Ausgabeelementen zwischen Aktionen und Aktivitäten.

Bei einer *Aktion* wird davon ausgegangen, dass sie so schnell ausgeführt wird, dass vom Zeitverbrauch abstrahiert werden kann. Eine *Aktivität* hat im Gegensatz dazu eine Zeitdauer. Ein gewisses Zeitintervall ist notwendig, um die Aktivität auszuführen.

Ein typisches Beispiel für eine Aktion wäre das Erstellen einer Buchung. Von einem wirklichen Zeitverbrauch kann hier abstrahiert werden. Die Ausgabe eines Signaltons wiederum wäre typisch für eine Aktivität. Hier wird eindeutig eine gewisse Zeitdauer benötigt, damit der Signalton wahrgenommen werden kann.

Nach Harel sind Aktivitäten in einem Zustand ausführbar, während Aktionen an einen Zustandsübergang gebunden werden. In UML wird nicht zwischen Aktionen und Aktivitäten unterschieden. Bei der Spezifikation eines Systems bietet es sich aber an, Aktivitäten nur innerhalb von Zuständen zu aktivieren. Zustandsübergänge sollten wirklich nur Aktionen auslösen, da ansonsten unklar ist, in welchem Zustand das System bei der Ausführung der Aktivität eigentlich ist. Der alte Zustand wurde bereits verlassen und der neue Zustand noch nicht erreicht.

Zustandsdiagramme gestatten die Spezifikation von bedingten Übergängen, die sonst bei Automaten nicht bekannt sind. Zustandsübergänge haben damit in UML den in **Abbildung 2.95** dargestellten allgemeinen Aufbau.

Abbildung 2.95 Markierung von Zustandsübergängen

Ein Übergang kann markiert sein durch einen Auslöser (trigger), dem eine Anzahl von Argumenten mitgegeben wird. Durch eine Bedingung (guard) erfolgt eine Einschränkung des Übergangs. Damit ist es möglich, dass ein Ereignis in einem Zustand zu unterschiedlichen Zustandsübergängen führt. Das hängt davon ab, welche Bedingung erfüllt ist. Schließlich kann ein Zustandsübergang noch spezielles Verhalten auslösen. Auslöser, Bedingungen und Verhalten dürfen auch allein an einem Übergang notiert werden.

Es werden die folgenden Auslöser unterschieden:

- CallTrigger

  Der Zustandsübergang ist die Reaktion auf die Ausführung einer Methode, deren Namen als Auslöser notiert wird.

- SignalTrigger

  Hier handelt es sich um ein eingehendes Signal (eine Nachricht), die den Zustandsübergang bewirkt und die Ausführung einer Methode zum Ergebnis haben kann (Verhalten).

- ChangeTrigger

  Bedingungen (guards) werden neu berechnet, wenn sich die Werte zugehöriger Variablen verändern. Das kann zu neuen Bedingungen führen und einen Zustandsübergang auslösen.

- TimeTrigger

  Nach Ablauf einer gewissen Zeit oder zu einem bestimmten Zeitpunkt erfolgt die Aktivierung des Auslösers.

- Any Trigger

  Der durch das Schlüsselwort `all` charakterisierte Auslöser repräsentiert alle Trigger. Ein so charakterisierter Übergang wird nur ausgelöst, wenn kein anderer Übergang im aktuellen Zustand aktiviert wird.

Abbildung 2.96 Ausgewählte Sonderfälle von Zustandsübergangsmarkierungen

UML fordert die in **Abbildung 2.96** gewählte Notation mit eckigen Klammern und dem „/" nicht ausdrücklich. Sie bietet sich aber an, um genauer zu erkennen, ob die jeweilige Markierung ein Ereignis, eine Bedingung oder eine Aktion darstellt. Wenn die Sonderzeichen nicht genutzt werden, dann ergibt sich der Typ des Übergangs aus dem Kontext. Als Bedingungen sind auch zeitliche Bezüge wie „nach 10 Sekunden" möglich.

Um die Notwendigkeit von bedingten Übergängen noch einmal zu verdeutlichen, sei auf das hinlänglich bekannte Beispiel eines Kellers verwiesen, der die Methoden `init()`, `push()`, `pop()`, `top()` besitze. Für einen Keller ist bekannt, dass man zunächst `init()` aufrufen muss. Auch kann man „`pop()`" erst aufrufen, wenn mindestens einmal `push()` erfolgt ist. Generell gilt, dass die Anzahl der Aufrufe von `push()` größer sein muss als die Anzahl der Aufrufe von `pop()`. Wie sieht es nun aber mit `top()` aus? Man hat so seine Vorstellungen, zu formulieren ist das in der natürlichen Sprache aber denkbar ungünstig. Da haben formale Spezifikationsmethoden ihre Vorteile.

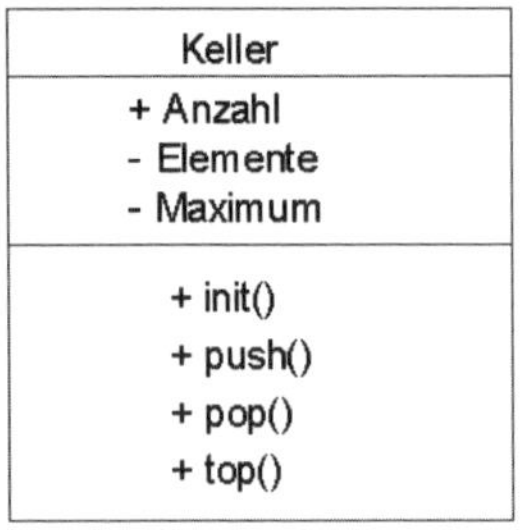

Keller
+ Anzahl
- Elemente
- Maximum
+ init()
+ push()
+ pop()
+ top()

Abbildung 2.97 Klassendarstellung eines Kellers

Hier soll nicht das vollständige Zustandsdiagramm für den Keller angegeben werden. Es wird nur ein Teil des Automaten dargestellt. Die Vervollständigung der Spezifikation ist dem Leser überlassen.

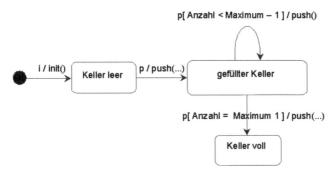

Abbildung 2.98 Teil der Spezifikation eines Kellers

Bei der obigen Spezifikation der Dynamik eines Kellers wurden etwas künstlich die Ereignisse i und p genutzt, die die Methoden init() und push() aktivieren. Wenn man davon ausgeht, dass der Informationsaustausch zwischen Objekten über Botschaften funktioniert und diese dann den Aufruf einer entsprechenden Methode bewirken, so kann der Name der Aktion als aufrufendes Ereignis interpretiert werden. Man muss also nicht extra Ereignisse modellieren, sondern nutzt CallTriggers. Damit ergibt sich dann der in **Abbildung 2.99** dargestellte Teil des Zustandsdiagramms des Kellers

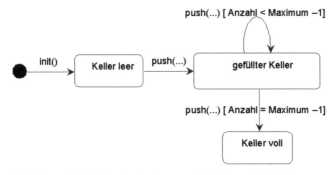

Abbildung 2.99 Teilzustandsdiagramm für Keller mit CallTriggern

Eine weitere Alternative zur Modellierung mit Zustandsautomaten ist die Modellierung der abzuarbeitenden Methoden über die Verhaltensoptionen. Auf die Modellierung von Ereignissen kann dabei verzichtet werden. Einen Hinweis zu einer derartigen Darstellung gibt **Abbildung 2.100**.

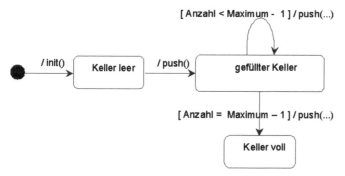

Abbildung 2.100 Teilzustandsdiagramm für Keller mit Verhaltensmodellierung

Aufgaben

2.20 Vervollständigen Sie die Zustandsdiagramme für den Keller.

2.21 Erstellen Sie ein Zustandsdiagramm, das das dynamische Verhalten einer Schlange spezifiziert.

In UML sind Notationen eingeführt worden, die auch die Ausführung von Aktionen in Zuständen zulassen, die eigentlich an Zustandsübergängen ausgeführt werden.

Abbildung 2.103 und **Abbildung 2.104** sind ein Beispiel dafür, wie dadurch Notationsaufwand eingespart werden kann. Zunächst soll jedoch ein Blick auf den allgemeinen Aufbau einer Zustandsnotation geworfen werden. Sie hat den in **Abbildung 2.101** dargestellten allgemeinen Aufbau.

Zustand
entry / Verhalten **exit** / Verhalten **do** / Verhalten Auslöser(Argumente)[Bedingung] / Verhalten Auslöser(Argumente)[Bedingung] / **defer**

Abbildung 2.101 Allgemeine Notation eines Zustandes

Bei Eintritt in den Zustand werden alle hinter dem Schlüsselwort **entry** als Verhalten spezifizierte Aktionen ausgeführt. Die hinter **exit** notierten Aktionen werden automatisch beim Verlassen eines Zustandes aktiviert. Alle Aktionen hinter dem Schlüsselwort **do** werden im Zustand aktiviert. Dabei kann es sich um Aktivitäten handeln, die einmal aktiviert werden und erst beim Verlassen des Zustandes enden. Es kann sich aber auch um kurze Aktionen handeln.

Spezielle Auslöser können auch innerhalb eines Zustands zur Ausführung von Aktionen führen, ohne dass gleich ein Zustandsübergang ausgelöst wird. Ist das Verhalten nur durch „**defer**" charakterisiert, so handelt es sich um eine Verzögerung.

Als alternative Darstellungsform ist auch die in **Abbildung 2.102** dargestellte Variante möglich.

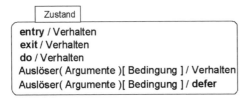

Abbildung 2.102 Alternative Darstellungsform eines Zustandes

Zu welchen Vereinfachungen diese Schreibweise führen kann, sollen die folgenden beiden Spezifikationen verdeutlichen. Zunächst eine normale Spezifikation, wie sie vom Mealy-Automaten bekannt ist.

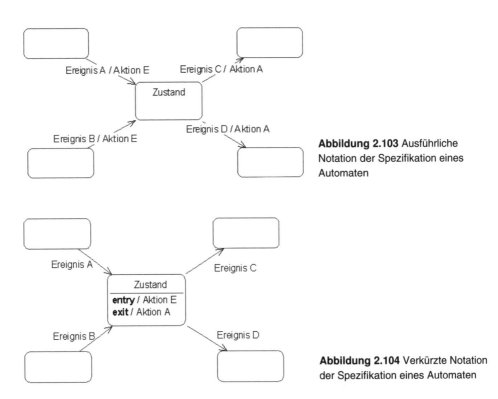

Abbildung 2.103 Ausführliche Notation der Spezifikation eines Automaten

Abbildung 2.104 Verkürzte Notation der Spezifikation eines Automaten

Dadurch, dass alle Zustandsübergänge in den Zustand mit der gleichen Aktion `Aktion E` verbunden sind, kann diese auch bei Eintritt in den Zustand aktiviert werden. Das Gleiche gilt für das Verlassen eines Zustandes. Hier sind alle Übergänge mit der `Aktion A` verbunden. Daher kann diese für alle Ausgänge aus dem Zustand aktiviert werden. Nachträgliche Erweiterungen der Spezifikation können natürlich dazu zwingen, dass diese Vereinfachungen in der Notation wieder rückgängig gemacht werden müssen. Das ist beispielsweise der Fall, wenn ein weiterer Zustandsübergang notwendig wird, der ohne die genannten Aktionen ausgeführt wird.

Eine weitere Erleichterung der Spezifikation besteht in der Möglichkeit der Nutzung komplexer Zustände, die selbst wieder ein ganzes Zustandsdiagramm enthalten. Man spricht von *hierarchischen Zustandsdiagrammen*. Die Ausdruckskraft der Diagramme wird durch die Einführung der Hierarchie nicht erweitert. Sie gestattet nur eine etwas einfachere Notation. Wie später aber noch ausgeführt wird, ist sie die Basis für weitere Konzepte, die zu einer größeren Ausdruckskraft führen.

Es sei hier noch einmal auf das Beispiel der Buchung einer Reise verwiesen (Abbildung 1.21, Abbildung 1.22), Die bisherigen Spezifikationen gingen, wenn man vom Startzustand absieht, von 6 Zuständen aus. Aus fachlicher Sicht wäre es aber sicher gerechtfertigt, nur von 2 Zuständen zu sprechen. Diese Zustände wären `Buchung storniert` und `Buchung aktiv`. Solange eine Buchung aktiv ist, nimmt sie einen der bisher bereits spezifizierten Zustände ein. Damit könnten alle bisher spezifizierten aktiven Zustände zu einem komplexen Zustand zusammengefasst werden. Es muss auch nicht mehr von jedem Unterzustand ein Übergang zu dem Zustand `storniert` erfolgen. Es reicht ein Zustandsübergang vom komplexen Zustand für das Eintreffen des Ereignisses `s`.

Abbildung 2.105 beschreibt das dynamische Verhalten einer Buchung mit Hilfe eines hierarchischen Zustandsdiagramms. Zusätzlich wurde ein Endzustand eingeführt, der für durchgeführte Reisen erreicht wird.

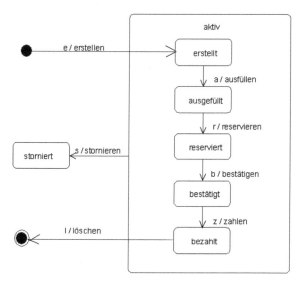

Abbildung 2.105 Hierarchisches Zustandsdiagramm für eine Buchung

Von diesem konkreten Beispiel abstrahierend, stellt **Abbildung 2.106** Möglichkeiten von Zustandsübergängen in hierarchischen Diagrammen zusammen.

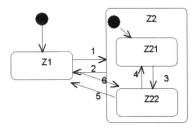

Abbildung 2.106 Übergangsmöglichkeiten bei hierarchischen Zustandsdiagrammen

Übergänge können von Unterzuständen direkt zu anderen Zuständen erfolgen (5). Das gilt auch für den Weg von einem Zustand zu einem anderen Unterzustand (6). Erfolgt der Übergang von einem Zustand zu einem Oberzustand (1), dann wird der spezifizierte Startzustand des Unterdiagramms aktiviert (Z21).

Zustände mit Gedächtnis sind durch ein H (History) gekennzeichnet. Nur ein hierarchischer Zustand kann diese Charakterisierung besitzen. Sie besagt, dass beim Verlassen des Zustandes der letzte Unterzustand gemerkt wird. Dadurch erfolgt beim erneuten Eintritt in diesen Zustand nicht die Aktivierung des markierten Startzustandes, sondern des zuletzt aktiven Zustandes.

Für einige Probleme ergibt sich dadurch eine exaktere Beschreibungsmöglichkeit dynamischer Vorgänge.

Ab UML 2.0 wird erwartet, dass der Zustandsübergang zu dem Pseudozustand H erfolgt. Damit wird es möglich, die Historie eines hierarchischen Zustandes teilweise zu nutzen und teilweise auch zu ignorieren. Entscheidend sind die Verbindungen nach den Übergängen. Gehen Sie an den Pseudozustand H heran, so wird die Historie genutzt. Gehen Sie an den äußeren Rahmen des Zustandes, dann ist das nicht der Fall.

Ist in H ein bereits einmal eingenommener Zustand gespeichert, so wird direkt dorthin verzweigt. Ist das nicht der Fall (der komplexe Zustand wird also erstmals aktiv), dann wird der Übergang ausgelöst, der aus H herausführt

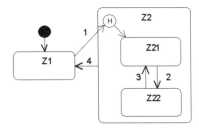

Abbildung 2.107 Hierarchischer Zustand mit Gedächtnis

Der Zustand Z2 merkt sich hier beim Verlassen durch 4, ob er im Zustand Z21 oder Z22 war. Sollte danach wieder 1 ausgelöst werden, so kehrt er in diesen Unterzustand zurück.

Die Ereignisfolge 1, 4, 1 liefert Z21 und 1, 2, 4, 1 liefert Z22.

Diese Erweiterung der hierarchischen Zustandsdiagramme mit dem Konzept des Gedächtnisses ermöglicht die Spezifikation von dynamischen Zusammenhängen, die mit endlichen Automaten nicht beschreibbar sind. Zur Spezifikation derartiger Zusammenhänge sind schon Kellerautomaten notwendig.

Aufgaben

2.22 Informieren Sie sich über die Definition eines Kellerautomaten.

2.23 Informieren Sie sich über den Unterschied zwischen regulären und kontextfreien Sprachen.

2.24 Welcher Zusammenhang besteht zwischen Automaten und Sprachen?

2.25 In welchem Zustand ist der Automat von **Abbildung 2.107** nach dem Eintreffen der Ereignisse 1, 2, 3, 2, 8, 4, 1?

Ein Zustandsdiagramm mit Gedächtnis ließe sich auch gut für die Modellierung des dynamischen Verhaltens der Buchung einsetzen. Warum soll nicht die Stornierung einer Stornierung möglich sein? Die Stornierung wird damit rückgängig gemacht und die Buchung aktiviert. Diese nimmt damit den Unterzustand von Buchung aktiv ein, in dem sie sich zum Zeitpunkt der Aktivierung der Stornierung befand. Das war der Zeitpunkt, als das Ereignis s letztmalig eine Veränderung am Zustand aktiv bewirkt hat.

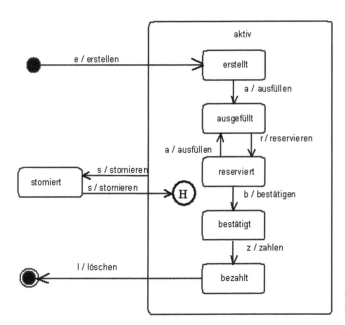

Abbildung 2.108 Zustandsdiagramm mit Gedächtnis für eine Buchung

Mit den Möglichkeiten des Gedächtnisses eines Zustandes ist eine derartige Spezifikation recht einfach. Man geht davon aus, dass sich der komplexe Zustand `Buchung aktiv` beim Verlassen den aktuellen Unterzustand merkt. Wird er erneut durch einen Zustandsübergang aktiviert, hier durch das Ereignis `s`, so aktiviert er automatisch den gemerkten Unterzustand.

In diesem Beispiel spricht man von einer flachen Hierarchie, da die Zustände im hierarchischen Zustand selbst nicht hierarchisch waren.

Falls die Teilzustände selbst wieder hierarchisch sind, selbst aber kein Gedächtnis haben, so übernimmt der Oberzustand die Speicherung der Unterzustände, wenn er durch `H*` gekennzeichnet ist.

Zur Demonstration dieses Sachverhaltes betrachten wir ein leicht vereinfachtes Modell einer Stereoanlage.

Beispiel 2.9   Modellierung einer Stereoanlage mit hierarchischem Gedächtnis

Wir gehen davon aus, dass die Stereoanlage aus einem Radio und einem CD-Gerät besteht, was zwei Abspielmöglichkeiten besitzt. Das Radio soll nicht weiter betrachtet werden. Die Konzentration des Beispiels liegt auf dem CD-Player. Das Gerät soll einen Stand-by-Modus haben, aus dem es immer wieder in den zuletzt eingenommenen Modus zurückkehren kann. **Abbildung 2.109** gibt das Modell der Anlage in Form eines Zustandsdiagramms wieder.

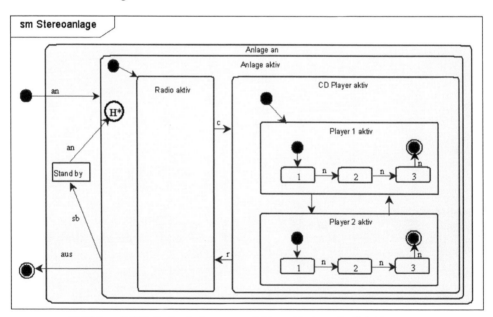

Abbildung 2.109 Zustandsdiagramm mit hierarchischem Gedächtnis

Beim Einschalten der Anlage wird zunächst das Radio aktiviert. Durch Senden des Ereignisses n für „nächstes" oder „next" wird der CD-Player aktiviert. Er schaltet zunächst den ersten Player ein. Hier kann man die verschiedenen Titel wählen und schließlich den zweiten CD-Player aktivieren. Der funktioniert analog.

Versetzt man das Gerät in den Stand-by-Modus und aktiviert es danach wieder, so springt es beim CD-Player zu dem zuletzt aktiven Player und dort sogar zu dem zuletzt gehörten Titel.

Hätte man die flache Historie modelliert (nur das H), dann wäre in der gleichen Situation stets der erste Player mit seinem ersten Lied aktiviert worden.

Als letzte Erweiterung zu den endlichen Automaten gestatten Zustandsdiagramme die Spezifikation von nebenläufigen Automaten. Ein komplexer Zustand kann damit aus mehreren Unterautomaten bestehen, die unabhängig voneinander arbeiten. Ereignisse, die auf den komplexen Zustand treffen, werden kopiert und an jeden Unterautomaten weitergeleitet. Damit hängt es dann von dem jeweiligen Automaten ab, ob das Ereignis einen Zustandsübergang bewirkt oder nicht

Dazu zunächst ein konkretes Beispiel: Eine Person soll entsprechend ihres Gesundheitszustandes, der als gesund oder krank charakterisiert wird, und entsprechend ihres Familienstandes, der der Einfachheit halber nur ledig oder verheiratet lautet, modelliert werden.

Damit ergeben sich 4 mögliche Zustände `gesund und verheiratet`, `gesund und ledig`, `krank und verheiratet` und letztendlich `krank und ledig`.

Für einen hierarchischen Zustands `aktiv` ergeben sich die folgenden Übergänge in den Unterzuständen.

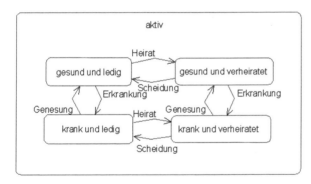

Abbildung 2.110 Hierarchischer Zustand für eine Person

Schon bei diesen wenigen Zuständen wird diese Art der Spezifikation recht unübersichtlich. Wenn man noch präziser spezifiziert und 4 Gesundheitszustände unterscheidet sowie 4 Familienstände festlegt, dann würden sich 16 Zustände mit diversen Übergängen ergeben.

Sinnvoller ist die Modellierung der verschiedenen Gesichtspunkte einer Person in Form eines Tupels. Jeder Gesichtspunkt ist dann ein Bestandteil des Tupels. Dadurch ergeben sich (`gesund`, `ledig`), (`gesund`, `verheiratet`), (`krank`, `ledig`) und (`krank`, `verheiratet`). Die Zustandsübergänge werden nun für jeden Bestandteil des Tupels getrennt durch jeweils einen Automaten beschrieben. Diese Automaten arbeiten nebenläufig.

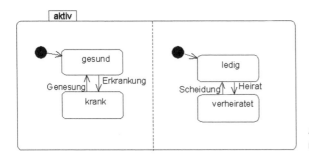

Abbildung 2.111 Beispiel für nebenläufige Automaten

Jedes Ereignis, das auf den Zustand `aktiv` trifft, wird an beide Unterautomaten weitergeleitet. In diesem Beispiel reagiert jeweils nur ein Automat auf ein Ereignis. Das muss aber nicht immer so sein. Es kann vorkommen, dass mehrere Automaten ein Ereignis verarbeiten.

 Doch zunächst noch einmal ein Beispiel für einen einfachen Automaten, der zwei nebenläufige Unterzustände besitzt. Für diesen Automaten gibt es auf den Internetseiten zu diesem Buch ein kurzes Video, das die Arbeitsweise nebenläufiger Automaten durch eine Animation verdeutlicht.

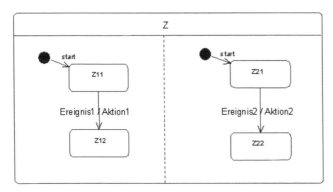

Abbildung 2.112 Allgemeines Beispiel für nebenläufige Automaten

Solange der Zustand z nicht aktiv ist, prallen alle Ereignisse ab, die ungleich `start` sind. Das ist vergleichbar mit Ereignissen, die über Nachrichtensender verbreitet werden. Sind sie nicht von Interesse, werden sie vom Empfänger nicht registriert. Nur auf bestimmte Informationen ist der Empfänger sensibilisiert. Verkehrsmeldungen interessieren beispielsweise nur, wenn man mit dem Auto in der entsprechenden Umgebung unterwegs ist oder plant, in die Gegend zu fahren. Es hängt also vom eigenen „Zustand" ab, ob Ereignisse etwas bewirken oder nicht.

Das Ereignis `start` aktiviert z und veranlasst ihn, in die Teilzustände z11 und z21 überzugehen. In dieser Situation reagiert der Automat dann nur auf die Ereignisse `Ereignis1` und `Ereignis2`. Alle anderen Ereignisse werden zwar an die aktiven Teilzustände weitergeleitet, lösen dort aber keine Reaktion aus.

Tritt das Ereignis `Ereignis2` ein, so wird es an `Z11` und `Z21` weitergeleitet. `Z11` reagiert nicht. `Z21` aktiviert den Zustandsübergang zu `Z22` und löst dabei `Aktion2` aus. Aus Sicht von `Z` entspricht das dem Übergang von (`Z11`, `Z21`) zu (`Z11`, `Z22`). Zustand `Z22` reagiert auf kein Ereignis mehr. Er kann nicht verlassen werden.

`Z` kann nur noch auf `Ereignis1` reagieren. Es löst den Übergang von `Z11` zu `Z12` unter Aktivierung von `Aktion1` aus. Für `Z` bedeutet das den Übergang von (`Z11`, `Z22`) zu (`Z12`, `Z22`). Damit hat `Z` einen Zustand erreicht, der nicht mehr verlassen werden kann. Insgesamt hat `Z` in diesem sehr einfachen Beispiel nur zwei verschiedene Lebenszyklen.

$$(\texttt{Z11, Z21}) \rightarrow (\texttt{Z12, Z21}) \rightarrow (\texttt{Z12, Z22})$$

und

$$(\texttt{Z11, Z21}) \rightarrow (\texttt{Z11, Z22}) \rightarrow (\texttt{Z12, Z22})$$

Beispiel 2.10 Szenario für Automat von Abbildung 2.112

 Auf die Ereignisfolge `Ereignis1`, `start`, `Ereignis1`, `Ereignis2` reagiert der Zustandsautomat `Z` wie folgt:

`Ereignis1`:
Der Zustand `Z` ist nicht aktiv und deshalb nicht in der Lage, auf `Ereignis1` zu reagieren.

`start`:
Das Ereignis Start wird von `Z` akzeptiert und aktiviert die Unterzustände `Z11` und `Z21`.

`Ereignis1`:
Auf das `Ereignis1` reagiert nur der Unterzustand `Z11` und löst den Übergang zu Unterzustand `Z12` aus. Dabei wird Aktion1 ausgeführt.

`Ereignis2`:
In dieser Situation reagiert nur der Unterzustand `Z21`. Der Zustandsübergang zu `Z22` löst `Aktion2` aus.

Automaten können selbst auch Ereignisse auslösen und damit untereinander kommunizieren.

An dieser Stelle wollen wir die ursprüngliche Notation von UML noch einmal nutzen.

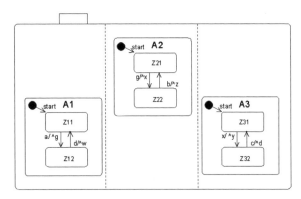

Abbildung 2.113 Beispiel für kommunizierende Automaten in alter Notation

Hier sind drei Automaten A1, A2 und A3 dargestellt, die Ereignisse aus der Umgebung aufnehmen, aber auch selbst Ereignisse senden. Diese Ereignisse können Reaktionen bei den anderen Automaten hervorrufen. Durch start werden alle drei Automaten aktiviert. Sie gehen in die jeweiligen Unterzustände z11, z21 und z31 über. Tritt nun das Ereignis a ein, so ist nur der Automat A1 in der Lage, darauf zu reagieren. Er löst den Übergang von Zustand z11 zu z12 aus. Dabei wird ein Ereignis g erzeugt, das in alle Richtungen versendet wird. Das Zeichen „^" wurde bis zu UML 1.3 genutzt, um das Versenden eines Ereignisses zu charakterisieren. In der Zwischenzeit wurde es eliminiert. Eigentlich müsste es aus den Diagrammen entfernt werden. Für die Verständlichkeit der Spezifikation ist es aber vielleicht auch kein Nachteil, wenn es zunächst noch benutzt wird. Der Leser sei aber ausdrücklich darauf hingewiesen, dass die Diagramme damit nicht konform zu den neuesten Sprachberichten zu UML sind. Danach müsste man die folgende Spezifikation nutzen.

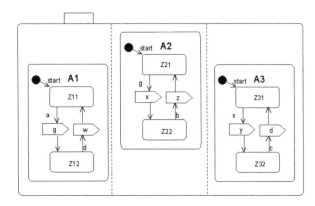

Abbildung 2.114 Kommunizierende Automaten nach neuerer Notation

Beispiel 2.11 Kommunikation zwischen Automaten

Auf die Ereignisfolge

$$\text{start, a, b, c}$$

reagieren die Automaten wie folgt:

start:

Das Ereignis start aktiviert alle drei Automaten. Sie gehen in ihre jeweiligen Anfangszustände über.

a:

Nur Automat A1 reagiert darauf mit einem Zustandsübergang. Dieser Übergang löst das Ereignis *g* aus.

    g:

    Auf *g* reagiert nur der Automat A2 mit einem Zustandsübergang.

    Dabei wird das Ereignis x ausgelöst.

    x:

    Auf x reagiert Automat A3 mit einer Zustandsänderung und der Auslösung des Ereignisses *y*.

    y:

    Auf dieses Ereignis reagiert keiner der Automaten.

b:

Die Folge ist ein Zustandsübergang bei Automat A2.

Dabei wird das Ereignis z ausgelöst, auf das keiner der Automaten reagiert.

c:

Darauf reagiert der Automat A3 mit einer Zustandsänderung.

Dabei wird das Ereignis d ausgelöst.

    d:

    Das Ereignis bewirkt eine Zustandsänderung bei Automat A1.

    Auf das dadurch ausgelöste Ereignis w zeigt keiner der Automaten eine Reaktion.

Aufgaben

2.26 In welchen Zuständen befinden sich die drei Automaten von **Abbildung 2.113** nach dem Eintreffen der Ereignisfolge a, b, start, d, a, x?

2.27 Welche Zustände werden eingenommen, wenn die Ereignisfolge start, g, b eintritt?

2.28 Wie wirken die Ereignisse start, a, x, c auf die Automaten? Ist Automat A2 danach im Zustand Z21?

Die Kommunikation zwischen Automaten kann auch gezielt erfolgen. Ein Ereignis kann ganz gezielt an nur einen Automaten gesendet werden, ohne dass andere Zustände davon beeinflusst werden.

Hier wird demonstriert, wie Ereignisse direkt an bestimmte Automaten gesendet werden können. Das ist beispielsweise bei Automat A1 ersichtlich.

Beim Übergang von Z11 zu Z12, der durch a ausgelöst wird, erfolgt das Versenden des Ereignisses g gezielt an den Automaten A2. Automat A3 und eventuell andere Automaten erhalten keine Kenntnis von diesem Ereignis.

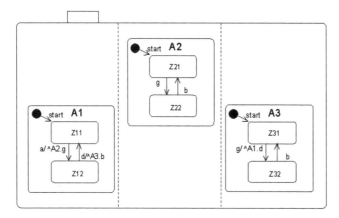

Abbildung 2.115 Nebenläufige Automaten mit direkter Kommunikation

Auch hier sei noch einmal darauf verwiesen, dass das Zeichen „^" nach neuestem Standard von UML nicht mehr benutzt wird. Hier könnte die Spezifikation wie in **Abbildung 2.116** aussehen.

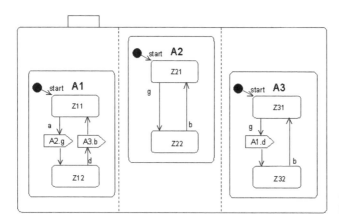

Abbildung 2.116 Direkte Kommunikation

Beispiel 2.12 Direkte Kommunikation zwischen Automaten

Auf die Ereignisfolge

start, a, a, b, g

reagieren die Automaten wie folgt:

start:
Alle drei Automaten werden aktiviert und gehen in ihre jeweiligen Anfangszustände Z11, Z21 und Z31 über.

a:
Nur Automat A1 reagiert darauf mit einem Zustandsübergang von Z11 nach Z12. Dabei wird das Ereignis g ausgelöst, das nur dem Automaten A2 mitgeteilt wird. Automat A2 reagiert auf diese Mitteilung mit einem Zustandswechsel von Z21 nach Z22.

a:
Keiner der Automaten reagiert auf dieses Ereignis.

b:
Bei A2 wird eine Zustandsänderung von Z22 nach Z21 ausgelöst.

g:
Darauf reagieren die Automaten A2 und A3. A2 wechselt von Z21 zu Z22.
Bei A3 wird der Zustandsübergang von Z31 nach Z32 und dadurch das Ereignis d ausgelöst. Nur Automat A1 wird darüber informiert.
Bei A1 bewirkt diese Information eine Zustandsänderung von Z12 nach Z11 und die Auslösung des Ereignisses b. Darüber wird nur Automat A3 in Kenntnis gesetzt.

A3 reagiert darauf mit einem Zustandsübergang von Z32 nach Z31.

_____

Aufgaben

2.29 Welchen Zustand nehmen die drei Automaten aus **Abbildung 2.115** ein, wenn folgende Ereignisfolge eintrifft: *start, g, b, a*?

2.30 Was bewirkt die Ereignisfolge *start, a, b*?

Neben den wirklichen Zuständen eines endlichen Automaten wurden bereits Pseudo-zustände genutzt, die eine Abstraktion von Übergangstypen darstellen. Sie dienen zum Zusammenfassen verschiedener Übergänge zu komplexeren. Die in UML nutzbaren Pseudozustände sind in **Abbildung 2.117** zusammengestellt. Sie haben alle gemeinsam, dass ein System nicht wirklich in einem solchen Zustand verweilen kann. Er ist nur flüchtig und wird sofort wieder verlassen.

Nicht alle Erweiterungen zu den endlichen Automaten sind wirklich empfehlenswert für die Nutzung. Eine kurze Vorstellung ist aber notwendig, damit der Leser dann selbst entscheiden kann, wann er die entsprechenden Möglichkeiten in seiner Arbeit wirklich nutzt.

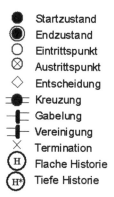

Abbildung 2.117 Arten von Pseudozuständen in UML

Zu den ersten beiden und zu den letzten beiden Pseudozuständen aus **Abbildung 2.117** sind sicher keine weiteren Kommentare notwendig. Sie wurden in den bisherigen Spezifikationen bereits genutzt und erläutert.

Eintritts- und Austrittspunkte sind bei hierarchischen Zuständen anwendbar und dienen zur Vereinfachung der Darstellung. Zustandsübergänge zu einem bestimmten Unterzustand können über einen Eintrittspunkt zusammengefasst werden. Das Gleiche gilt für den Übergang von Unterzuständen zu externen Zuständen. **Abbildung 2.118** gibt einen Vergleich der Darstellung von einer Spezifikation ohne Eintritts- und Austrittspunkte mit einer Darstellung unter Nutzung der Vereinfachungsmöglichkeit.

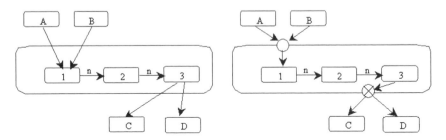

Abbildung 2.118 Demonstrationsbeispiel für Eintritts- und Austrittspunkte

Eintritts- und Austrittspunkte liefern keine neue Semantik. Sie sind für eine übersichtlichere Darstellung sinnvoll und können als Schnittstellen für Zustände bezeichnet werden. Konsequent angewendet machen die Schnittstellen genauer sichtbar, welche Möglichkeiten des Ein- und Austritts es zu einem Zustand gibt, die vom „Standardeintritt" abweichen.

Ein weiterer Pseudozustand ist die Entscheidung. Entscheidungen können zum Verzweigen, aber auch zum Zusammenführen von Übergängen genutzt werden. In der Verzweigung werden die Bedingungen überprüft, die den verschiedenen Ausgängen zugeordnet sind. Bezogen auf das Beispiel des Kellers (**Abbildung 2.98**, **Abbildung 2.99** und **Abbildung 2.100**) kann sich folgende Spezifikation ergeben.

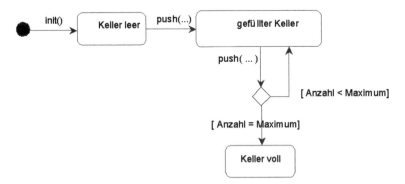

Abbildung 2.119 Zustandsautomat mit expliziter Verzweigung

Dem aufmerksamen Leser wird aufgefallen sein, dass hier die Bedingungen etwas anders formuliert sind. Das hängt damit zusammen, dass die Operation push(...) bereits beim Übergang zum Pseudozustand der Entscheidung ausgeführt wurde. Es werden also die

Bedingungen geprüft, die nach dem Einfügen eines Elementes eingetreten sind. Damit muss jeweils die Subtraktion von 1 entfallen, denn die jeweilige Bedingung wurde in den vorherigen Beispielen vor der Ausführung des Übergangs (der Operation) getestet.

In einem Entscheidungsknoten kann auch ein Operand notiert werden, der dann implizit als erster Operand in den Bedingungen genutzt wird. Für den Keller ist das in **Abbildung 2.120** einmal genutzt worden.

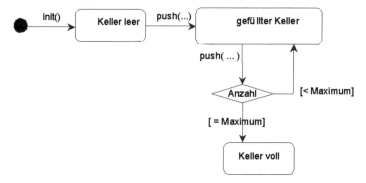

Abbildung 2.120 Entscheidung mit Operand

Animiert durch ein Beispiel (aus /2.28/ S. 379) wollen wir die Authentifizierung eines Nutzers mit Hilfe eines endlichen Automaten modellieren. Das Ergebnis ist in **Abbildung 2.121** zu sehen.

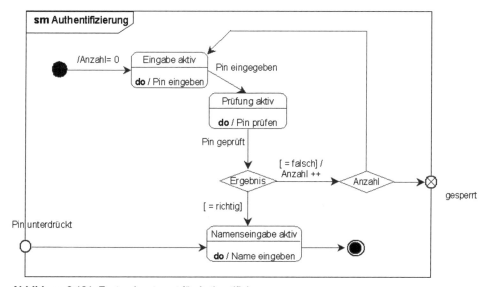

Abbildung 2.121 Zustandsautomat für Authentifizierungen

Der in **Abbildung 2.121** spezifizierte Unterzustandsautomat kann normal oder über den Eintrittspunkt „Pin unterdrückt" betreten werden. Das Gleiche gilt für das Verlassen des

Zustandes. Der normale Weg geht über den Endzustand. Über den Austrittspunkt „ge-sperrt" wird der Unterzustand nur in einem Ausnahmefall verlassen. Hier müssen sich im Kontext Spezifikationen zur Behandlung der Ausnahmesituation anschließen.

Sehr ähnlich in der Nutzung ist die Kreuzung. Auch sie kann zum Verzweigen und Zusammenfügen von Übergängen genutzt werden. **Abbildung 2.122** gibt (nicht ganz ernst zu nehmende) Zustandsübergänge einer Person an.

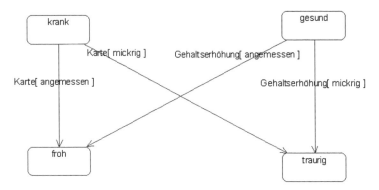

Abbildung 2.122 Teilzustandsdiagramm einer Person

Durch eine Kreuzung können die Übergänge zunächst zusammengelegt und dann entsprechend der Bedingungen wieder verzweigt werden. Das geht natürlich nur, wenn die Bedingungen zum Übergang zu einem Zustand gleich sind.

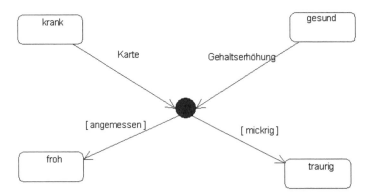

Abbildung 2.123 Teilzustandsdiagramm einer Person mit Kreuzung

Es ist wichtig anzumerken, dass bei einer Kreuzung alle Bedingungen vor dem ersten Übergang ausgewertet werden. Die Bedingungen, die an den Ausgangsübergängen des Pseudozustandes notiert sind, werden nicht wie bei der Verzweigung beim Eintreffen im Verzweigungsknoten ausgewertet, sondern schon vor dem Übergang zum Kreuzungsknoten.

Für das Beispiel der Kellers hat das zur Folge, dass wieder die ursprünglichen Bedingungen genutzt werden müssen.

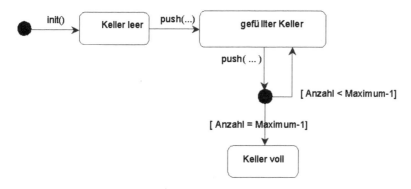

Abbildung 2.124 Zustandsautomat für Keller mit Kreuzung

Neben Verzweigung und Komposition stehen mit Gabelung und Vereinigung noch zwei weitere Pseudozustände mit ähnlicher Bedeutung zur Verfügung. Hier ist jedoch vorgesehen, dass die verzeigten Übergänge alle parallel ausgeführt werden. Bei einer Verzweigung erfolgt der Übergang gezwungenermaßen zu zwei verschiedenen Regionen eines zusammengesetzten Zustandes. Ausgänge einer Gabelung dürfen keine Auslöser oder Bedingungen haben.

Abbildung 2.125 Auslöser, Bedingung und Verhalten bei Gabelungen und Vereinigungen

Nachfolgend soll ein kleines Anwendungsbeispiel für die Anwendung von Gabelung und Vereinigung erfolgen.

Angenommen, man modelliert die Abarbeitung einer Bestellung als hierarchischen Automaten, so könnte man eine Region zur Beschreibung der Tätigkeiten im Lager und eine zweite Region für die der Buchhaltung nutzen. Erst wenn das Material bereitgestellt ist und eine Rechnung vorliegt, kann der Kunde seine Bestellung erhalten.

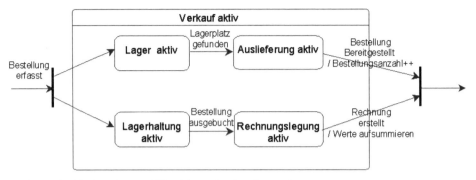

Abbildung 2.126 Gabelung und Vereinigung in einer Anwendung

Das Beispiel der Bestellung verdeutlicht schon einige Probleme. Zustände sollten durch ihre Bezeichnung auch den Zustandscharakter ausdrücken. Handelt es sich um einen Moore-Zustand, der nur ein einziges Verhalten in der zugehörigen **do**-Spezifikation besitzt, dann ist auch die Nutzung einer Bezeichnung möglich, die dem Aktivitätscharakter Rechnung trägt. Sollte man zu viele derartige Zustände haben, dann ist zu überlegen, ob die richtige Spezifikationsform gewählt wurde. Vielleicht sollten in diesem Falle besser Aktivitätsdiagramme genutzt werden, die im nachfolgenden Abschnitt noch vorgestellt werden.

Als letzter Pseudozustand sei noch der Terminator erwähnt. Er beendet die Abarbeitung und zerstört das entsprechende Objekt, einen Sachverhalt, der schon bei den Sequenzdiagrammen diskutiert wurde. Dort wurde eine Nachricht an ein Objekt geschickt, die seinen Lebenszyklus beendet hat. Diese Nachricht muss im entsprechenden Zustandsdiagramm als Auslöser für den Übergang zum Terminator modelliert werden.

Abschließend soll noch einmal eine Übersicht gegeben werden, welche Möglichkeiten es gibt, einen hierarchischen Zustand zu aktivieren und wieder zu verlassen.

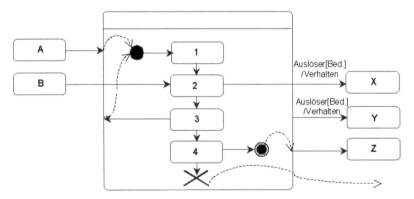

Abbildung 2.127 Aktivierung und Deaktivierung eines Zustandes

Durch gestrichelte Pfeile sind die impliziten Übergänge beschrieben. Man sieht sicher deutlich, dass durch einen Übergang an die Kante eines hierarchischen Zustandes automatisch dessen Initialisierung erfolgt. Der Startzustand wird wieder aktiv. Das ist unabhängig davon, ob die Transition von außen oder von innen an die Kante erfolgt.

Durch den Übergang zum Endzustand wird der umliegende komplexe Zustand beendet und der Übergang zu dessen Nachfolgezustand ausgelöst. Der Zustand beendet sich mehr oder weniger selbst. Das auslösende Ereignis für den Übergang ist seine Beendigung. Dieser Auslöser muss nicht modelliert werden.

2.4.2 Aktivitätsdiagramm

Notationsformen

Aktivitätsdiagramme sind ebenfalls Grafen, die aus Knoten und Kanten bestehen. Die Kanten repräsentieren Steuer- oder Objektflüsse. Die Knoten repräsentieren Aktivitäten, Aktionen, Objekte und Kontrollelemente zur Ablaufsteuerung.

Aktivitätsdiagramme können auf verschiedenem Abstraktionsniveau modelliert werden. Das reicht von der Beschreibung eines Anwendungsfalles über die Beschreibung des Zusammenspiels der Methoden einer Klasse bis zur Spezifikation einer einzelnen Methode.

Beim Aktivitätsdiagramm wird besonderes Augenmerk auf die Bedingungen gelegt, unter denen bestimmte Aktionen ausgelöst werden. Die Aktivitäten repräsentieren dabei einen Teil eines Verarbeitungsablaufes oder auch Algorithmus. Die einfachste Form eines Aktivitätsdiagramms ist eine Folge von Aktivitäten.

Abbildung 2.128 Vereinfachtes Aktivitätsdiagramm zum Trinken von Kaffee

Das Aktivitätsdiagramm von **Abbildung 2.128** besteht aus drei Aktionen, die nacheinander abgearbeitet werden. Der Übergang von einer Aktion zur anderen wird dadurch erreicht, dass die entsprechende Vorgängeraktion sich selbst beendet. Das ist ein ähnliches Verhalten, wie es gerade auch für Zustandsautomaten diskutiert wurde.

Abstrakt kann man die Weitergabe der Aktivität mit der eines Staffelstabes bei der Leichtathletik vergleichen. In der Informatik spricht man nicht von Staffelstab, sondern von Marke oder Token. Solche Aktivitätsmarken werden weitergereicht und die Aktion, die eine solche Marke gerade besitzt, muss aktiv werden.

Definition 2.15   Aktion

Eine Aktion ist ein fundamentales Element der Berechnung, das Eingabedaten in Ausgabedaten umwandelt.

Eine Aktion ist in UML nicht parametrisiert.

Man kann den Aktivitätsfluss auch aufteilen (splitten, fork, splitting) und wieder zusammenführen (synchronisieren, join, synchronisation).

Abbildung 2.129 Nebenläufige Abarbeitung von Aktivitätsflüssen

In diesem Falle wird der Staffelstab (die Marke) aufgeteilt und dann wieder verschmolzen.

Laut UML-Spezifikation können beim Aufteilen des Kontrollflusses noch logische Bedingen (guards) notiert werden, die erfüllt sein müssen, damit der entsprechende Teil des Diagramms aktiviert wird. Ohne besondere Hinweise werden alle Kontrollflüsse aktiviert und bei der Synchronisation müssen alle Kontrollflüsse anliegen, bevor eine Weitergabe der Steuerung erfolgt. Eine Ausnahme liegt vor, wenn die Aufteilung mit einer logischen Bedingung (guard) belegt war. In diesem Falle kann selbstverständlich nicht erwartet werden, dass der entsprechende Zweig des Aktivitätsgrafen beendet wird.

In besonderen Fällen können einzelne Aktivitätsstränge auch gar nicht beendet werden. Dazu gibt es später noch Beispiele. Für den Anfang soll aber erst einmal davon ausgegangen werden, dass Aufteilungen und Zusammenführungen paarweise auftreten.

Oestereich /2.7/ schlug ursprünglich als Erweiterung die Nutzung von Zusicherungen vor. Damit sind die folgenden Notationen möglich.

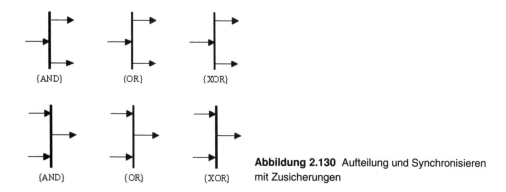

Abbildung 2.130 Aufteilung und Synchronisieren mit Zusicherungen

Diese Notation erscheint noch immer sinnvoll, auch wenn UML jetzt komplexere logische Ausdrücke zur Spezifikation zulässt.

Logische Bedingungen können nicht nur an den Balken zur Aufteilung des Aktivitätsflusses notiert werden, sondern auch an den Aktionen selbst.

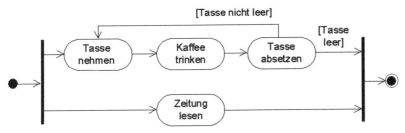

Abbildung 2.131 Aktivitätsdiagramm mit Bedingungen

Besteht eine Aktion nur aus einer Entscheidung, so steht in UML dafür eine spezielles Symbol in Form einer Raute zur Verfügung.

Abbildung 2.132 Diagramm mit Entscheidungsaktion

Transitionen können auch mehrfach ausgeführt werden. Das wird durch die Angabe eines Sternes symbolisiert. Das Aktivitätsdiagramm zum Trinken von Kaffee kann damit für alle Besucher eines Cafes verallgemeinert werden.

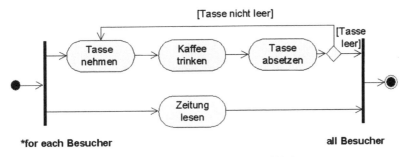

Abbildung 2.133 Aktivitätsdiagramm mit Mehrfachdurchläufen

Auch hier ist die Notation an Oestereich angepasst. Bei der Aufteilung wird `for each` und bei der Zusammenführung `all` notiert, was von UML nicht vorgeschrieben ist.

Aktionen haben immer einen Bezug zu einem Objekt. Das Lesen hat beispielsweise mit einer Zeitung oder einem Buch zu tun. Ein bestimmter Zustand kann die Voraussetzung sein, damit eine Aktion überhaupt durchgeführt werden soll. Durch eine Aktion wird der Zustand eines Objektes mehr oder weniger stark verändert. Dies kann als eine Art Nachbedingung spezifiziert werden, die dann wieder die Vorbedingung für eine nachfolgende Aktion sein kann.

Diese Objektinformation kann in einem Aktivitätsdiagramm angegeben werden. Dabei wird das Klassensymbol der Klasse genutzt, der das Objekt angehört. Es wird die verkürzte Notation ohne Attribute und Methoden gewählt. Nur der Zustand wird in eckigen Klammern angegeben, in dem sich das entsprechende Objekt gerade befindet.

Ist ein Zustandsdiagramm zu der Klasse modelliert, so muss sich dort ein Zustand mit diesem Namen vorhanden sein. Für unser Beispiel gehen wir vereinfacht einmal davon aus, dass die Zeitung zunächst `ungelesen` sein muss und sich nach dem Lesen natürlich im Zustand `gelesen` befindet.

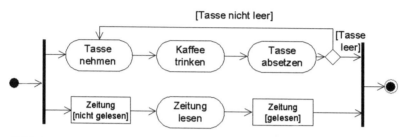

Abbildung 2.134 Aktivitätsdiagramm mit Objektfluss

Die Transitionen selbst haben im Aktivitätsdiagramm alle die gleiche Notation. Genau genommen wird aber im oberen Aktivitätsfluss nur die Aktivitätsmarke weitergegeben, während im unteren Fluss eine Objektmarke weitergereicht wird. In unserem Fall handelt es sich da um die Zeitung.

Der Unterschied ist nur an den beteiligten Knoten zu erkennen. Da sich „Objektknoten" im Aktivitätsfluss befinden, muss es sich um einen Objektfluss handeln. Im anderen Fall spricht man auch von einem Steuerfluss.

Ist der Zustand der Objekte nicht so bedeutend, so kann dieser auch entfallen. Damit wird nur der Typ der Objekte charakterisiert, die weitergereicht werden.

Für Aktionen wurden mit UML 2.0 so genannte Pins eingeführt, die Aktionen um die Information erweitern, welche Eingabe- und Ausgabeobjekte benötigt werden.

Für das Beispiel zum Lesen einer Zeitung könnte man mit zwei Pins arbeiten, eine Eingabepin für die zu lesende Zeitung und eine Ausgabepin für die gelesene Zeitung.

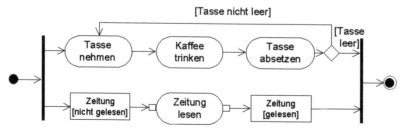

Abbildung 2.135 Objektfluss mit Objekten und Pin-Notation

Wenn die Pins genutzt werden und der Typ der Objekte, die weitergereicht werden, offensichtlich ist, dann kann man auf deren Angabe völlig verzichten. Die genutzte Darstellung der Pins verdeutlicht bereits, dass ein Objektfluss vorliegt. Im Falle des Lesens einer Zeitung kann man wohl von einer solchen Situation ausgehen, denn es ist ja offensichtlich, dass zum Lesen dann eine Zeitung notwendig ist. Die nachfolgende Abbildung gibt unser Beispiel in einer derart abgewandelten Form wieder.

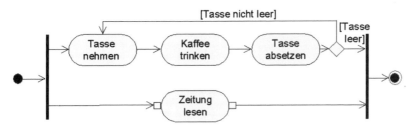

Abbildung 2.136 Objektflusses nur mit der Pin-Notation

Aus den bisherigen Abbildungen war nicht explizit ersichtlich, in welchen Verantwortlichkeitsbereich die einzelnen Aktivitäten fallen. Implizit ist man natürlich davon ausgegangen, dass alle Aktionen nur eine Person betreffen. In der folgenden Spezifikation werden die Rollen sichtbar, die für die Durchführung der Aktionen verantwortlich sind. Erreicht wird das durch so genannte Zuständigkeitsbahnen (partitions). Damit ist eine Zuordnung zu organisatorischen Einheiten möglich.

Aus der nachfolgenden Abbildung ist leicht ersichtlich, in welchen Verantwortlichkeitsbereich die einzelnen Aktionen fallen.

In diesem Falle ist das Personal an der Theke für die Zubereitung des Kaffees verantwortlich. Die Entgegennahme der Bestellung und das Servieren werden vom Bedienungspersonal vorgenommen.

Implizit nimmt man im obigen Aktivitätsdiagramm wohl an, dass die gleiche Bedienung, die die Bestellung entgegengenommen hat, auch den Kaffe serviert. Das ist aus der Spezifikation aber nicht ersichtlich. Es kann sich durchaus um eine andere Person handeln, die in der Rolle der Bedienung agiert. Das Gleiche gilt natürlich auch für alle Aktionen, die den Kunden betreffen.

Genau genommen müsste man noch einige Zusicherungen notieren, um die Diagramme wirklich eindeutig zu machen. Dazu erfolgen später noch einige Bemerkungen im Abschnitt 2.5 zu OCL.

UML stellt in den Aktivitätsdiagrammen auch Notationsmöglichkeiten für das Senden und Empfangen von Signalen zur Verfügung. Dabei wird das Signal an ein Objekt gesendet, das durch seine Klasse repräsentiert wird.

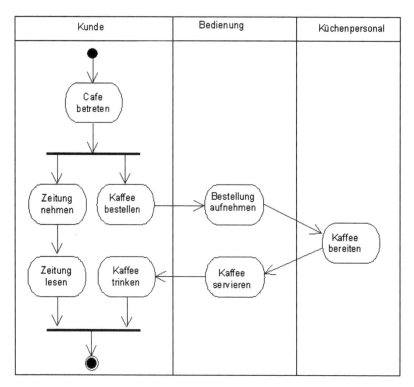

Abbildung 2.137 Aktivitätsdiagramm mit Zuständigkeitsbahnen

Eine Sonderrolle stellt das Empfangen von Zeitereignissen dar. Damit kann eine Aktion zu einem bestimmten Zeitpunkt ausgelöst werden. Die Aktion wird über eine Kante mit dem Symbol zum Empfangen von Zeitereignissen verbunden. Das Symbol wirkt damit wie ein gestellter Wecker, der zum eingestellten Zeitpunkt aktiv wird.

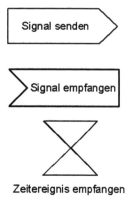

Abbildung 2.138 Aktionen zum Senden und Empfangen von Ereignissen

Das Beispiel des Cafes ist mit dieser Notation auch so formulierbar, dass die Kommunikation mit dieser Einrichtung über Signale erfolgt. Das Cafe selbst ist dann ein monolithisches Ganzes, dessen inneres Verhalten gesondert modelliert wird.

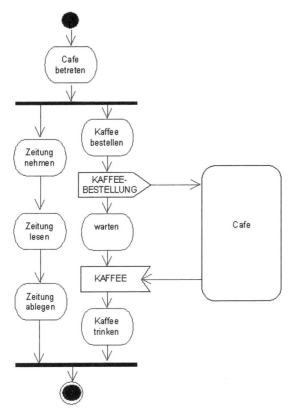

Abbildung 2.139 Aktivitätsdiagramm mit Zuständigkeitsbereichen

Die Idee ist dabei, dass ein Gast seinen Wunsch in Form eines Signals an das Cafe sendet. Die Rückmeldung über eine bereitete Tasse Kaffee ist dann ebenfalls ein Signal, nach dessen Eintreffen das genussvolle Konsumieren beginnen kann.

Nachdem beispielhaft die wichtigsten Ausdrucksformen von Aktivitätsdiagrammen vorgestellt wurden, wollen wir nun noch etwas detaillierter auf Aktivitäten eingehen.

Definition 2.16   Aktivität

> Eine Aktivität ist die Spezifikation eines parametrisierten Verhaltens, das die Reihenfolge von Untereinheiten koordiniert, deren letztendliche Elemente Aktionen darstellen.

Im Gegensatz zu einer Aktion kann eine Aktivität demzufolge Parameter besitzen. Die prinzipielle Notationsform einer Aktivität ist in **Abbildung 2.140** dargestellt. **Abbildung 2.141** stellt ein Beispiel für die Nutzung der Notation dar.

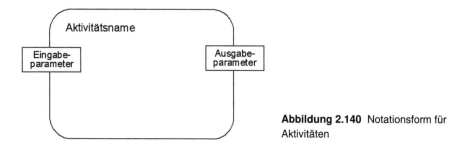

Abbildung 2.140 Notationsform für
Aktivitäten

Eine Aktivität im Sinne von UML hat nichts mit der ursprünglichen Unterscheidung von
Aktivitäten und Aktionen in den Statecharts von Harel zu tun. Dort ist eine Aktivität mit
einem Zeitbedarf charakterisiert, während eine Aktion als sofort wieder beendet angesehen
wird.

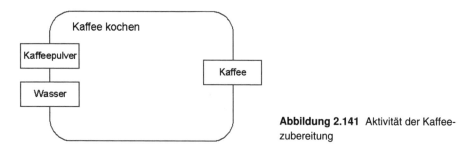

Abbildung 2.141 Aktivität der Kaffee-
zubereitung

Eine Aktivität ist in einem gewissen Sinne eine Kapselung von Aktionen. Die entsprechende Schnittstelle kann daher auch in anderen Spezifikationen von Aktivitäten genutzt
werden. Die Abarbeitung einer Bestellung in einem Cafe kann die Aktivität der Kaffeezu-
bereitung beispielsweise nutzen. Aus Übersichtlichkeitsgründen wird im Folgenden eine
Bestellung auf Getränke reduziert. Es wird noch einschränkender davon ausgegangen, dass
man sich nur Kaffee oder Wasser bestellen kann und dies auch nur einmal. Für ein Cafe ist
das unakzeptabel, für eine Beispielspezifikation aber sicher hinnehmbar.

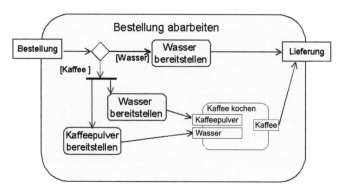

Abbildung 2.142 Spezifikation der Abarbeitung einer
Bestellung

Als Eingabeparameter wird eine `Bestellung` genutzt. Falls die Bestellung `Wasser` betrifft, so muss dieses nur bereitgestellt werden und kann dann in Form einer `Lieferung` als Ergebnisparameter genutzt werden. Ist `Kaffee` bestellt worden, so kann in beliebiger Reihenfolge `Wasser` und `Kaffeepulver` bereitgestellt werden. Die Ergebnisse dieser Aktionen (`Wasser` bzw. `Kaffeepulver`) werden der Aktivität `Kaffe kochen` als Parameter übergeben. Diese liefert dann den `Kaffee`, der als `Lieferung` genutzt wird. Bei allen Pfeilen handelt es sich im Diagramm von **Abbildung 2.142** um Objektflüsse. Das könnte durch die Pin-Notation in der Lesbarkeit vielleicht noch unterstützt werden.

Aufgaben

2.31 Wandeln Sie das Diagramm von **Abbildung 2.142** so um, dass möglichst umfassend die Pin-Notation genutzt wird.

2.32 Schreiben Sie ein Aktivitätsdiagramm zur Abarbeitung von Bestellungen spezieller Speisen.

2.33 Notieren Sie ein Aktivitätsdiagramm zur Lieferung von Mixgetränken.

Das Beispiel der Bearbeitung einer Einladung zu einem Vortrag wird im Aktivitätsdiagramm von **Abbildung 2.143** aufgegriffen. Dabei wird die Möglichkeit genutzt, eine Aktivität auch explizit in der Abarbeitung zu beenden. In diesem Falle würden keine Ergebnisse über die Parameter vermittelt.

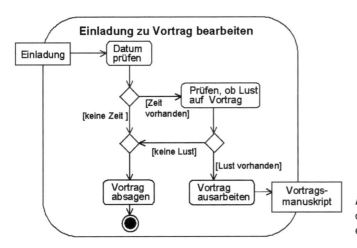

Abbildung 2.143 Aktivitätsdiagramm zur Bearbeitung einer Vortragseinladung

Auf Basis der Einladung wird geprüft, ob der Zeitraum des Vortrages zu den eigenen Planungen passen würde. Ist keine Zeit vorhanden, dann muss eine Absage erfolgen und die Aktivität wird beendet. Falls zeitlich keine Probleme auftreten, muss noch überprüft werden, ob der Vortragende überhaupt Lust zu dem Vortrag hat. Ist das nicht der Fall, dann erfolgt auch eine Absage. Falls zu dem Vortrag Lust vorhanden ist, dann muss der Vortrag ausgearbeitet werden und als Ergebnis der Ausarbeitung entsteht das Vortragsmanuskript, das auch Ergebnis der Gesamtaktivität ist.

Ursprünglich wurde in UML bei einer Verzweigung zu nebenläufigen Strängen auch immer eine Zusammenführung der verschiedenen Zweige gefordert. Neuerdings ist das nicht mehr der Fall. Einzelne Zweige können sich selbstständig beenden, ohne dass eine Rückkopplung zu den anderen Strängen erfolgt.

Ähnlich ist das schon im vorigen Beispiel bei der Absage eines Vortrages realisiert worden. Im nachfolgenden Beispiel erfolgt eine Aufteilung der Abarbeitung in die Rückgabe des aktuellen Kontostandes als Ergebnisparameter und die Aktualisierung des Kontostandes mit dem gerade ermittelten neuen Wert. Nach der Aktualisierung des Kontostandes wird der entsprechende parallele Strang einfach beendet.

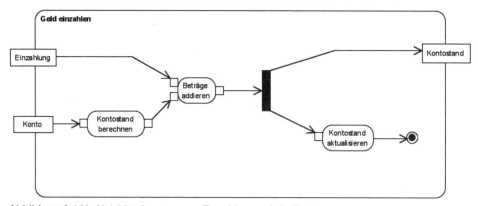

Abbildung 2.144 Aktivitätsdiagramm zur Einzahlung auf ein Konto

Aufgaben

2.34 Erstellen Sie ein detailliertes Aktivitätsdiagramm für die Zubereitung von Kaffee in einer Kaffemaschine.

2.35 Beschreiben Sie mit einem Aktivitätsdiagramm die Durchführung der Buchung einer Reise. Versuchen Sie im Reisebüro unterschiedliche Verantwortlichkeiten für Information und Buchung zu modellieren.

2.36 Modellieren Sie das Abheben eines bestimmten Betrages von einem Girokonto mit Hilfe eines Aktivitätsdiagrammes.

Definition 2.17   Strukturierter Knoten

Ein strukturierter Knoten ist eine ausführbarere Aktivitätsknoten,   der   Aktivitäten gruppiert.

Die Darstellung erfolgt durch ein abgerundetes Rechteck, dessen Kanten gestrichelt sind. Das Rechteck hat den Stereotyp <<structured>>.

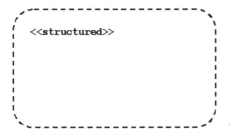

Abbildung 2.145 Notation eines strukturierten Knotens

Mit Hilfe von strukturierten Knoten kann man Elemente von Aktivitäten gruppieren.

Definition 2.18   Mengenverarbeitungsbereich

Ein Mengenverarbeitungsbereich (expansion region) ist eine strukturierte Aktivität, die entsprechend der Anzahl der Elemente ihrer Eingabesammlung mehrfach abgearbeitet wird.

Die Notation eines Mengenverarbeitungsbereiches ist in **Abbildung 2.146** dargestellt.

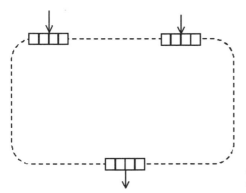

Abbildung 2.146 Notation eines Mengenverarbeitungsbereiches

Mengenverarbeitungsbereiche können mit den Stereotypen <<iterative>>, <<parallel>> oder <<streaming>> versehen werden, die charakterisieren, in welcher Art die Entnahme der Elemente aus den Eingabebereichen erfolgt. Die Elemente werden dabei nacheinander oder parallel entnommen. Im letzten Fall werden die Elemente aus dem Eingabemengenknoten zu einem Strom zusammengefasst und zusammen entnommen. Die Aktionen arbeiten aber trotzdem elementweise.

Ein Beispiel für die Spezifikation eines solchen Mengenverarbeitungsbereiches zur Addition zweier Vektoren liefert **Abbildung 2.147**, bei der auch gleich die Pin-Notation genutzt wird.

Definition 2.19   Pin

Ein Pin (Anschluss) repräsentiert einen Objektknoten als Eingabe- bzw. Ausgabeparameter einer Aktion.

Nachfolgend werden Pins bei der Addition genutzt, um die einzelnen ein- bzw. ausgehenden Elemente zu repräsentieren.

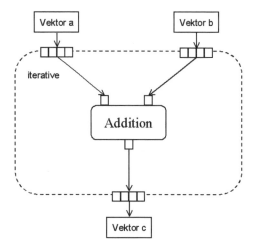

Abbildung 2.147 Addition zweier Vektoren

In diesem Falle wird die Addition als `iterativ` charakterisiert. Es werden also zunächst die ersten Elemente von `Vektor a` und `Vektor b` genommen, miteinander addiert und das Ergebnis wird in den Ausgabebereich für `Vektor c` geschrieben. Falls dies parallel ablaufen soll, dann werden alle Elemente gleichzeitig paarweise entnommen. Die Additionen und das Schreiben der Ergebnisse an die entsprechenden Stellen erfolgt dann ebenfalls parallel. Auf das Ergebnis haben die unterschiedlichen Strategien hier keinen Einfluss.

Definition 2.20   Objektknoten

Ein Objektknoten ist ein abstrakter Knoten, der Teil der Objektflussdefinition innerhalb einer Aktivität ist

Neben den Pins wurden in **Abbildung 2.147** schon einmal Objektknoten benutzt, um die Vektoren zu repräsentieren. Das ist vielleicht noch gar nicht so aufgefallen, weil die Notation ähnlich der von Parametern ist. In diesem Falle handelt es sich aber nicht um solche Parameter, sondern um die explizite Notation von Objekten, den Vektoren. Die Pins repräsentieren Elemente der Vektoren.

Für Objekte können auch gewisse Anforderungen an deren Zustand gestellt werden. Die allgemeinen Notationsformen von Objektknoten und jeweils ein Beispiel sind in **Abbildung 2.148** dargestellt.

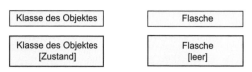

Abbildung 2.148 Notationsformen und Beispiele für Objektknoten

Die Inspiration zur Nutzung des Beispiels einer Flasche stammt von einem Beispiel aus /2.28/. Dort wird das Austrinken eines Kasten Biers modelliert (S. 323). Bevor wir zu diesem Beispiel kommen, widmen wir uns zunächst dem Prozess, der dafür sorgt, dass ein Kasten mit vollen Bierflaschen vorhanden ist. Zunächst soll das Abfüllen von Flaschen spezifiziert werden.

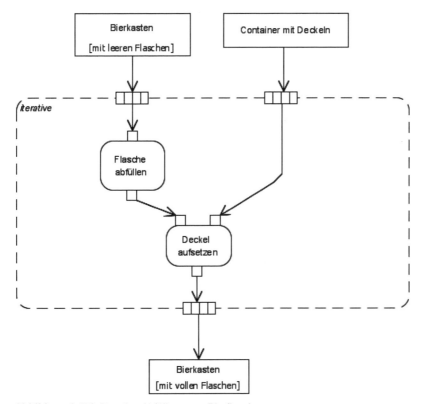

Abbildung 2.149 Iterative Abfüllung von Bierflaschen

Den Vorgang des Entleerens der Bierkästen wird zunächst angelehnt an die Spezifikation in /2.28/ mit Hilfe von Pins spezifiziert. Danach wird eine Spezifikation präsentiert, bei der die Modellierung mit expliziten Objektknoten und deren Zuständen erfolgt. Das gibt dem Leser die Möglichkeit, die unterschiedlichen Notationsformen einfach vergleichen zu können. Man kann dann auch einfacher für sich selbst entscheiden, welcher der Notationsformen man in Zukunft den Vorrang einräumen möchte.

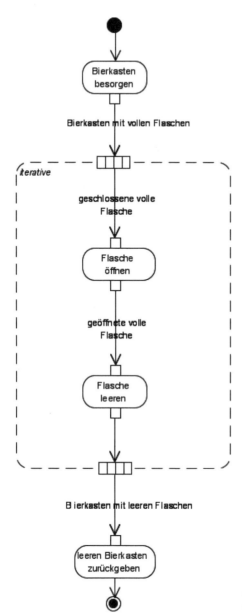

Abbildung 2.150 Spezifikation des Entleerens eines Bierkastens mit Pin-Notation

Eine Bierkiste mit vollen Flaschen wird auf die Eingabemenge aufgeteilt. Damit repräsentiert eine nachfolgende Pin eine Flasche. Die Flaschen werden der Reihe nach (`iterative`) geöffnet, geleert und dann in die Ausgabemenge platziert. Diese Menge wird dann zu einem Bierkasten mit leeren Flaschen zusammengefasst.

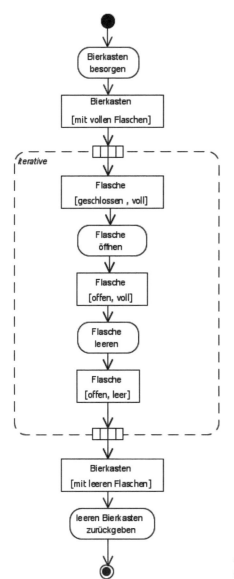

Abbildung 2.151 Spezifikation des Leerens
eines Bierkastens mit Objektknoten

Damit ist eine alternative Notation des gleichen Sachverhaltes gegeben. Die erste Variante ist etwas platzsparender, während die zweite Variante besser zu lesen ist, da die Zustände der Objekte exakter spezifiziert sind. Etwas hängt das aber vielleicht auch vom Geschmack des jeweiligen Lesers ab.

Definition 2.21 Unterbrechungsbereich

Ein Unterbrechungsbereich ist eine Gruppierung von Aktivitäten, die eine Sonderbehandlung ermöglicht.

Mit Unterbrechungsbereichen können Ausnahmebehandlungen gut spezifiziert werden. Im Allgemeinen tritt ein solcher Ausnahmefall beim Eintreten eines bestimmten Ereignisses ein. Das kann wie folgt notiert werden.

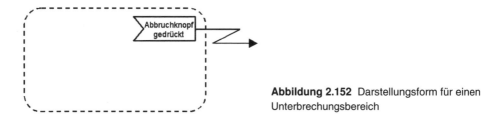

Abbildung 2.152 Darstellungsform für einen Unterbrechungsbereich

Definition 2.22   Schleifenknoten

Ein Schleifenknoten ist ein strukturierter Aktivitätsknoten mit einem Initialisierungs-, Test- und Schleifenkörperbereich.

Die Notation eines Schleifenknotens ist in **Abbildung 2.153** dargestellt. Die Semantik entspricht der hinlänglich bekannten Vorstellung von einer Schleife mit gewissen Zuweisungen zur Initialisierung und der Spezifikation einer Bedingung für weitere Durchläufe des Schleifenkörpers.

Abbildung 2.153 Notation eines Schleifenknotens

Als Spezialfälle sind Schleifenknoten ohne for- oder while-Teil möglich.

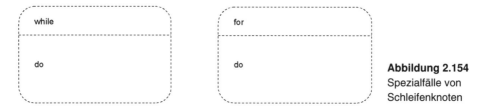

Abbildung 2.154
Spezialfälle von
Schleifenknoten

Das Beispiel der Ausgabe der Quadratzahlen für Zahlen aus einem Intervall von einer gegebenen unteren Grenze bis zu einer gegebenen Obergrenze kann als Schleifenknoten wie folgt spezifiziert werden.

Das Ergebnis der Bedingungsprüfung wird dabei von einer Ausgabepin repräsentiert. UML stellt zwar eine plattformunabhängige Spezifikationssprache für Algorithmen mit all ihren Vorzügen zur Verfügung. Ob die Lesbarkeit aber ausreichend ist und ob sich diese detaillierte Art der Spezifikation wirklich durchsetzen kann, das werden die Softwareentwickler entscheiden.

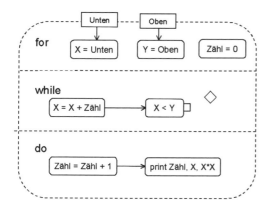

Abbildung 2.155 Algorithmus zur Berechnung von Quadratzahlen

Definition 2.23   Entscheidungsknoten

Ein Entscheidungsknoten ist ein strukturierter Aktivitätsknoten, der eine exklusive Auswahl aus einer gegeben Anzahl von Alternativen ermöglicht.

Abbildung 2.156 Notation eines Entscheidungsknotens

Die einfachste Form eines Entscheidungsknotens spezifiziert die Auswahl zwischen zwei Alternativen in Abhängigkeit von einer Bedingung. Die Spezifikation von n Alternativen in Abhängigkeit von n-1 Bedingungen erfolgt nach Muster in **Abbildung 2.157**.

Abbildung 2.157 Entscheidungsknoten mit Mehrfachbedingungen

Ein Beispiel für die Anwendung eines Entscheidungsknotens für ein spezielles Problem wird in **Abbildung 2.158** dargestellt.

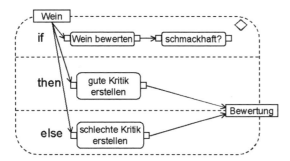

Abbildung 2.158 Beispiel für einen Entscheidungsknoten

Auch hier stellt sich die Frage, ob das wirklich die Art von Spezifikation ist, die sich in der Praxis durchsetzt. An der Formulierung dieser Sätze sind sicher schon die Zweifel des Autors zu erkennen. In einem speziellen Kontext sind aber vielleicht auch derartige Notationen sinnvoll. Zumindest muss man in der Lage sein, sie zu interpretieren und damit vorgegebene Spezifikationen lesen zu können.

Der Vorteil derartiger Spezifikationen ist ihre Unabhängigkeit von einer speziellen Programmiersprache.

Ereignis-Prozess-Ketten

Bei der Geschäftsprozessmodellierung spielen speziell im Bereich von Versicherungen und Banken Spezifikationen in Form von nach Scheer /2.17/ eingeführten Ereignis-Prozess-Ketten (EPK) eine große Rolle. Aus diesem Grunde ist es sinnvoll, nach Repräsentationen von EPKs in UML zu suchen. **Abbildung 2.159** gibt zunächst einen kurzen Eindruck von der Notation der Ereignis-Prozess-Ketten.

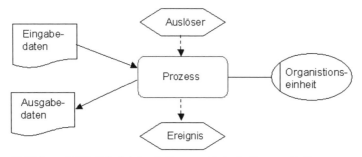

Abbildung 2.159 Prinzipieller Aufbau von Ereignis-Prozess-Ketten

Ereignis-Prozess-Ketten sind eine Folge von Ereignissen und Prozessen. Der Prozess wird durch das entsprechende Ereignis ausgelöst und erzeugt bei seiner Beendigung ein weiteres Ereignis. Dieses führt dann wieder zur Aktivierung eines oder mehrerer weiterer Prozesse. Ein Prozess nutzt und erzeugt eventuell Eingabe- und Ausgabedaten. Ausgeführt wird er in der Verantwortlichkeit einer Organisationseinheit.

Die Verknüpfung und Aufteilung von Ereignissen kann mit Hilfe logischer Operationen erfolgen.

Die in der vorigen Ausgabe dieses Buches für UML 1.5 vorgeschlagene Notation von EPKs ist nicht mehr gültig. Das gemeinsame Metamodell von Zustands- und Aktivitäts-diagrammen wurde für UML ab Version 2.0 aufgegeben. Daher ist die ursprünglich ge-nutzte Notation der Aktivitätsdiagramme aus einer Kombination von Moore- und Mealy-Zuständen nicht mehr möglich. Sie soll hier aber noch einmal wiederholt werden, um einen Vergleich der verschiedenen Notationen zu ermöglichen.

Wenn die Ereignisse als Moore-Zustände, die Prozesse als Mealy-Zustände und der Daten-fluss als Objektfluss modelliert werden, so waren in den Zustandsdiagrammen bis UML 1.5 ähnliche Notationsmöglichkeiten vorhanden.

Für die Spezifikation der Organisationseinheiten wurden Kommentare genutzt.

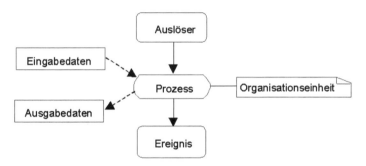

Abbildung 2.160 Ereignis-Prozess-Kette in UML 1.5–Notation

Mit Aktivitätsdiagrammen ließen sich auf diese Art und Weise analog zu den Ereignis-Prozess-Ketten Geschäftsprozesse modellieren. Im Unterschied zu diesen wurde allerdings nicht mit Ereignissen, sondern mit Zuständen gearbeitet. Damit wird man besonders im technischen Anwendungsbereich auf offene Türen stoßen, denn dort hat man im Unter-schied zu den wirtschaftlichen Bereichen einen anderen Ereignisbegriff.

Ein Ereignis tritt hier zu einem ganz bestimmten Zeitpunkt ein. Eine Und-Verknüpfung von zwei Ereignissen führt in diesem Verständnis mit fast hundertprozentiger Sicherheit zu einer Systemverklemmung. Es ist fast nicht möglich, dass zwei Ereignisse wirklich zum gleichen Zeitpunkt eintreffen. „`Auftragsbestätigung eingetroffen`" und „`Material geliefert`" sind besser durch Zustände vermittelbar, die über einen längeren Zeitraum vorhanden sind.

In den wirtschaftlichen Anwendungen werden Ereignisse auch in diesem Sinne verwendet. Material und Auftragsbestätigung müssen nicht zur gleichen Sekunde eingetroffen sein.

Das folgende Beispiel stammt aus einer Analyse des Geschäftsprozesses zur Anforderung von Arbeitsmitteln in einem Geldinstitut.

Benötigt eine Fachabteilung ein neues Arbeitsmittel, so ist ein Anforderungsformular zu erstellen, welches von der Betriebsorganisation geprüft wird. Die Überprüfung kann zu zwei Ergebnissen führen. Ist die Anforderung nicht in Ordnung, dann wird das entsprechende Formular abgelegt und der Prozess ist beendet. Wird sie akzeptiert, so wird ein Arbeitsblatt von der Betriebsorganisation erstellt, kopiert und einerseits abgelegt, andererseits für die Bestellung und für die Installationsvorbereitung weitergeleitet. Auf die weitere Modellierung dieser Prozesse sei hier verzichtet, da es nur um die prinzipielle Nutzung dieser Beschreibungsmöglichkeit für betriebswirtschaftliche Zwecke geht.

Abbildung 2.161 spezifiziert diesen Sachverhalt grafisch in Form einer in UML 1.5-Notation erstellten Ereignis-Prozess-Kette. Die Darstellung der EPK als ein derartiges Aktivitätsdiagramm weicht nur geringfügig von der eigentlichen Notation ab.

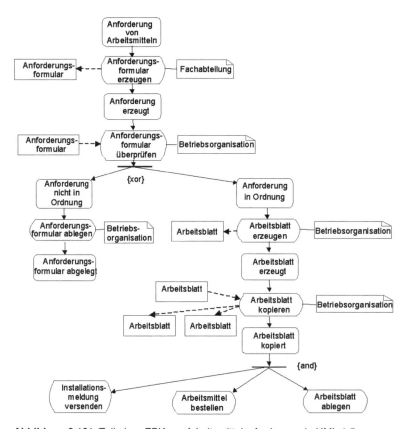

Abbildung 2.161 Teil einer EPK zur Arbeitsmittelanforderung in UML 1.5

Bei Einhaltung gewisser Namenskonventionen (Prozesse = Substantiv + Verb, wobei das Substantiv das Objekt benennt, auf dem die jeweilige Verrichtung ausgeführt wird), kann aus der Spezifikation einer Ereignis-Prozess-Kette ein Klassendiagramm abgeleitet werden. Das ist unabhängig von der gewählten Notation.

Für das Beispiel aus **Abbildung 2.161** ergibt sich dabei das in **Abbildung 2.162** dargestellte Ergebnis.

Der Algorithmus zur Erstellung eines Klassendiagramms aus einer Geschäftsprozessspezifikation in Form einer Ereignis-Prozess-Kette ist in /2.18/ enthalten. Dort wird auch auf die
Möglichkeit zur Ermittlung des dynamischen Verhaltens einer Klasse aus einer Ereignis-
Prozess-Kette eingegangen. Auch dafür ist ein Algorithmus angegeben, der als Ergebnis
ein Zustandsdiagramm liefert.

Die Integration der Algorithmen in entsprechende Case-Werkzeuge ermöglicht die
automatische Erzeugung verschiedener Sichten ein und derselben Spezifikation. Damit
sind Probleme bei der Vollständigkeit leichter auffindbar. Außerdem können Widersprüche zwischen verschiedenen Spezifikationen aufgespürt werden.

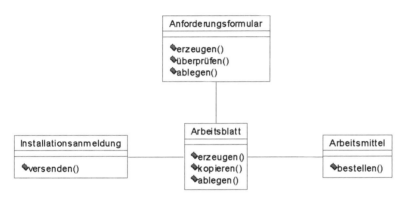

Abbildung 2.162 Aus Geschäftsmodell abgeleitetes Klassendiagramm

Es wurde bereits erwähnt, dass die Notation in UML 2.0 in der dargestellten Form nicht
mehr möglich ist. Die Methodik der Vorgehensweise ist aber sowohl in Form von Zustandsdiagrammen als auch durch Aktivitätsdiagramme möglich.

Wenden wir uns zunächst der Notation einer Ereignis-Prozess-Kette durch einen Automaten zu. Dafür gibt es selbstverständlich noch immer die beiden Arten von Zuständen in
UML, die von Mealy- und Moore-Automaten übernommen wurden. Wenn man sich darauf einlässt, in einem Moore-Zustand nur eine Aktion zu aktivieren, kann die folgende
Notation aus **Abbildung 2.161** für eine EPK genutzt werden.

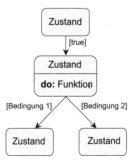

Abbildung 2.163 Ereignis-Prozess-Kette in UML 2.0-Notation durch
Automaten

Für den Übergang von einem „Ereignis"-Zustand zu einem „Funktions"-Zustand charakterisiert man eine Übergangsbedingung mit `true`. Der Übergang wird also sofort ausgelöst. Nachfolgend wird auf die Notation dieser Bedingung verzichtet. Die Bedingung ist implizit als vorhanden angenommen.

Die Umsetzung der Spezifikation des Geschäftsprozesses aus **Abbildung 2.161** in der Notation von Zuständen erfolgt in **Abbildung 2.164**.

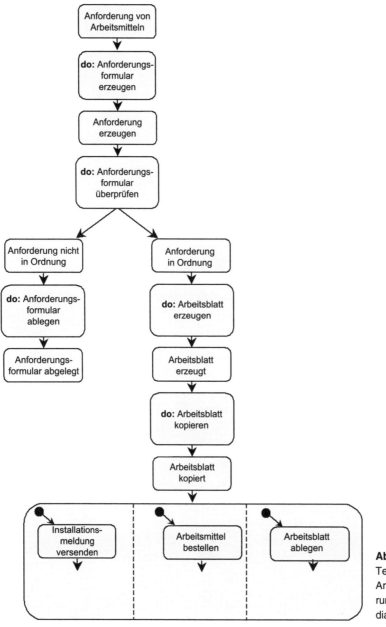

Abbildung 2.164
Teil einer EPK zur Arbeitsmittelanforderung als Zustandsdiagramm

Etwas kompliziert wird eine derartige Notation vielleicht, wenn sehr viele parallele Abläufe vorhanden sind, da die komplexen Zustände nur sehr platzaufwendig darstellbar sind.

Die erwähnten Regeln zur Erzeugung von Klassen- und Zustandsdiagrammen sind natürlich auch bei dieser Form weiterhin anwendbar.

Wenden wir uns nun der Notation von EPKs in Form von Aktivitätsdiagrammen zu. Die einzelnen Prozesse oder Funktionen können durch Aktionen repräsentiert werden. Die Ereignisse sind durch Objektknoten darstellbar, die Objekte in einem gewissen Zustand repräsentieren. **Abbildung 2.165** gibt einen Eindruck von der prinzipiellen Notation.

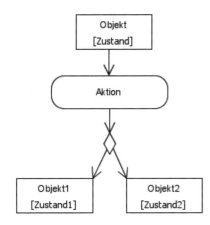

Abbildung 2.165 EPK in UML 2.0-Notation als Aktivitätsdiagramm

Nutzt man diese Art der Spezifikation, so ist für den modellierten Teil des Geschäftsprozesses die in **Abbildung 2.166** dargestellte Spezifikation möglich.

Einige Objektknoten könnten durch Symbole zum Senden und Empfangen von Ereignissen ersetzt werden.

Der Knoten „`Anforderungen von Arbeitsmitteln`" im Zustand `eingegangen` ist beispielsweise durch ein Symbol zum Empfangen eines Signals `Anforderung von Arbeitsmitteln` ersetzbar. Immer wenn ein solches Ereignis eintrifft – hier ist es dann wirklich wieder ein Ereignis – wird eine neue Instanz des Geschäftsprozesses, ein Geschäftsvorfall, aktiviert.

Für den Objektknoten `Anforderungsformular` mit dem Zustand `abgelegt` ist ein Sendesymbol für das Ereignis `Anforderungsformular abgelegt` nutzbar. Damit kann dann eine weitere Prozesskette aktiviert werden, die als Ausgangspunkt das Empfangen dieses Ereignisses hat und sich um Aktionen kümmert, die als Konsequenz der Ablage des Anforderungsformulars noch aktiviert werden müssen.

Als mögliche Strategie kann man vielleicht empfehlen, die Kommunikation zwischen verschiedenen Prozessketten über das Senden und Empfangen von Ereignissen zu modellieren und die „Ereignisse" innerhalb einer Prozesskette über Objektknoten mit einer Zustandsbeschreibung zu spezifizieren.

Wichtig wäre nur, einen gewissen Stil beizubehalten und nicht zu viele Variationen bei der Notation zuzulassen, um die Lesbarkeit der Spezifikationen nicht zu gefährden.

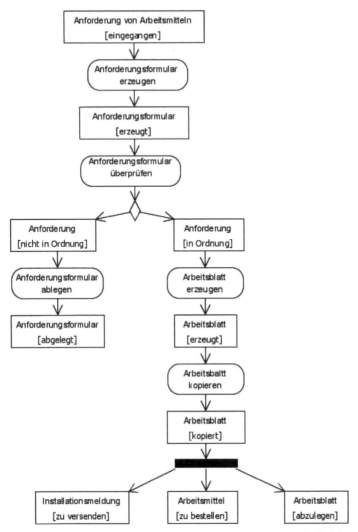

Abbildung 2.166 Teil einer EPK zur Arbeitsmittelanforderung als Aktivitätsdiagramm

Es ist durchaus sinnvoll, die Strategie der Ereignis-Prozess-Ketten auch für die Spezifikation von Geschäftsprozessen in den unterschiedlichsten Darstellungsformen von UML zu nutzen. Es ergibt sich daraus eine gewisse Systematik, die für die konkreten Umstände sehr angebracht sein kann.

Aufgabe

2.37 Modellieren Sie den Besuch eines Cafes und die Zubereitung des Kaffees als Ereignis-Prozess-Kette.

2.5 Object Constraint Language (OCL)

2.5.1 Einführung

UML wird allgemein als objektorientierte grafische Spezifikationssprache angesehen. Dabei denkt man zunächst an Klassendiagramme, später kommen dann vielleicht noch weitere Diagramme ins Spiel. Der Fakt, dass mit OCL (Object Constraint Language) eine textorientierte Sprache Bestandteil der UML ist, wird häufig vernachlässigt.

Bei OCL handelt es sich um eine ausdrucksorientierte Sprache (Jedes Sprachelement hinterlässt einen Wert), die auf der Bearbeitung von Mengen beruht. Ursprünglich wurde die Sprache von IBM für die Modellierung von Zusammenhängen im Versicherungsbereich entwickelt.

OCL erlaubt die Spezifikation von Zusicherungen und ist fester Bestandteil der UML-Spezifikationen. Sie kann in allen Diagrammen genutzt werden, findet ihre Anwendungen auch schon bei der Definition von UML selbst in den Metamodellen.

Nachdem im Abschnitt zu Klassendiagrammen schon einmal OCL benutzt wurde, um ein Modell eindeutig zu machen, soll nachfolgend ein weiteres Beispiel für die Nutzung von Zusicherungen folgen. Im ersten Klassendiagramm wurde durch OCL gesichert, dass ein Bankkunde sein Konto auch wirklich bei seiner Bank hat.

Nachfolgend werden Zusicherungen formuliert, die besondere Eigenschaften für die entsprechenden Objekte fordern.

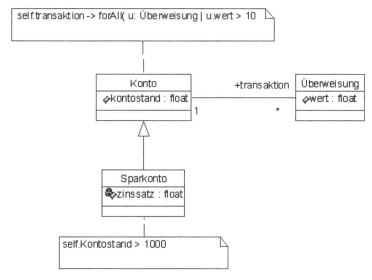

Abbildung 2.167 Klassendiagramm mit Zusicherungen

Entsprechend dem Klassendiagramm von **Abbildung 2.167** muss der Wert einer Überweisung mehr als 10 Euro betragen. Insbesondere kann er nicht negativ sein. Für ein Sparkonto wird gefordert, dass der Kontostand stets größer als 1000 Euro sein muss.

2.5.2 Sprachkonstrukte

Jeder Ausdruck in OCL wird im Kontext eines Objektes ausgewertet und ist frei von Seiteneffekten. In **Abbildung 2.167** erfolgt die Zuordnung durch Pfeile, in der vollständigen Textform von OCL erfolgt die Zuordnung durch die Nennung eines Typs nach dem Schlüsselwort **context**. Ein solcher Kontext kann benannt werden. Danach kommt eine Charakterisierung, ob es sich um eine Invariante, Vor- oder Nachbedingung handelt. Diese kann auch benannt sein. Zu einem gegebenen Kontext können mehrere Zusicherungen angegeben werden.

Beispiel 2.13 OCL-Ausdrücke mit Kontextinformationen

```
context Minimalüberweisung: Konto
     inv: self.transaktion -> forAll( u: Überweisung | u.wert > 10 )

context Minimalkontostand: Sparkonto
     inv in1: self.kontostand > 1000
     inv in2: self.zinssatz > 2.5
```

Nach dieser kurzen Vorstellung des prinzipiellen Aufbaus von OCL-Ausdrücken sollen die verfügbaren Datentypen eingeführt werden.

Typen

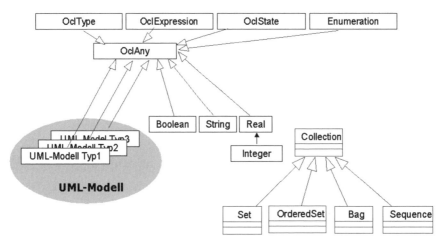

Abbildung 2.168 Typen und ihre Abhängigkeiten in OCL

Bei OCL handelt es sich um eine getypte Sprache. Aus **Abbildung 2.168** ist auch zu erkennen, dass es sich nicht um ein abgeschlossenes System von Typen handelt, sondern
über die UML-Modelle dynamisch neue Typen hinzukommen können.

OCL besitzt folgende Ausprägungen unterschiedlicher Typen:

- Vordefinierte Typen
  - Basistypen: Integer, Real, String und Boolean
  - Sammlungstypen: Collection, Set, Bag, Sequence, OrderedSet
- Metatypen
  - OclAny, OclExpression, OclType
- Benutzerdefinierte Modelltypen
  - Alle Klassen, Typen und Schnittstellen von UML-Diagrammen

Auf die Basisoperationen für die Basistypen soll hier nicht eingegangen werden, da sie Operationen bereitstellen, die man von Programmiersprachen her kennt. Es ist vielleicht zu erwähnen,
dass es einen if-then-else-endif-Ausdruck gibt, der einen logischen Wert als Ergebnis liefert.
Interessant sind sicher die verschiedenen Arten von Sammlungen (`Collections`), die in OCL
bereitgestellt werden. Es handelt sich dabei um `Sets`, `OrderedSets`, `Bags` und `Sequences`. Mit
den Details zu diesen verschiedenen Sammlungen beschäftigt sich der folgende Abschnitt.

Sammlungen (Collections) in OCL

In OCL gibt es eine abstrakte Klasse `Collection`, die Oberklasse für die Sammlungen von
Menge, geordneter Menge, Bag und Folge ist.

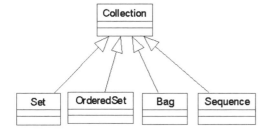

Abbildung 2.169 Vererbungshierarchie
zwischen Sammlungsklassen

Eine Menge beinhaltet jedes Element nur einmal und die Reihenfolge der Elemente spielt
keine Rolle. Bei einer geordneten Menge spielt die Reihenfolge eine Rolle. Ein Bag kann
Elemente auch mehrfach beinhalten. Das gleiche gilt für eine Folge, dort spielt die Reihenfolge der Elemente aber wieder eine Rolle.

Beispiel 2.14 Beispiel für Sammlungstypen

```
Set{ 1, 3, 5, 4, 2)
OrderedSet{1 ,2, 3, 4, 5}
Bag{1, 2, 3, 1, 2, 3}
Sequence{1, 2, 3, 1, 2, 3}
```

In OCL sind in den neueren Versionen auch Mengen von Mengen möglich. Bis zur Version von UML 1.4 wurde eine Menge von Mengen immer zu einer Menge umgewandelt. Set{Set{1,2,3}, Set{3,4,5}, Set{5,6,7}} wurde damals automatisch zu Set{1,2,3,4,5,6,7} umgeformt. Jetzt steht eine Funktion namens flatten() dafür zur Verfügung.

Mathematisch spricht man bei Mengen auch von flatten oder flach drücken. Wann diese Betrachtungen eine Rolle spielen, das wird später bei der Navigation zu Modellelementen deutlich.

Zunächst sei der Zugriff auf Attribute und Methoden erklärt. Die in **Abbildung 2.170** dargestellte Klasse sei gegeben.

Abbildung 2.170 Beispielklasse

Auf den Werte eines Attributes kann durch Klasse.attribut zugegriffen werden, wenn es sich um ein Klassenattribut handelt. Das Ergebnis einer Methode einer Klasse kann durch Klasse.methode() referenziert werden. Soll formuliert werden, dass bei allen Objekten der Klasse der Attributwert 1000 nicht zu erreichen ist, dann wird das wie folgt notiert.

```
context Klasse
inv: attribut < 1000
```

Bestehen Assoziationen zwischen Klassen, so kann von den zugeordneten Objekten einer Klasse zu den Objekten der anderen Klasse navigiert werden, wenn die Navigierbarkeit an den Assoziationen entsprechend spezifiziert wurde.

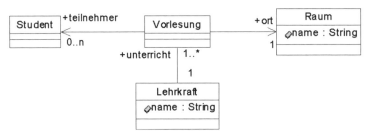

Abbildung 2.171 Klassendiagramm für Lehrbetrieb an der Uni

Von einer Vorlesung (einem Objekt der Klasse Vorlesung) kann man zum zugehörigen Raum, zur Lehrkraft oder den jeweiligen Teilnehmern navigieren. Für die Navigation kann man den Rollennamen (i1 und i3) nutzen. Ist dieser nicht vorhanden, so ist der Klassenname (i2) nutzbar. Allerdings muss man diesen mit einem kleinen Buchstaben beginnen.

```
context Vorlesung
  inv i1: self.ort.name    = "HS1"
  inv i2: self.lehrkraft.name = "Peter"
  inv i3: self.teilnehmer->size()=10
```

Das Ergebnis der Navigation wird durch die spezifizierten Multiplizitäten beeinflusst. Ist die Multiplizität 1, so wird ein Objekt, ansonsten wird eine Menge von Objekten geliefert. Das ist im obigen Beispiel bei Invariante i3 der Fall. Für die Menge der Teilnehmer wird eine Zusicherung getroffen, dass diese jeweils 10 umfasst. Das hätte man natürlich auch mit einer Multiplizitätsangabe spezfizieren können.

Als Besonderheit ist zu beachten, dass sich ein einzelnes Objekt genauso verhält, wie eine Menge, die nur aus dem Objekt besteht. So könnte man im obigen Beispiel auch self.ort->size() spezifizieren und würde dafür das Ergebnis 1 erhalten. Einzelne Objekte können also wie eine Sammlung angesehen werden.

Die Navigation und der Aufruf von Operationen erfolgt durch die Punkt-Notation. Für den Aufruf von Operationen auf Sammlungen steht auch die Pfeil-Notation (->) zur Verfügung.

Die mehrfache Navigation über mehrere Assoziationen liefert als Ergebnis eine Sammlung vom Typ Bag. Für das Beispiel von **Abbildung 2.171** ist das der Fall für die folgende Spezifikation.

```
context Lehrkraft
  inv: self.unterricht.teilnehmer->size()>5
```

Es handelt sich um den Typ Bag, da einzelne Teilnehmer mehrfach vorkommen können, denn ein Student kann ja an mehreren Lehrveranstaltungen teilnehmen. Ist eine Assoziation als {ordered} spezifiziert, dann erhält man bei der Navigation eine Sammlung vom Typ OrderedSet.

2.5.3 Operationen und Iteratoren

Um einige weitere Aspekte von OCL zu verdeutlichen, sei auf ein Beispiel aus der Spezifikation von UML zurückgegriffen, was in der **Abbildung 2.172** dargestellt ist.

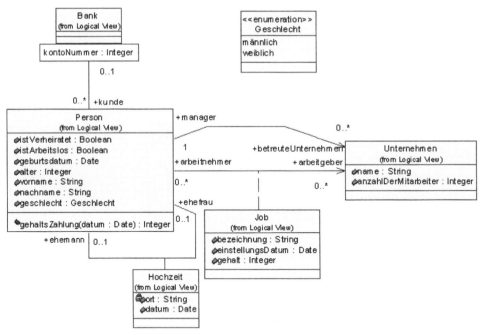

Abbildung 2.172 Klassendiagramm aus OCL-Spezifikation

Mit let-Ausdrücken kann man sich Zwischenwerte speichern, auf die man mehrfach zurückgreifen möchte.

```
context Person inv:
let einkommen: Integer = self.job.gehalt->sum() in
If istzArbeitslos then
    einkommen < 1000
else
    einkommen >= 100
endif
```

In dem den let-Ausdruck folgenden Ausdruck werden alle Vorkommen von einkommen, durch den vorher spezifizierten Ausdruck ersetzt. Die Definition ist nur lokal für einen Ausdruck gültig. Möchte man den Wert in mehreren Ausdrücken zur Verfügung haben, so besteht dafür die Möglichkeit der Nutzung von **def** an der Stelle von **let**, natürlich unter Vermeidung von **in**. Damit erfolgt eine selbstständige Definition.

Möchte man ausdrücken, dass verheiratete Personen mindestens 18 Jahre sein müssen, dann bietet sich die nachstehende Spezifikation an.

```
context Person inv:
    self.ehefrau->notEmpty() implies self.ehefrau.alter >= 18 and
    self.ehemann->notEmpty() implies self.ehemann.alter >= 18
```

Wenn ein Unternehmen mindestens 15 Mitarbeiter haben muss, dann ist es sinnvoll zu spezifizieren:

```
context Unternehmen inv:
     self.anzahlDerMitarbeiter > 15
```

Muss der Manager eines Unternehmens mindestens 30 Jahre alt sein, so ist dies spezifizierbar durch:

```
context Unternehmen inv:
     self.manager.alter >= 30
```

Der Manager ist auch in der Menge der Mitarbeiter enthalten

```
context Unternehmen inv:
     self.mitarbeiter-> includes(self.manager)
```

Auch Vor- und Nachbedingungen für Methoden können in OCL spezifiziert werden. Das geschieht unter Nutzung der Schlüsselworte **pre** und **post**.

```
context Person::gehaltsZahlung(datum: Date): Integer
   pre: istArbeitslos = false
   post: result > 2000
```

Möchte man in den Nachbedingungen auf Werte zurückgreifen, die vor der Ausführung der Operation für Attribute gültig waren, so kann dies durch die Angabe `@pre` nach dem Attributsnamen geschehen. Bei einer Operation `geburtstag()` kann man so in der Nachbedingung formulieren: `alter = alter@pre + 1`.

Bevor nun die vordefinierten Operationen vorgestellt werden, die auf alle Objekte angewendet werden können, sei eine Operation genannt, die auf Klassen arbeitet. Es handelt sich um die Operation `allInstances`. Sie liefert alle existierenden Objekte einer Klasse als Menge. Mit ihrer Hilfe und dem später noch genauer vorgestellten `forAll`, kann man festlegen, dass es keine zwei Personen mit gleichem Namen gibt.

```
context Person inv:
  Person.allInstanzes()->forAll( p1, p2 | p1 <> p2 implies p1.name<>p2.name)
```

Greift man sich aus der Menge der Personen zwei beliebige heraus, dann gilt: Wenn die Personen unterschiedlich sind, dann haben sie auch unterschiedliche Namen.

Vordefinierte Operationen auf allen Objekten

Mit den vordefinierten Operationen kann der Typ eines Objektes abgefragt werden. Dabei werden die in **Abbildung 2.168** dargestellten Typen und ihre Abhängigkeiten zugrunde gelegt.

Mit den Datentyp `OclAny` wird ein Typ bereitgestellt, von dem die meisten anderen Typen abgeleitet sind. Insbesondere sind alle Klassen, die in Diagrammen spezifiziert sind, auch gleichzeitig Datentypen, die für OCL-Spezifikationen zur Verfügung stehen. Ihr Supertyp ist `OclAny`. Für alle Datentypen sind die folgenden Operationen definiert:

```
type.name : String
type.attributes : Set(String)
type.associationEnds : Set(String)
type.operations : Set(String)
type.supertypes :Set(OclType)
type.allSupertypes : Set(OclType)
type.allInstances : Set(type)
```

Für alle von `OclAny` abgeleiteten Klassen stehen außerdem für die Objekte folgende Operationen zur Verfügung:

- `oclIsTypeOf( t: OclType) : Boolean`

Liefert **true**, wenn Objekt von dem genannten Typ t ist.

 context `Person` **inv:** `self.oclIsTypeOf( Person )`

                                                `-- liefert` **true**

- `oclIsKindOf( t: OclType): Boolean`

Liefert **true**, wenn Objekt von dem genannten Typ oder einem Obertyp ist.

- `oclInState( s: OclState): Boolean`

Gilt für modellierte Zustandsautomaten.

- `oclIsNew(): Booelan`

Liefert **true**, wenn Operation in der Nachbedingung einer Operation genutzt wird und das Objekt während der Auswertung der Vorbedingung noch nicht existierte.

- `oclAsType(t: OclType): instance of OCLType`

Führt eine Transformation (ein Casting) des Objekttyps auf den angegebenen Typ durch. `OclType` muss dabei eine Superklasse der aktuellen Klasse des Objektes sein.

 Sei `Person` eine Oberklasse von `Student` und `antje` eine Instanz der Klasse `Student`. Dann liefert `antje.oclAsType(Person)` ein Objekt der Klasse `Person`.

Für beliebige Objekte kann geprüft werden, ob sie gleich oder ungleich sind.

- `=(object: OclAny): Boolean`
- `<>(object: OclAny): Boolean`

Operationen auf den Basistypen Set, Bag und Sequence

In diesem Abschnitt werden kurz alle Operationen vorgestellt, die auf der Klasse `Collection` und damit auch auf den Unterklassen definiert sind. Sie sind damit auf alle Sammlungen anwendbar und somit die Basis für die Formulierung von komplexen Zusicherungen.

Operationen auf einer Collection

- `->size():Integer` – bestimmt die Anzahl der Elemente als Integer-Zahl

    `collection->size()` ist äquivalent zu

    `collection->iterate(elem; acc: Integer = 0 | acc + 1 )`

 context Unternehmen **inv**: self.arbeitnehmer -> size()>= 1

- `->isEmpty( ):Boolean` – Wenn kein Element in der Sammlung enthalten ist, dann liefert die Operation `true` und ansonsten `false`.

    `collection->isEmpty()` ist äquivalent zu

    `collection->size() = 0`

- `->notEmpty():Boolean` - Ist genau die Negation von `isEmpty`.

    `collection->notEmpty` ist äquivalent zu

    `collection->size() <> 0`

- `->sum( ): T` – Wenn die Elemente einer Collection eine Addition zulassen, dann liefert `sum` die Summe aller Elemente. `T` kann beispielsweise `Integer` oder `Real` sein.

    `collection->sum()` ist äquivalent zu

    `collection->iterate( elem; acc: T = 0 | acc + elem )`

Operationen auf einer Collection, bezogen auf ein Element

- `->count(object:OclAny):Integer` – Liefert die Anzahl der Vorkommen eines Elementes in einer `Collection`.

    `collection->count(object)` ist äquivalent zu

    `collection->iterate(elem; acc: Integer=0 | `**`if`**` elem=object `**`then`**` acc+1`
    `                                         `**`else`**` acc `**`endif`**`)`

- `->includes(object: OclAny):Boolean` – Liefert **true**, wenn ein gegebenes Element in der Collection enthalten ist. Ansonsten ist das Ergebnis **false**.

    `collection->includes(object)` ist äquivalent zu

    `collection->count(object) > 0`

- `->excludes(object: OclAny): Boolean` – Liefert **true**, wenn ein Element nicht in einer Sammlung enthalten ist. Ansonsten wird `false` geliefert. Die Operation stellt damit die Negation zu `includes` dar.

```
collection->excludes(object)
```
ist äquivalent zu
```
collection->count(oject) = 0 oder collection-> not includes(object)
```

- `->including(object: T): Collection(T)` – Liefert die Sammlung (je nach Ausgangstyp `Set`, `OrderedSet`, `Bag` oder `Sequence`) aus der gegebenen Sammlung, erweitert um die als Parameter gegebenen Objekte.

- `->excluding(object: T): Collection(T)` – Liefert die Sammlung (je nach Ausgangstyp `Set`, `OrderedSet`, `Bag` oder `Sequence`) aus der gegebenen Sammlung ohne die als Parameter gegebenen Objekte.

Operationen auf einer Collection, bezogen auf eine andere Sammlung

- `->includesAll( coll: Collection(T)): Boolean` – Liefert **true**, wenn alle Elemente von `coll` auch in der Sammlung enthalten sind, auf die die Operation angewendet wird. Ansonsten ist das Ergebnis **false**.

  ```
  collection->includesAll(coll)
  ```
  ist äquivalent zu
  ```
  coll->forAll( elem | collection->includes(elem))
  ```

- `->excludesALL( coll: Collection(T)): Boolean` – Liefert **true**, wenn kein Element von `coll` in der Sammlung enthalten ist, auf die die Operation angewendet wird. Ansonsten ist das Ergebnis **false**.

  - ```
    collection->excludesAll(coll)
    ```
    ist äquivalent zu
    ```
    c2->forAll(elem | collection->excludes(elem)).
    ```

- `->product(coll: Collection(T2)): Set( Tuple( first: T, second T2))` – Liefert das kartesische Produkt zwischen `self` und `coll`.

Operationen auf Set, bezogen auf einen Ausdruck

- `->select(expr: OclExpression): T` – Liefert die Sammlung (je nach Ausgangstyp `Set`, `Bag` oder `Sequence`) der Elemente, für die der gegebene Ausdruck **true** liefert.

- `->reject(expr: OclExpression): T` – Liefert die Sammlung (je nach Ausgangstyp `Set`, `Bag` oder `Sequence`) der Elemente, für die der gegebene Ausdruck nicht **true** liefert.

- `->collect(expr: OclExpression): Bag(T)` – Liefert einen `Bag` der Ergebnisse der Auswertung eines Ausdrucks auf alle Elemente der Sammlung.

  ```
  self.arbeitnehmer -> collect(geburtsDatum)
  ```
  liefert als `Bag` alle Geburtstage
  ```
  self.arbeitnehmer -> collect(alter>40)
  ```
  liefert als `Bag` eine Anzahl von **true** und **false**.

- `->exists(expr: OclExpression): Boolean` – Überprüft, ob mindestens ein Element die als Parameter übergebene Bedingung erfüllt. Ist das der Fall, dann wird **true** geliefert, ansonsten **false**.

  ```
  collection->exists(expr)
  ```
  ist äquivalent zu
  ```
  collection->iterate( elem; acc: Boolean = false | acc or expr )
  ```
  ```

- `->forAll(expr: OclExpression): Boolean` – Überprüft, ob alle Elemente die als Parameter übergebene Bedingung erfüllen. Ist das der Fall, dann wird **true** als Ergebnis geliefert, ansonsten **false**.

    `collection->forAll(expr)` ist äquivalent zu

    `collection->iterate(elem; acc: Boolean = `**true**` | acc and expr )`

- `->one(expr: OclExpression): Boolean` – Liefert **true**, wenn für genau ein Element der Sammlung der gegebene Ausdruck **true** liefert

    `collection->one(expr)` ist äquivalent zu

    `collection->select(expr)->size() = 1`

- `->any(expr: OclExpression): T` – Unter der Bedingung, dass mindestens ein Element existiert, für das der Ausdruck **true** liefert, wird von der Operation `any` ein beliebiges Element geliefert, für das der Ausdruck **true** ergibt.

- `->isUnique(expr: OclExpression): Boolean` – Liefert **true**, wenn der gegebene Ausdruck für alle Elemente einen unterschiedlichen Wert liefert, ansonsten **false**.

    `collection->isUnique(expr)` ist äquivalent zu

    `collection->forAll(v| collection->collect(expr)->count(v) =1)`

- `->sortedBy(expr: OclExpression):Sequence(T)` – Unter der Voraussetzung, dass eine Vergleichsoperation für die Werte der Ausdrücke existiert, liefert die Operation `sortedBy` eine `Sequence` aller Elemente der Sammlung.

    let `result = collection->sortedBy(expr),`

    dann gilt `result->includesAll(collection)`

    and `collection->includesAll(result) = `**true**

Operationen auf Set und Bag

Es seien s1 und s2 Variablen vom Typ `Set(T)` und b1 und b2 Variablen vom Typ `Bag(T)`.

- `->union( s:Set(T)):Set(T)` – Liefert die Vereinigung zweier Sets oder zweier Bags.

    `s1.union( s2 ): Set(T)`

    `b1.union( b2 ): Bag(T)`

- `->intersection( s:Set(T)):Set(T)` – Liefert den Durchschnitt zweier Sets oder zweier Bags.

    `s1.intersection( s2 ): Set(T)`

    `b1.intersection( b2 ) : Bag(T)`

- `-(s: Set(T)): Set(T)` – Liefert die Elemente, die nicht in der Menge s enthalten sind.

    `s1.-(s2): Set(T)`

    `b1.-(b2): Bag(T)`

- `flatten() : Set(T)` – Liefert die Menge oder den Bag einer strukturierten Menge oder eines strukturierten Bags.

```
        s1.flatten(): Set(T)
        b1.flatten(): Bag(T)
```

- `->asSequence(): Sequence(T)` – Konvertiert `Set` oder `Bag` in `Sequence`.

```
        b1.asSequence : Sequence( T )
```

Operationen auf Set und Sequence

- `->asBag(): Bag(T)` – Konvertiert `Set` oder `Sequence` in `Bag`.

Operationen auf Bag und Sequence

- `->asSet(): Set(T)` – Konvertiert `Bag` oder `Sequence` in `SOrdereet`.

Operationen auf Bag, Set und Sequence

- `->asOrderedSet(): OrderedSet(T)` – Konvertiert `Bag` oder `Sequence` in `OrderedSet`.

Operationen auf Sequence

- `->append(object: T): Sequence(T)` – Parameter (`Object`) wird an Folge (`Sequence`) angehängt.

- `->prepand(object: T): Sequence(T)` – Folge (`Sequence`) wird an Parameter (`Object`) angehängt.

- `->insertAt(index: Integer, obj: T): Sequence(T)` – Fügt das Objekt am Index ein.

- `->at(i:Integer): T` – Durch `at` mit einem Integer-Parameter wird das Element an der entsprechenden Stelle der `Sequence` geliefert.

- `->subSequence(unten: Integer, oben: Integer): Sequence(T)` – Liefert eine Teilfolge in den angegebenen Grenzen.

- `->first(): T` – Liefert das erste Element einer Folge.
  - `sequence->first()` ist äquivalent zu
    `sequence->at(1)`

- `->last():T` – Liefert das letzte Element einer Folge.
  - `sequence->last()` ist äquivalent zu
    `sequence->at(sequence->size() )`

Operationen auf OrderedSet

- `->append(obj: T): OrderedSet(T)` – Parameter (`obj`) wird an geordnete Menge angehängt.

- `->prepand(obj: T): OrderedSet(T)` – Geordnete Menge wird an Parameterobjekt angefügt.

- `->insertAt(index: Integer, obj: T): OrderedSet(T)` – Fügt das Objekt am Index ein.

- `->at(i:Integer): T` – Durch `at` mit einem Integer-Parameter wird das Element an der entsprechenden Stelle der `OrderedSet` geliefert.

- `->indexOf(obj: T): Integer` – Liefert den Index in der geordneten Menge.

- `->subOrderSet(unten: Integer, oben: Integer): OrderedSet(T)` – Liefert geordnete Teilmenge in den Grenzen von `unten` bis `oben`.

- `->first(): T` – Liefert das erste Element einer geordneten Menge.

  `geordnet->first()` ist äquivalent zu

  `geordnet->at(1)`

- `->last():T` – Liefert das letzte Element einer geordneten Menge.

  `geordnet->last()` ist äquivalent zu

  `geordnet->at(geordnet->size() )`

2.5.4 Abschlussbemerkungen

Um etwas Erfahrung beim Umgang mit OCL zu sammeln, bietet sich das Werkzeug USE von der Universität Bremen an /2.29/. Es ist in der Lage, aus Klassen Objekte zu erzeugen, Assoziationen als Beziehungen zu instanziieren und OCL-Ausdrücke auf der erzeugten Testumgebung auszuführen. Für das erzeugte Modell von Objekten und ihre Beziehungen kann OCL als Anfragesprache genutzt werden.

Auf Basis des Klassendiagramms von **Abbildung 2.172** können Objekte und ihre Beziehungen erzeugt werden und dann beispielsweise die Frage gestellt werden, welche Person mit Susi verheiratet ist.

Beispiele zur Nutzung von USE sind in der Projektdokumentation enthalten. Hinweise zur Nutzung von USE und ein Beispiel präsentieren wir auch in unserem Lehrbuch zur Softwareentwicklung im Kapitel 10 Werkzeuge /2.25/.

 Zusätzliche Informationen und Materialien werden auch auf den Internetseiten zu diesem Buch bereitgestellt.

3

Von der Analyse zur Implementierung

3 Von der Analyse zur Implementierung

3.1 Überblick

Dieses Kapitel widmet sich dem Entwicklungsprozess eines Softwareproduktes von der Analyse bis zur Implementierung. Dabei werden Grundprinzipien, Methoden und Techniken vorgestellt, die diesen Prozess unterstützen können. Aus der Vielfalt der vorhandenen Erfahrungen muss sich ein Entwicklungsteam diejenigen heraussuchen, die für das entsprechende Projektvorhaben Erfolg versprechend sind. Einige Methoden und Techniken sind als alternativ zu betrachten, andere können sich aber auch ergänzen.

Zunächst steht die Problematik der Analyse im Mittelpunkt, bevor auf den Entwurf und die Implementation etwas genauer eingegangen wird. Die Anforderungsanalyse ist für den Erfolg oder Misserfolg eines Projektes von ganz entscheidender Bedeutung. Hier werden die Weichen dafür gestellt, was in den folgenden Projektphasen realisiert wird. Anforderungen, die übersehen oder falsch aufgenommen werden, verursachen im späteren Verlauf der Projektentwicklung sehr große Aufwendungen.

Im Verlaufe des gesamten Kapitels erfolgt stets ein Seitenblick auf eine mögliche Werkzeugunterstützung der vorgestellten Methoden, die für die Akzeptanz beim praktischen Einsatz mehr und mehr an Bedeutung gewinnen. Zunächst aber noch einige einführende Bemerkungen zum gesamten Entwicklungsprozess.

Um den Prozess der Softwareentwicklung zu beschreiben, wurden Modelle, die so genannten Lebenszyklusmodelle, erarbeitet.

Definition 3.1   Softwarelebenszyklus

Der Softwarelebenszyklus ist die Menge der einzelnen Tätigkeiten, die während der Prozesse der Entwicklung und Anwendung von Software in einer vorgegebenen Reihenfolge ablaufen und sich technologisch bedingt oder bei veränderten Ausgangsbedingungen zyklisch wiederholen. Er ist in abgegrenzte Teilprozesse, die sogenannten Phasen unterteilt, um den Arbeitsablauf einer Aufgabenstellung arbeitsteilig inhaltlich, technologisch, leitungsmäßig und organisatorisch effektiv zu beherrschen.

Softwareentwicklung ist damit eine Folge von abgegrenzten Phasen. Jede Phase liefert ein abgeschlossenes Ergebnis. Der Übergang von einer Phase zur nächsten beginnt erst nach der Qualitätskontrolle der abzuschließenden Phase.

Der Grundzyklus der Softwareentwicklung lässt sich in folgende Phasen unterteilen:

- **Analysieren**

  Analyse des Basisprozesses

  Ergebnis: Aufgabenstellung zur Softwareentwicklung

- **Spezifizieren**

  Dokumentation der Funktionen des Softwareproduktes

  Ergebnis: funktionelle Spezifikation

- **Entwerfen**

  Dokumentation der Problemlösung

  Ergebnis: logische Gliederung der Funktionen und Daten (fachlicher Entwurf) und Ablaufstruktur (programmtechnischer Entwurf)

  Ergebnis: Entwurfsspezifikation

- **Implementieren**

  Codierung der Problemlösung in einer Programmiersprache, Übersetzen und Verbinden

  Ergebnis: lauffähiges Softwareprodukt

- **Testen**

  Verwendung von vorbereiteten Testmitteln, Testverfahren und Testdaten zum Vergleich von Soll- und Ist-Eigenschaften des Programms – Fehlerfindung

  Ergebnis: Fehlerprotokoll

- **Nutzen**

  Anwendung des Softwareproduktes, Nachweis des stabilen Dauerbetriebs, Nutzereinweisung.

  Ergebnis: laufendes Softwareprodukt

- **Warten**

  Änderung des fertigen Softwareproduktes zur weiteren Nutzbarkeit (Anpassung an neue Bedingungen, Mängelbeseitigung)

  Ergebnis: aktualisiertes Softwareprodukt (samt Spezifikationen).

Als man sich in den sechziger Jahren intensiver mit den Problemen der Entwicklung anwendungsfähiger Software beschäftigte, war man noch der Meinung, dass ein Problem nur lange genug analysiert werden muss, um zu einer vollständigen Anforderungsanalyse zu gelangen. Die Hauptprobleme wurden damals in einer nicht korrekt durchgeführten Analyse gesehen. Man legte das Augenmerk auf verbesserte Spezifikationen in diesem Bereich, ließ aber das Problem der Kommunikation zwischen Entwicklern und Anwendern außer Acht. Erst später erkannte man, dass Formulierungen von Anwendern das eine und ihre wirklichen Vorstellungen etwas anderes sein können. Formal zu beweisen, dass eine Implementation den Anforderungsdokumenten entspricht, reicht für eine erfolgreiche Zusammenarbeit nicht aus. Es bedarf auch einer ständigen Kommunikation mit dem Anwender und einer gleichzeitigen Revision der erarbeiteten Dokumente. Auch die Probleme der Wartung wurden damals noch völlig unterschätzt. Daher war das erste Lebenszyklusmodell zur Beschreibung der Softwareentwicklung noch linear.

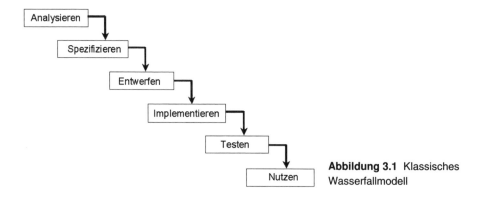

Abbildung 3.1 Klassisches Wasserfallmodell

Das Wasserfallmodell basiert auf den Vorstellungen eines geradlinigen Entwicklungsprozesses von der Analyse bis zur Nutzung. Die Geschichte zeigte jedoch, dass auch Projekte mit einer sehr gründlichen Analyse Probleme bei der Nutzung bekamen. Im Verlaufe der Projektentwicklung ergeben sich einerseits neue Erkenntnisse im Anwendungsgebiet, die bei der Analyse noch nicht berücksichtigt werden konnten. Andererseits entstehen bei der Analyse Kommunikationsprobleme zwischen Anwendern und Entwicklern, die erst zu Tage treten, wenn lauffähige Softwarebausteine vorhanden sind.

Aus diesem Grunde ist eine zyklische, evolutionäre Softwareentwicklung mit Präsentation von Prototypen notwendig. Diese Art der Vorgehensweise gestattet die schnelle Einbeziehung neuer Erkenntnisse und unterstützt ganz wesentlich die Kommunikation zwischen Auftraggebern, Anwendern und Entwicklern.

Die Zustimmung zu lauffähigen Prototypen sichert ein gemeinsames Verständnis des Anwendungsgebietes stärker als statische Spezifikationen in Form von Dokumenten. Das Rapid Prototyping hat sich daher als Erfolg versprechender Ansatz bei der Entwicklung von Software weitgehend durchgesetzt.

Definition 3.2   Rapid Prototyping

Unter dem Rapid Prototyping versteht man das schnelle (rapid) Erstellen eines lauffähigen Systems, das wesentliche Eigenschaften des endgültigen Softwaresystems besitzt.

Oft wird dieser Begriff mit dem partizipativen Prototyping gleichgesetzt, was nicht ganz korrekt ist. Unter partizipativem Prototyping versteht man die Einbeziehung des späteren Anwenders in die Systementwicklung, insbesondere bei der Gestaltung der Benutzungsschnittstelle. Daneben gibt es das explorative Prototyping, bei dem kritische Teilprobleme erkundet werden.

Definition 3.3   Partizipatives Prototyping

Die gemeinsame prototypische Gestaltung der Benutzungsoberfläche des zu entwickelnden Systems zusammen mit dem Anwender bezeichnet man als partizipatives Prototyping.

Definition 3.4   Exploratives Prototyping

Als erkundendes Prototyping bezeichnet man die Implementation von Software, die zur Überprüfung der technischen Machbarkeit kritischer Teile eines Systems dient.

Vor der Entwicklung eines Softwaresystems zum kooperativen Arbeiten wird man beispielsweise erst einmal einen Prototypen erstellen, der ein Byte zwischen zwei Orten überträgt. Von diesen Erfahrungen hängt dann die weitere Gestaltung des Softwaresystems ab. Wenn die Übertragung des einen Bytes bereits sehr zeitaufwändig ist, dann müssen prinzipiell neue Überlegungen angestellt werden.

Das Spiralmodell greift die Idee des Prototyping und des evolutionären Ansatzes auf. Es geht auf Barry W. Boehm /3.1/ zurück und wiederholt zyklisch die Projektabschnitte Planung, Risikoanalyse, Realisierung, Bewertung. Dabei sind auch diese Abschnitte nicht streng getrennt, sondern überlappend.

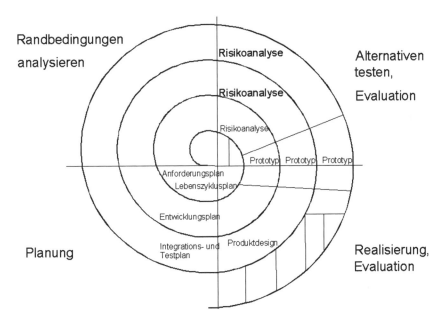

Abbildung 3.2 Spiralmodell nach Boehm

Eine Mischung aus Spiral- und Wasserfallmodell bietet der *Rational Unified Process* an. Verkürzt wird das Prozessmodell mit RUP bezeichnet. Es wurde im Zusammenhang mit der Entwicklung von UML in der Firma Rational entwickelt /3.22/. Er gliedert die Softwareentwicklung in 4 Phasen, die Konzeptionsphase (inception), die Spezifikations- oder Entwurfsphase (elaboration), die Konstruktionsphase (construction) und die Einführungsphase (transition). Dieses Modell entspricht dem Wasserfallmodell, allerdings wird vorgeschlagen, Spezifikationsphase und Einführungsphase zweimal zu durchlaufen. Für die Konstruktionsphase wird eine mehrfache Wiederholung vorgesehen. Damit wird speziell diese Phase nach einem Spiralmodell abgearbeitet. **Abbildung 3.3** gibt die Aufwandsverteilung für unterschiedliche Aktivitäten nach der RUP-Philosophie an.

RUP ist ein sehr detailliert ausgearbeitetes Prozessmodell für alle Phasen der Softwareentwicklung. Es beschreibt, wer (Rolle) was (Aktivität) unter Nutzung welcher Hilfsmittel (Tool) in welcher Reihenfolge (Workflow) mit welchem Ergebnis (Artefakt) macht.

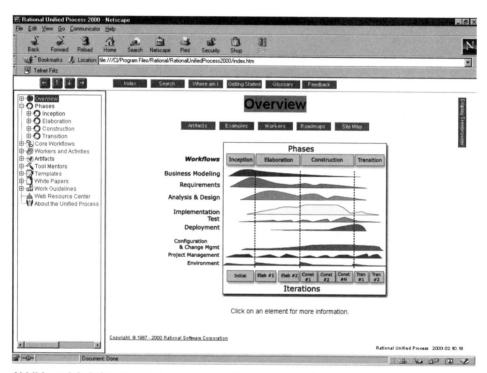

Abbildung 3.3 Aufwandsmodell entsprechend Rational Unified Process

Die Workflowspezifikationen sind in Form von speziellen Notationen von Aktivitätsdiagrammen beschrieben. Zu RUP gibt es eine auf eigene Belange konfigurierbare Werkzeugunterstützung, die den Entwicklern den Prozess genauer erläutert und Templates für Dokumente bereitstellt. **Abbildung 3.4** gibt einen Eindruck von der Präsentation der Informationen über einen Browser.

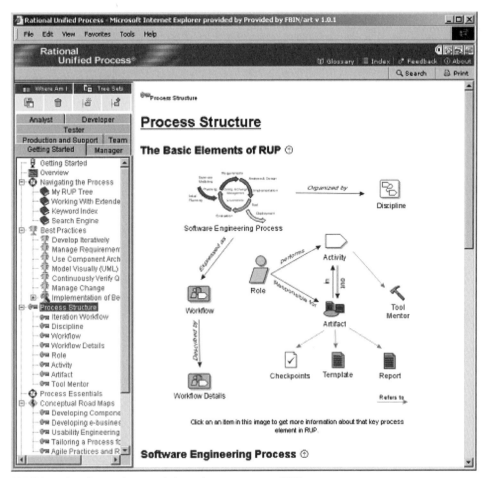

Abbildung 3.4 Screenshot vom Informationssystem zum RUP

In Deutschland ist für öffentliche Aufträge das V-Modell bindend. Ursprünglich entsprach es einer Variante des Wasserfallmodells, wobei der linke Schenkel des V die Projektentwicklung bis zur Implementation repräsentiert. Der rechte Schenkel entspricht den Test- oder Prüfungsaktivitäten der Ergebnisse der Entwicklungsphasen auf dem anderen Schenkel.

Die neue Version des V-Modells unterstützt einen evolutionären Ansatz, der detailliert festlegt, welche Aktivitäten in den einzelnen Phasen durchzuführen sind, wer die Verantwortung dafür hat und welche Werkzeuge genutzt werden. Die Verantwortlichkeiten sind in Form von Rollen definiert. Ein guter Überblick über das V-Modell kann in /3.2/ gefunden werden.

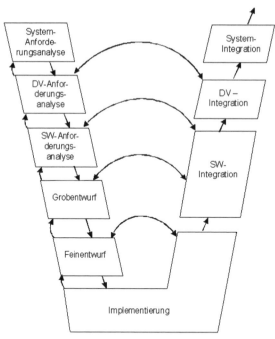

Abbildung 3.5 V-Modell

Ganz entscheidend für den Erfolg von Softwareentwicklern ist die Wiederverwendung von Softwareteilen. Ohne sie sind Projekte auf Dauer nicht mit ökonomischem Erfolg realisierbar. Die Wiederverwendung hat nicht nur den Vorteil, dass die bereits erarbeiteten Ergebnisse erneut genutzt werden können, sondern verringert die Fehlerwahrscheinlichkeit erheblich.

Oftmals müssen Projekte durch ein Reverse-Engineering für eine Wiederverwendung erst zugänglich gemacht werden.

Definition 3.5   Reverse-Engineering

Die Formulierung der Eigenschaften eines vorhandenen Systems auf abstraktem Niveau wird als Reverse-Engineering bezeichnet.

Damit erhält man beispielsweise auf der Basis von vorhandenem Quelltext Spezifikationen in Form von Klassendiagrammen oder Verhaltensspezifikationen, die zum Verständnis hilfreich sind. Diese Spezifikationen können der Ausgangspunkt für die Neugestaltung eines Systems sein, das als Forward-Engineering bezeichnet wird.

Definition 3.6   Forward-Engineering

Die Neugestaltung eines Systems auf der Basis abstrakter Spezifikationen bezeichnet man als Forward-Engineering.

Den gesamten Prozess der Analyse eines vorhandenen Systems und der Neugestaltung auf der Basis der gewonnenen abstrakten Beschreibung bezeichnet man als Re-Engineering.

Definition 3.7   Re-Engineering

> Das Reverse-Engineering und das darauf folgende Forward-Engineering werden zusammengenommen als Re-Engineering bezeichnet.

Das Re-Engineering hat immer mehr an Bedeutung gewonnen. Es werden kaum noch neue Anwendungssysteme entwickelt, für die es nicht schon bestehende Programmsysteme gibt. Mit der steigenden Komplexität von Softwaresystemen ist man darauf angewiesen, existierende Software in die Entwicklung einzubeziehen. Es ist nicht mehr möglich, Software immer vollständig neu zu entwickeln.

Für die Erfassung der Anforderungen für Projekte ist die Zusammenarbeit mit den Anwendern unumgänglich. Um festzustellen, ob wirklich die gleichen Vorstellungen von zukünftigen Arbeitsabläufen bestehen, bietet sich die Nutzung von Prototypen der Benutzungsoberfläche an. Diese können mit dem Computer gestaltet sein oder nur einfach skizziert auf Papier vorliegen.

Die Nutzung von Papier hat den Vorteil der Visualisierung der Vorläufigkeit von Ideen. Alle Beteiligten sind mehr geneigt, ihre Vorstellungen einzubringen. Zu perfekte Darstellungen haben etwas den Charakter des Endgültigen und sind eventuell sogar kontraproduktiv für neue Ideen.

Mit Hilfe der Benutzungsoberfläche lassen sich dann Anwendungsszenarien durchspielen, um neue Anforderungen zu ermitteln und um einen Konsens über die bestehenden Vorstellungen von zu entwickelnden Systemen zu erarbeiten. Nutzt man Karteikarten für die Darstellung der Benutzungsoberfläche, so kann analog zur CRC-Karten-Technik eine Sitzung des Entwicklungsteams gestaltet werden. Die Technik wird im folgenden Abschnitt kurz vorgestellt und es wird dem Leser überlassen, die dargestellte Methodik auf Fenster der Benutzungsoberfläche zu adaptieren.

3.2 Analyse

3.2.1 CRC-Karten

Die CRC-Karten-Technik /3.4/ wurde von Beck und Cunningham 1989 auf der Tagung OOPSLA vorgestellt. Die Buchstaben CRC stehen für Class, Responsibilites und Collaborations, sind aber auch die Initialen des Sohnes von Cunningham. Es handelt sich eigentlich um eine sehr einfache Technik, die aber in der Gruppenarbeit sehr erfolgreich ist. Die Grundidee besteht darin, für jede Klasse eine Karteikarte zu nutzen, auf der Verantwortlichkeiten und Beteiligte notiert werden. Die Karteikarte dient dazu, die Informationen aufzunehmen, die zu einer Klasse gesammelt werden. Sie ist gleichzeitig ein Hilfsmittel, um Objekte einer Klasse zu repräsentieren. Darauf soll aber etwas später noch genauer eingegangen werden. Zunächst werden einige Begriffe geklärt.

Definition 3.8   CRC-Karte

CRC-Karten sind Karteikarten mit dem Namen einer Klasse, ihren Verantwortlichkeiten und ihren Beziehungen.

Definition 3.9   Verantwortlichkeit

Die Menge der interpretierbaren Botschaften zusammen mit den dazu notwendigen Attributen wird als Verantwortlichkeit definiert.

Definition 3.10   Beteiligte

Klassen, die zur Ausführung einer Methode notwendig sind, werden als Beteiligte bezeichnet.

Verantwortlichkeiten sind in diesem Sinne hauptsächlich Methoden, die beschreiben, welche Aufgaben Objekte einer Klasse erfüllen. Die Attribute gehören auch dazu, spielen aber eine sekundäre Rolle. Trotzdem sollten sie mit notiert werden.

Über die Beteiligten wird die Beziehung (Collaboration) zum Restsystem modelliert. Sie repräsentieren Objekte, mit denen eine Kommunikation zur Erfüllung einer gestellten Aufgabe notwendig ist.

Für eine Klasse wird in einer Spalte einer Tabelle notiert, welche Nachrichten an die Klasse gesendet und durch entsprechende Methoden beantwortet werden. In der zweiten Spalte werden zu jeder Methode die Klassen notiert, zu deren Objekten bei der Abarbeitung ein Nachrichtenaustausch notwendig ist.

Im späteren Quelltext entspricht das einem Aufruf einer Methode der entsprechenden Klasse.

Es gibt einige Werkzeuge, die die Anwendung der CRC-Karten-Technik computergestützt ermöglichen. Sie können zum nachträglichen Protokollieren genutzt werden. In der Gruppenarbeit kann ein solches Werkzeug aber die Karteikarte nicht ersetzen. Die folgende **Abbildung 3.6** gibt einen Eindruck, wie eine Karte im System und natürlich auch auf dem Papier strukturiert ist.

Auf der Rückseite der Karteikarte ist die Klasse in Form eines Kommentars definiert. Im System ist das dann ein weiteres Fenster.

Die Gruppenarbeit zur Analyse von Anforderungen mit Hilfe der CRC-Kartentechnik wird wie folgt organisiert. In einer gemeinsamen Sitzung von Fachexperten und Softwareentwicklern wird an alle Beteiligten eine Menge von Karteikarten ausgeteilt. Für bestimmte Anwendungsfälle wird mit Fachexperten über die Notwendigkeit bestimmter Klassen diskutiert. Immer, wenn eine neue Klasse identifiziert wird, hat derjenige, der den Vorschlag eingebracht hat, eine Karteikarte auszufüllen. Im Verlaufe der gesamten Sitzung bleibt die Verantwortlichkeit bei ihm. Er hat die Aktualisierung am Wissenstand auf der Karte vorzunehmen.

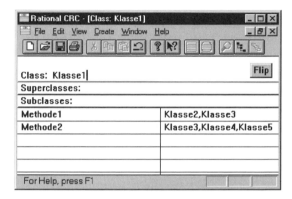

Abbildung 3.6 Aufbau einer Karteikarte

Ist die Diskussion zur Einführung neuer Klassen mit ihren Verantwortlichkeiten zu einem gewissen Zwischenergebnis gelangt, so ist der Zeitpunkt erreicht, um Anwendungsszenarien durchzuspielen.

Simulation der Objektkommunikation

Ein für einen Anwendungsfall typischer Anfang eines Szenarios wird festgelegt. Dabei erfolgt die Auswahl des ersten Objektes, welches der Empfänger der ersten Botschaft ist. Das ist der Anfang eines Sequenzdiagramms, das eventuell bereits spezifiziert wurde.

Das erste Objekt bekommt nun in Form einer Botschaft den Auftrag zur Erfüllung einer Aufgabe. Dazu sind ausreichend Informationen mitzuliefern. Das kann in Form von Parametern der Botschaft, aber auch verbal erfolgen.

Jetzt ist derjenige gefragt, der die Verantwortung für die Klasse des angesprochenen Objektes hat. Er hebt die Karte der Klasse hoch, schlüpft in die Rolle des entsprechenden Objektes und teilt mit, welche Serviceleistungen er von Objekten anderer Klassen benötigt, um auf die an das Objekt gerichtete Botschaft richtig reagieren zu können. Die jeweils verantwortlichen Personen für diese Objekte müssen sich äußern, ob der Service vollständig von dem entsprechenden Objekt erbracht werden kann oder ob es wiederum Serviceleistungen anderer Objekte bedarf. Dabei kann es durchaus vorkommen, dass Anforderungen an Objekte bestehen, für die die gleiche Person verantwortlich ist. Das ist aber unproblematisch. Auf die dargestellte Weise wird das Anwendungsszenario bis zum Ende durchgespielt. Die als notwendig erachteten Methoden werden auf den Karteikarten notiert, falls sie dort noch nicht vorhanden waren.

Bei dieser Art der Interaktion übernehmen Personen die Rollen der Objekte und simulieren das fertige System. Die Kommunikation der Objekte wird durch die Kommunikation zwischen Personen veranschaulicht.

Das Durchspielen eines Anwendungsszenarios läuft selbstverständlich nicht immer reibungslos ab. Es gibt Kritik zu Abläufen und Alternativen kommen in die Diskussion. Dabei muss um eine gemeinsam akzeptierte Lösung gerungen werden.

Alle Beteiligten erhalten dadurch eine gute Vorstellung von der Arbeitsweise des künftigen Systems und lernen in der Diskussion um die richtige Reaktion auf Botschaften die Vorstellungen der anderen Projektmitglieder kennen. Erst durch Offenlegen der unterschiedlichen Vorstellungen kann es zu einer Konsensbildung kommen.

Die Diskussion führt zur Identifizierung neuer Methoden und mitunter auch neuer Klassen, was protokollarisch auf den Karteikarten festgehalten wird. Am Ende der Sitzung liegt eine Menge von Klassen repräsentierende Karteikarten vor, die für Analysediagramme genutzt werden können. Im Werkzeug der Firma Rational sieht das dann wie in **Abbildung 3.7** dargestellt aus.

Die Karteikarten haben bei der CRC-Sitzung zwei Funktionen. Liegen sie auf dem Tisch, so repräsentieren sie Klassen. Sind sie hochgehalten, repräsentieren sie Objekte, deren Kommunikationsbeziehungen durch Personen simuliert werden. Diese Simulation trägt sehr zu einer Konsensbildung innerhalb der Projektgruppe bei.

Neben der Einarbeitung in die Problematik des Anwendungsgebietes ergibt sich durch die CRC-Karten-Technik ein positiver Nebeneffekt durch die Bildung eines gemeinsamen Teamgeistes. Viele Dinge werden mit dieser einfachen Technik der Karten wesentlich intensiver diskutiert als bei der Nutzung anderer Spezifikationsformen, die natürlich nicht entfallen sollen. Die CRC-Karten sind aber eine ergänzende Repräsentation des Wissens der Fachleute. Sie haben die Fähigkeit, alle Projektmitglieder zu integrieren. Bei anderen Spezifikationstechniken werden häufig Dinge, die nicht verstanden werden, trotzdem akzeptiert. Das ist hier nicht der Fall, da man sich nicht ausklammern kann.

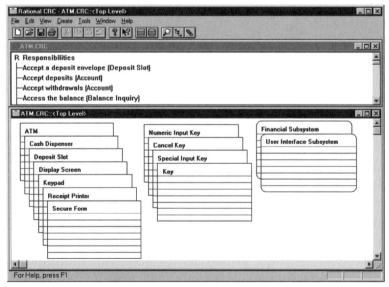

Abbildung 3.7 Ergebnisdarstellung eines Beispiels der Firma Rational

Das Ausprobieren dieser Technik kann nur ausdrücklich empfohlen werden. Aus zahlreichen Projektgruppen mit Studenten und Anwendern ist nur Positives zu berichten. Im schlimmsten Fall wäre der Verlust auch nur etwas versäumte Zeit. Man kann aber davon ausgehen, dass die Zeit mit der CRC-Karten-Technik keine vertane Zeit ist. Sie lässt sich sehr gut mit der Anwendungsfallanalyse verbinden, die im folgenden Abschnitt diskutiert wird.

3.2.2 Anwendungsfallanalyse

In den letzten Jahren hat die Idee der durch Anwendungsfälle getriebenen Softwareentwicklung immer mehr Anhänger gefunden. Sie ist sehr stark mit dem Namen von Jacobsen /3.7/ verbunden, der sie mit seinen Veröffentlichungen und mit dem System Objectory bekannt gemacht hat. Allerdings gibt es unterschiedliche Auslegungen des Begriffes Anwendungsfall und Unterschiede im Detail der Vorgehensweise. Auf diese Problematik wurde bereits in Kapitel 2 kurz eingegangen. Dort sind auch bereits die entsprechenden Begriffsfestlegungen getroffen, so dass hier nur noch eine Gesamtsicht auf das Problem diskutiert werden muss.

Stellvertretend für andere Vorgehensweisen wird hier die von Rosenberg /3.9/ wiedergegeben, die auch die Basis für eigene Modifikationen darstellen kann. Sie wurde gewählt, weil sie neben objektorientierten Spezifikationen auch die prototypische Entwicklung von Benutzungsoberflächen explizit erwähnt. Rosenberg unterscheidet insgesamt vier Etappen der Softwareentwicklung, die jeweils mit einem Meilenstein abgeschlossen werden.

Die erste Etappe beinhaltet die Analyse. Die zweite und dritte Etappe umfassen einen groben und einen detaillierten Entwurf (siehe Abschnitt 3.3.1) und die vierte Etappe betrifft die Implementierung (siehe Abschnitt 3.4.1). Hier ist zunächst nur die erste Etappe stichpunktartig charakterisiert.

1. Etappe
- Identifiziere Objekte aus der realen Welt mit ihren Generalisierungs- und Aggregationsbeziehungen.
- Erstelle einen Prototypen der Benutzungsschnittstelle oder sammle alle zugänglichen Informationen zu einem eventuell vorhandenen Altsystem.
- Identifiziere Anwendungsfälle und modelliere sie in Diagrammen.
- Teile die Anwendungsfälle in Gruppen auf und speichere diese in Form von Paketdiagrammen.
- Füge funktionale Anforderungen zu Anwendungsfällen und Problembereichsobjekten hinzu.

Meilenstein 1: Bericht über Anforderungen

Wie der als Meilenstein 1 charakterisierte Bericht der Anforderungsanalyse auch mit ganz anderen Formen der Spezifikation erstellt werden kann, dazu liefert der folgende Abschnitt ein Beispiel.

3.2.3 Modellbasierte Analyse

Die modellbasierte Softwareentwicklung ist eine Entwicklung der letzten Jahre. Ursprünglich auf die Entwicklung von aufgabenorientierten Benutzungsoberflächen gerichtet, ist sie nunmehr auch eine Basis für die Gesamtentwicklung interaktiver Systeme. Dieser modellbasierte Ansatz ermöglicht die Integration zweier Ansätze der aufgabenorientierten und der objektorientierten Softwareentwicklung.

Es sei bemerkt, dass auch für die objektorientierte Spezifikation in UML die Einstufung als modellbasiert erfolgt. Ursprünglich galt das nur für aufgabenorientierte Ansätze.

Als Basis sei hier die Vorstellung von Stary /3.7/ wiedergegeben. Dabei spielen die Begriffe Aufgabenmodell, Benutzermodell, Geschäftsobjektmodell und Interaktionsmodell eine entscheidende Rolle.

Definition 3.11   Aufgabenmodell

Die Beschreibung der statischen und dynamischen Organisation von Arbeit wird als Aufgabenmodell bezeichnet.

Die statischen Eigenschaften von Aufgaben werden im Allgemeinen durch hierarchische Modelle beschrieben, wobei die Hierarchie eine Teil-von-Beziehung darstellt. Dynamische Aspekte, die beschreiben, wann eine Aufgabe ausgeführt werden kann, werden durch temporale Beziehungen zwischen den Aufgaben oder durch Vorbedingungen bezogen auf die Geschäftsobjekte modelliert.

Zusätzlich werden

- Arbeitsgegenstände und Arbeitsmittel genutzt (Verbindung zum Geschäftsobjektmodell),
- Fertigkeiten und Fachwissen zur Aufgabenbewältigung in Form von Rollen spezifiziert (Verbindung zum Benutzermodell),
- Der Kontext spezifiziert, in dem die Aufgaben ablaufen (Verbindung zum Umgebungsmodell im Objektmodell),
- Die Geräte spezifiziert, auf denen die Aufgabenerledigung unterstützt werden soll (Verbindung zum Gerätemodell im Objektmodell),
- Interaktionsmedien festgelegt, welche die interaktive Kontrolle über Aufgaben erlauben (Verbindung zum Interaktionsmodell),

um eine detaillierte Spezifikation der Handlungen zu erhalten, für die ein Benutzer Unterstützung von der Software erwartet. Ein Beispiel wird weiter unten in **Abbildung 3.10** dargestellt.

Definition 3.12   Benutzermodell

Die Charakterisierung der Anwender durch Fähigkeiten in Bezug auf spezielle Aufgaben, ihre Einordnung in die Arbeitsorganisation, ihre Zugriffsrechte auf Informationen und ihre Vorlieben für Interaktionsmodalitäten bezeichnet man als Benutzermodell.

Definition 3.13   Geschäftsobjektmodell

Das Geschäftsmodell umfasst Objekte aus dem Anwendungsgebiet mit ihren Attributen, Methoden und Beziehungen sowie ihrem dynamischen Verhalten.

Arbeitsgegenstände und Arbeitsmittel leiten sich aus der Arbeitsorganisation ab (Verbindung zum Aufgabenmodell). Eigenschaften der Benutzer haben Einfluss auf die Strukturierung des Modells (Verbindung zum Benutzermodell). Bei den Geschäftsobjekten handelt es sich um eine Zusammenfassung von Daten und Funktionalität, die dem Benutzer in geeigneter Form zur Manipulation zur Verfügung gestellt werden muss (Verbindung zum Interaktionsmodell).

Definition 3.14   Arbeitsgegenstand

Ein Arbeitsgegenstand ist das Objekt, auf dem eine Aufgabe ausgeführt wird.

Die Ausführung einer Aufgabe auf einem Arbeitsgegenstand hat eine Veränderung des Zustandes des Objektes zur Folge.

Definition 3.15   Arbeitsmittel

Ein Arbeitsmittel, auch Werkzeug genannt, ist ein Objekt, das mit seinen Funktionen die Durchführung einer Aufgabe unterstützt.

Definition 3.16   Interaktionsmodell

Das Interaktionsmodell beschreibt die Struktur und das Verhalten interaktiver Elemente, ihre Fähigkeiten und Modalitäten.

Die Beziehungen der Modelle untereinander sind anschaulich in **Abbildung 3.8** dargestellt.

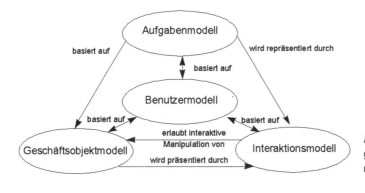

Abbildung 3.8 Beziehungen zwischen Teilmodellen nach Stary

Aufgaben haben eine enge Beziehung zu Zielen, die ein Nutzer verfolgt. Hier soll ein vereinfachtes Modell genutzt werden, bei dem einer Aufgabe genau ein Ziel zugeordnet ist, das mit der Erfüllung der Aufgabe erreicht werden soll. Dieses Ziel ist mit dem Zustand des Objektes verbunden, das der Aufgabe als Arbeitsgegenstand zugeordnet ist.

Beispiel 3.1   Ziele von Aufgaben

Aufgabe	→	Zustand
Putzen eines Auto	→	Auto sauber
Putzen einer Wohnung	→	Wohnung sauber
Putzen eines Rings	→	Ring glänzt
Kochen von Kartoffeln	→	Kartoffeln gar

Ein Arbeitsgegenstand ist sehr eng mit einer Aufgabe verbunden. Ohne ihn verliert die Aufgabe ihren Sinn.

Beispiel 3.2   Arbeitsgegenstände von Aufgaben

Aufgabe	→	Arbeitsgegenstand
Putzen eines Autos	→	Auto
Putzen einer Wohnung	→	Wohnung
Putzen eines Rings	→	Ring
Kochen von Kartoffeln	→	Kartoffeln

Ein Arbeitsmittel ist ein Objekt, welches die Durchführung einer Aufgabe unterstützt. Es kann ersetzt werden. Die Aufgabe behält durch den Austausch von Arbeitsmitteln ihren grundsätzlichen Charakter bei.

Beispiel 3.3   Arbeitsmittel von Aufgaben

Aufgabe	→	Arbeitsmittel
Putzen eines Autos	→	Schwamm oder Bürste; Eimer oder Schlauch
Putzen einer Wohnung	→	Staubsauger oder Besen oder Lappen
Putzen eines Rings	→	Tuch oder Bürste oder Reinigungsbad
Kochen von Kartoffeln	→	Gasherd oder Elektroherd oder Lagerfeuer

Zur Erledigung einer Aufgabe kann man mehrere Arbeitsmittel benutzen. Für das Putzen von Gegenständen sind mitunter alle genannten Arbeitsmittel gleichzeitig sinnvoll. Durch unterschiedliche Arbeitsmittel bleibt die Struktur einer Aufgabe unbeeinflusst. Die Reihenfolge der Durchführung von Teilaufgaben kann sich aber durchaus ändern.

Werkzeugunterstützung für modellbasierten Ansatz

In der Arbeitsgruppe Softwaretechnik der Universität Rostock wird bereits seit einigen Jahren an Methodiken und Werkzeugen zur aufgaben- und objektorientierten Entwicklung interaktiver System gearbeitet. Dabei entstand ein Editor zur Manipulation von Aufgabenmodellen nach der oben beschriebenen Methodik. Er ist angelehnt an das System ADEPT /3.23/ von Peter Johnson. Die zusätzliche Einteilung von Aufgaben in die Kategorien interaktiv, manuell, abstrakt oder als Systemfunktion wurde von CTT übernommen, was mit der Entwicklungsumgebung CTTE und dem Buch /3.24/ von Fabio Paterno recht bekannt wurde. **Abbildung 3.9** gibt einen Eindruck von der grafischen Repräsentation von Aufgaben.

Die Hierarchie der Aufgaben wird sowohl im linken als auch im rechten Teil durch den Editor präsentiert. Links ist nur die Hierarchie sichtbar, während rechts auch die temporalen Beziehungen zwischen Aufgaben visualisiert werden. An beiden Stellen ist die Ansicht von Unterbäumen interaktiv ein- bzw. ausschaltbar.

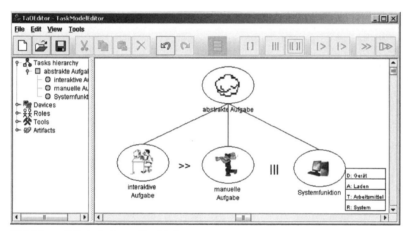

Abbildung 3.9 Aufgabeneditor TaO

Die Palette möglicher binärer temporaler Operatoren ist oben im Fenster sichtbar. Im Detail sind das die folgenden Operatoren:

```
>>        enabling
[ ]>>     enabling with information exchange
[ ]       choice
|||       independent concurrency
|[ ]|     concurrency with information exchange
[>        deactivation
|>        suspend resume
```

Die temporale Relation `enabling` wird genutzt, wenn die Beendigung der ersten Aufgabe die Voraussetzung zur Ausführung der zweiten Aufgabe darstellt. Erfolgt dabei ein Informationsaustausch, bei dem Daten von der ersten Aufgabe an die zweite Aufgabe weitergeleitet werden, so notiert man das durch zwei zusätzliche eckige Klammern. Mit `choice` besteht eine Auswahl zwischen den beiden in Relation bestehenden Aufgaben.

Ein `independent concurrency` liegt vor, wenn die Aufgaben gleichzeitig nebenläufig abgearbeitet werden können. Das wäre beispielsweise der Fall, wenn man die Aufgabe „Information beschaffen" zerlegt in „Zeitung lesen" und „Radio hören". Die meisten Menschen können das gleichzeitig erledigen. Ein Informationsaustausch ist ebenso denkbar, wenn man gerade im Radio gehörte Informationen auch in der Zeitung sucht und lesen möchte.

Bei Spezifikation der Relation `deactivation` kann die zweite Aufgabe die erste Aufgabe unterbrechen. Ein einfaches Beispiel ist dafür die Aufgabe zum Ausschalten eines Gerätes. Welche Aufgabe auch immer gerade auf dem Gerät ausgeführt wurde, sie wird unwiderruflich unterbrochen. Falls „`suspend resume`" spezifiziert wurde, so hat man das gleiche Verhalten, kann aber gegebenenfalls an der unterbrochenen Stelle wieder fortsetzen. Das wäre bei der Aktivierung einer Standby-Aufgabe denkbar. Zunächst wird die Arbeit unterbrochen, kann später aber wieder fortgeführt werden.

Einige für die Abarbeitung wichtige Eigenschaften sind direkt in der Aufgabe spezifiziert. Man könnte sie als unäre Relationen ansehen. Dabei handelt es sich um die Option (`opt.`), die Iteration (`*`) und die Instanziteration (`inst.*`). Eine Aufgabe ist optional, wenn sie nicht unbedingt ausgeführt werden muss. Sie ist iterativ, wenn sie mehrfach ausgeführt werden kann und man spricht von einer Instanziteration, wenn eine erneute Iteration erfolgen kann, ohne dass die erste beendet ist.

Ein anschauliches Beispiel dafür ist das Lesen einer Mail. Das ist sicher eine iterative Aufgabe, denn man möchte eventuell mehrere Mails lesen. Mitunter möchte man schon die nächste Mail lesen, ohne das Lesen der ersten zu beenden. Die Mailsysteme unterscheiden sich in dieser Hinsicht etwas. Einige erlauben nur die iterative Variante. Vor dem Lesen der nächsten Mail muss das aktuelle Fenster geschlossen werden. Viele unterstützen auch die Instanziteration, bei der mehrere Fenster von Mails gleichzeitig offen sein können. Im folgenden sehr vereinfachten Modell zum Organisieren eines Ladens im Internet (**Abbildung 3.10**) wurde versucht, ein anschauliches Beispiel zu finden. Aus Übersichtlichkeitsgründen ist auf alle manuellen Aufgaben und Systemfunktionen verzichtet. Nur die interaktiven Aufgaben wurden spezifiziert.

An der Wurzel des Baumes ist ersichtlich, dass zum Organisieren eines Ladens mindestens ein PC (<u>D</u>evice) notwendig ist. Bearbeitet wird ein Laden (<u>A</u>rtifact) unter Nutzung einer Datenbank (<u>T</u>ool). Ausführende sind Manager und Kunden (<u>R</u>oles).

In der ersten Hierarchieebene wird deutlich, dass zunächst ein Laden erzeugt werden muss, bevor eingekauft werden kann. Das Einkaufen kann wiederholt erfolgen, wird aber durch das Schließen des Ladens abgebrochen. Die Erfüllung der Aufgabe zum Einkaufen besteht zunächst aus der Suche, dann folgt ein optionales Prüfen und schließlich das Bestellen. Das Suchen und das Bestellen sind hier zunächst nicht weiter verfeinert. Später wird man sehen, dass das Bestellen sich in ein wirkliches Bestellen als Alternative (choice) zu einer Ablehnung des Angebotes verfeinert. Das gleiche Ergebnis hätte man natürlich mit auch mit einer optionalen Aufgabe `bestelle Produkt` erreicht.

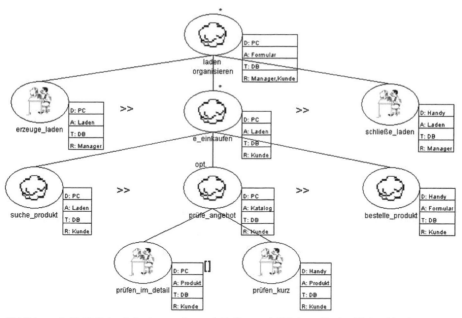

Abbildung 3.10 Teil der Aufgabenstruktur mit Rollen und Objekten für den Einkauf im Internet

Abbildung 3.11 gibt die vollständige Spezifikation des Aufgabenmodells als Screenshot ohne die Detailinformationen je Aufgabe wieder. Im linken Fenster wurde eine Auswahl so getroffen, dass alle Aufgaben eines Managers, die er auf einem Handy ausführen kann, hervorgehoben werden. Im Druck des Buches mag das nicht mehr sichtbar sein, da die Dimension der Farben fehlt. Nur die Aufgabe `schließe_laden` erfüllt diese Bedingung.

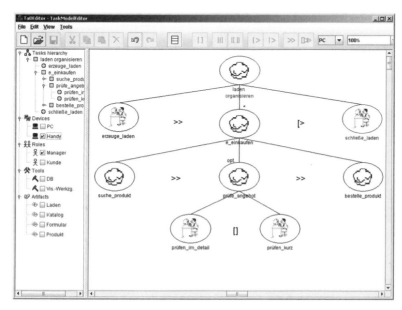

Abbildung 3.11
TaO-Editor mit
vollständiger
Aufgabenstruktur

Mit dieser besonderen Sicht auf die Aufgaben wird eine benutzerzentrierte Softwareentwicklung unterstützt. Die Aufgaben sind es nämlich, die durch interaktive Systeme unterstützt werden müssen. Es geht nicht darum, ein möglichst schön aussehendes Softwaresystem zu entwickeln, sondern es muss hauptsächlich den Bedürfnissen der Anwender angepasst sein.

Die Modelle haben den Vorteil, dass man sie animieren und so mit zukünftigen Anwendern Szenarien durchspielen kann.

Durch ein Aufgabenmodell sind alle möglichen Szenarien spezifizierbar. Schon unser Beispiel spezifiziert unendlich viele Szenarien. Damit haben Aufgabenmodelle einen sehr entscheidenden Vorteil gegenüber Sequenzdiagrammen.

Es ist daher sinnvoll, mit textuellen Anwendungsfallspezifikationen zu beginnen, dies durch spezielle Sequenzdiagramme zu untermauern und dann zu einem Aufgabenmodell zu spezialisieren (aus Sicht des Anwendungsfalls) bzw. zu verallgemeinern (aus Sicht der Sequenzdiagramme).

Aufgabenmodelle erfreuen sich besonderer Beliebtheit unter Experten zur Gestaltung der Benutzungsoberfläche. Sie haben das Potenzial, als Bindeglied zwischen Softwaretechnik und Softwareergonomie zu wirken, denn zukünftig muss erreicht werden, dass beide Gruppen von Entwicklern auf den gleichen Modellen der Anforderungsspezifikation aufbauen. **Abbildung 3.12** gibt einen Eindruck, wie ein patternbasierter Entwicklungsprozess aussehen kann. In diesem Buch wollen wir uns auf den oberen Teil des dargestellten Prozesses beschränken. Dem interessierten Leser sei aber mitgeteilt, dass bereits Werkzeuge zur Erzeugung der Benutzungsoberfläche existieren. Nähere Hinweise findet man auch auf der Webseite zu diesem Buch.

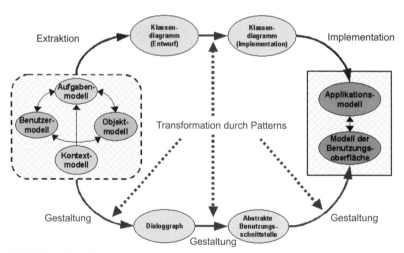

Abbildung 3.12 Ein patternbasierter Softwareentwicklungsprozess

Betrachten wir nun Extraktionsmöglichkeiten von Klassendiagrammen aus den beschriebenen Aufgabenmodellen. Folgender Methodik kann gefolgt werden.

- Arbeitsgegenstände und Arbeitsmittel werden auf Klassen abgebildet, die die Stereotypen <<artifact>> und <<tool>> haben.

- Zwischen Arbeitsgegenständen und Arbeitsmitteln, die der gleichen Aufgabe zugeordnet wurden, besteht eine Assoziation.

- Zwischen Arbeitsgegenständen benachbarter Hierarchieebenen bestehen Assoziationen.

- Die einem Arbeitsgegenstand zugeordnete Aufgabe wird zu einer Methode der entsprechenden Klasse.

Die genannten Schritte sind automatisierbar. Für das Beispiel des Ladens im Internet ergibt
sich das in **Abbildung 3.13** dargestellte Klassendiagramm.

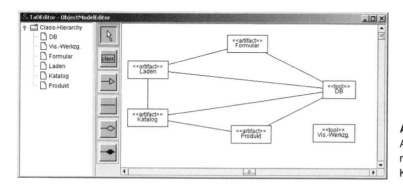

Abbildung 3.13
Aus Aufgaben-
modell extrahiertes
Klassendiagramm

Es ist in etwa nachzuvollziehen, wie aus dem Aufgabenmodell, das größtenteils in
Abbildung 3.10 dargestellt ist, das Klassendiagramm von **Abbildung 3.13** entstanden ist.

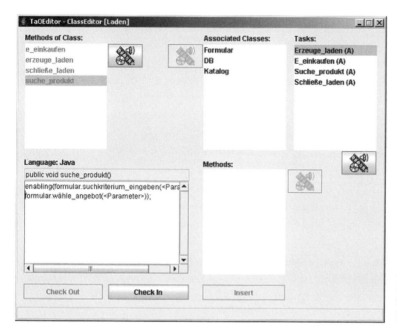

Abbildung 3.14
Extrahierte Informa-
tionen zur Klasse
Laden

Im Klasseneditor sind zu den einzelnen Klassen auch deren Methoden sichtbar. Die vier Methoden der Klasse Laden sind beispielsweise oben links in **Abbildung 3.14** sichtbar. Der Methodenkörper ist unten links dargestellt. Er ist zunächst mit Pseudocode gefüllt, der sich aus den temporalen Beziehungen der Unteraufgaben ergibt. Im Klasseneditor wird hier die Navigation zu Aufgaben im entsprechenden Modell ermöglicht (oben rechts). Von den Klassen, die eine Assoziationsbeziehung zur Klasse Laden haben (oben in der Mitte) können die entsprechenden Methoden angezeigt werden (unten in der Mitte), wenn eine Klasse ausgewählt wird. Der Aufruf einer Methode kann durch das Drücken des Knopfes Insert direkt in den Quelltext eingefügt werden.

Das Aufgabenmodell ist Basis für die Generierung des Klassendiagramms und gleichzeitig dient es zur Navigation über dem Objektmodell.

Geschäftsobjektmodell versus Problembereichsmodell

Stary hat an Stelle des Begriffes Geschäftsobjektmodell den Begriff Problembereichsmodell mit der oben gegebenen Definition benutzt. Das Problembereichsmodell soll hier etwas allgemeiner verstanden werden. Auch bereits spezifizierte Aufgaben, Dialoge und Implementierungen sind Modelle des Problembereichs. Daher wird es wie folgt definiert:

Definition 3.17   Problembereichsmodell

Das Problembereichsmodell ist die Menge aller Spezifikationen, die das Anwendungsgebiet modellieren.

Das Problembereichsmodell kann, muss aber nicht objektorientiert spezifiziert sein.

Inspiriert von der Aufgabenmodellierung (z.B. Johnson /3.8/), bei der zwischen einem momentanen (existing) und einem visionären (envisioned) Aufgabenmodell unterschieden wird, lag es auf der Hand, auch das Benutzermodell und das Problembereichsmodell daraufhin zu untersuchen, ob nicht jeweils zwischen einem existierenden und einem zukünftigen Modell unterschieden werden sollte. Dies erwies sich als richtig. Bei der Analyse einer Arbeitssituation ist stets zu untersuchen, ob die Charakterisierung der Aufgabe, des Benutzers und der Objekte auch in der zu gestaltenden Arbeitssituation noch richtig ist.

Die Charakterisierung der Fähigkeiten eines Anwenders hängt sehr von den Aufgaben ab, die er zu erledigen hat. Verändern sich die Aufgaben, so verändern sich auch seine Charakteristika. Der Experte für die Reparatur der Elektroanlage eines Autos muss nicht zwingend auch Experte für die Reparatur der Bremsen sein. Die Charakterisierung der Fähigkeiten hängt weiterhin sehr von der Verwendung der zu benutzenden Werkzeuge ab. Ein Experte für die manuelle Einstellung von Zündanlagen kann Schwierigkeiten bei der Einstellung der Zündung mit Hilfe elektronischer Geräte haben.

Auch Aufgaben verändern sich in Abhängigkeit von zur Verfügung stehenden Werkzeugen. Dabei hat das Werkzeug meist Einfluss auf den Detaillierungsgrad, eventuell ändern sich auch Reihenfolgen von Teilaufgaben, um ein Werkzeug effizient nutzen zu können.

Natürlich müssen Aufgaben auch an die Fähigkeiten der Benutzer angepasst werden. Wird eine neue Gruppe von Benutzern erwartet, ergibt sich eine Überarbeitung des Aufgabenmodells.

Das Gleiche gilt für die Objekte aus dem Geschäftsobjektmodell, die als Werkzeuge benutzt werden sollen. Sie müssen nach den Fähigkeiten der Benutzer und den Anforderungen der Aufgaben ausgewählt werden. Daraus ergibt sich, dass alle Modelle für die momentane Situation und für den zukünftigen Einsatzbereich spezifiziert werden müssen.

Unter Einbeziehung des Aspektes der Wiederverwendung beschreibt das folgende Modell die entsprechenden Zusammenhänge und die Vorgehensweise.

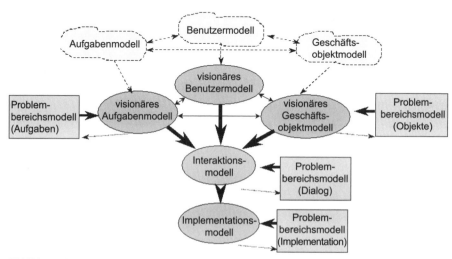

Abbildung 3.15 Detaillierte modellbasierte Softwareentwicklung

Ausgehend von der Analyse der existierenden Situation werden Aufgaben-, Benutzer- und Geschäftsobjektmodell erarbeitet. Basierend auf dieser Analyse erfolgt die Erstellung visionärer Modelle. Dabei werden eventuell bereits vorliegende Modelle integriert. Sie stammen aus vorangegangenen Projekten. Die visionären Modelle bilden die Grundlage des Interaktions- und des Implementierungsmodells. Bei beiden wird auch eine Wiederverwendung angestrebt.

Aufgaben- und Geschäftsobjektmodell werden gleichberechtigt entwickelt. Das Aufgabenmodell hat Priorität, wenn die Anforderungen an ein Softwaresystem mehr über die Aufgaben erschlossen werden sollen und dabei die Objekte analysiert werden, die zur Aufgabenerledigung notwendig sind.

Ist das Vorgehen durch die Geschäftsobjekte im Anwendungsbereich geprägt, so werden zunächst diese analysiert, um sekundär die Aufgaben zu modellieren, in denen sie genutzt werden.

Aufgabenmodellierung kann auch nach dem Prinzip der CRC-Karten-Technik unterstützt werden.

Dazu wird zu jeder Aufgabe eine Karteikarte angelegt, auf der folgende Informationen enthalten sind:

- Ziele, die erfüllt werden sollen,
- Teilaufgaben, die zu einer Aufgabe existieren,
- Beschreibung der Reihenfolge, in der Teilaufgaben ausgeführt werden können,
- Arbeitsgegenstände, die durch die Aufgabe bearbeitet werden sollen,
- Arbeitsmittel, die bei der Erfüllung einer Aufgabe Unterstützung leisten.

Gleichzeitig wird für jedes Objekt eine Karteikarte angelegt, wie bei CRC-Karten-Technik beschrieben.

Das Durchspielen von Szenarien kann dann analog zur CRC-Karten-Technik erfolgen. Dabei werden aber die Karten für Aufgaben und Objekte gleichzeitig vervollständigt. Erfolgt die Ausführung von Tätigkeiten (Aufgaben) auf einem Arbeitsgegenstand, so sind dies gleichzeitig Methoden der entsprechenden Klassen. Erwartet eine Aufgabe einen bestimmten Service eines Arbeitsmittels, so ist dieser auf der Karte des Arbeitsmittels als Methode zu vermerken. Der Service ist Kandidat für eine Teilaufgabe.

3.2.4 Geschäftsprozessanalyse

Die Geschäftsprozessanalyse ist ein Bereich, der aus den Wirtschaftswissenschaften stammt. Ursprünglich nur aus der Sicht der Organisation von Wirtschaftsunternehmen entwickelt, hat sie mit der immer stärkeren Automatisierung dieser Prozesse auch Eingang in die Informatik gefunden, wobei der Schwerpunkt in der Wirtschaftsinformatik liegt.

Bei der Modellierung von Geschäftsprozessen haben sich eigene Begriffe und Sprechweisen eingebürgert, von denen einige hier kurz erläutert werden sollen.

Definition 3.18   Geschäftsprozess

Ein Geschäftsprozess ist eine Zusammenfassung von fachlich zusammenhängenden Aktivitäten, die notwendig sind, um einen Geschäftsvorfall zu bearbeiten.

Ein Geschäftsprozess hat einen Kunden und erzeugt für diesen Ergebnisse von Wert. Die Menge der zielgerichteten Aktivitäten wird von Personen oder Maschinen ausgeführt. In der Regel tangiert ein Geschäftsprozess mehrere organisatorische Einheiten, die mit Abteilungen beschrieben werden können.

Definition 3.19   Geschäftsvorfall

Ein Geschäftsvorfall ist ein Exemplar (Instanz) eines Geschäftsprozesses.

Ein Geschäftsvorfall wird durch ein Ereignis ausgelöst und häufig durch ein Objekt begleitet, welches die Historie und den aktuellen Stand der Bearbeitung dokumentiert. Einige

Autoren identifizieren den Geschäftsvorfall daher mit diesem Objekt, was nicht ganz korrekt ist.

Definition 3.20   Aktivität

Eine Aktivität ist eine betriebliche Tätigkeit, die von Menschen oder Maschinen ausgeführt wird.

Eine Aktivität liefert nicht immer einen direkten Wert für einen Kunden.

Beispiel 3.4   Geschäftsprozess und Geschäftsvorfall

Die Bearbeitung eines Kreditantrages für den Bau eines Hauses von Privatpersonen durch eine Bank ist ein Geschäftsprozess. Er kann verkürzt durch die Aktivitäten „Entgegennahme der Unterlagen", „Prüfen der Unterlagen", „Prüfen der Liquidität des Kunden", „Prüfen des Bauobjektes" und „Ausstellen der Vertragsunterlagen" charakterisiert sein. Diese Aktivitäten werden durch verschiedene Abteilungen unterstützt. Nur die letzte Aktivität besitzt wirklichen Wert für den Kunden.

Der Kreditantrag der Familie Schulz zum Bau eines Einfamilienhauses in der Lindenstraße 22 ist ein Geschäftsvorfall. Er wird nach den Vorgaben des Geschäftsprozesses für den Bau eines Hauses von Privatpersonen bearbeitet.

Das Ziel der Geschäftprozessmodellierung besteht in der Beschreibung und eindeutigen Festlegung betrieblicher Abläufe. Bestimmte Bearbeitungsvorgänge, die automatisierbar sind, sollen identifiziert und das betriebliche Umfeld umgestaltet werden (Business Process Reengineering – BPR).

Sehr verbreitet haben sich die Ereignis-Prozess-Ketten von Scheer /3.12/ zur Modellierung von Geschäftsprozessen. Mit seinen Werkzeug ARIS unterstützt Scheer die betriebliche Modellierung nach folgender Architektur:

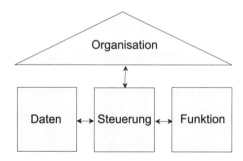

Abbildung 3.16 Modellorganisation nach Scheer

Die Ähnlichkeiten mit dem modellbasierten Ansatz sind offensichtlich. Die Daten entsprechen den Geschäftsobjekten, Steuerung und Funktion sind im Aufgabenmodell enthalten, auch Organisation und Benutzermodell haben ähnliche Bedeutung.

Der Begriff des Geschäftsprozesses kann mit Anwendungsfall beschrieben werden und ein Geschäftsvorfall ist ein Szenario. Damit können leicht Querverbindungen zwischen beiden Gebieten gezogen und Erkenntnisse von der einen Modellierung in der anderen genutzt werden. Transformationen wurden bereits im Kapitel 2 zu den Aktivitätsdiagrammen diskutiert.

3.3 Entwurf

Der Entwurf soll kurz aus der anwendungsfallorientierten Sicht beleuchtet werden. Größerer Raum wird dann der Modelltransformation und dem patternorientierten Ansatz eingeräumt.

3.3.1 Anwendungsfallorientierter Entwurf

Bezogen auf die Anwendungsfälle und auf Rosenberg /3.9/ kann der Entwurf wie folgt gegliedert werden.

2. Etappe

- Beschreibe den Hauptfluss der Aktionen jedes Anwendungsfalls und mögliche Erweiterungen. Nenne dabei auch Fehlerbedingungen.
- Führe eine Stabilitätsanalyse für jeden Anwendungsfall durch. Identifiziere dabei eine erste Menge von Objekten und vervollständige die notierten Szenarien. Benutze dazu die UML-Stereotypen Interface, Entity und Controller. Aktualisiere das Problembereichsmodell ständig durch neue Klassen, Objekte und Attribute.
- Beende die Überarbeitung des Klassendiagramms, so dass es die Analyse reflektiert.

Meilenstein 2: Erster Entwurfsbericht

3. Etappe

- Füge zu jedem Anwendungsfall Verhaltensbeschreibungen hinzu. Identifiziere dabei die Nachrichten, die zwischen Objekten ausgetauscht werden müssen. Benutze Sequenz-, Kollaborations- und Zustandsdiagramme.
- Aktualisiere das Klassendiagramm durch Attribute und Methoden, sobald sie festgestellt wurden.
- Beende die Modellierung des Klassendiagramms durch Hinzufügen detaillierter Entwurfsinformationen (z.B. sichtbare Attribute und Anwendung von Patterns).
- Validiere die Übereinstimmung des Entwurfes mit den Anforderungen.

Meilenstein 3: Detaillierter Entwurfsbericht

Nach Grob- und Feinentwurf sollte sich eine Stabilität in den Spezifikationen eingestellt haben. Der Problembereich sollte sorgfältig analysiert und spezifiziert worden sein.

Unter Etappe 3 wird nur kurz erwähnt, dass Entwurfsmuster (Patterns) in den Entwurf integriert werden sollten. Derartige Modelltransformationen oder auch Anwendungen von Entwurfsmustern sind aber durchaus komplizierter, als aus dieser kurzen Bemerkung ableitbar ist. Daher sollen sich die folgenden Abschnitte etwas ausführlicher dem Problem der Transformation von Modellen widmen. Auch der Nutzung von Entwurfsmustern wird eine etwas breitere Diskussion eingeräumt. Dabei wird auch das Konzept der patternorientierten Softwareentwicklung vorgestellt.

3.3.2 Von der Analyse zum Entwurf

Der fließende Übergang vom Objektmodell der Analyse zum Objektmodell der Implementation über das Objektmodell des Entwurfs wird als großer Vorteil angesehen. Die großen Bruchlinien anderer Entwicklungsmethoden sind wirklich überwunden. Mit einer Notation kann alles beschrieben werden.

Allerdings ist die Sicht eines einzigen Modells, das sich inkrementell erweitert, nicht ganz korrekt. Es sollte auch hier zwischen einem Analysemodell, einem Entwurfsmodell und einem Implementationsmodell unterschieden werden. Innerhalb jedes dieser Modelle sind noch verschiedene Versionen zu verwalten, um den Entwicklungsprozess nachvollziehen zu können.

Zur Verdeutlichung soll eine vereinfachte Form des Beispiels von Oestereich (/3.25/ S. 169) zur Modellierung eines Geschäftspartners und seiner Rollen dienen.

Geschäftspartner ist ein Oberbegriff für Kunde und Lieferant. Ein Geschäftspartner kann ein Unternehmen oder eine Privatperson sein. In Form eines Klassendiagramms kann dieser Sachverhalt wie folgt modelliert werden.

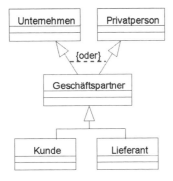

Abbildung 3.17 Analysemodell für Geschäftspartner

Dieses Modell wird als schlecht charakterisiert, da Mehrfachvererbung vorhanden ist und die Alternative von Programmiersprachen nicht unterstützt wird. Durch Aggregationsbeziehungen kann diese Mehrfachvererbung vermieden werden (siehe dazu auch Abschnitt 3.4.2). Die Klasse Geschäftspartner erbt dann nicht mehr die Methoden der Klassen

`Unternehmen` und `Privatperson`, sondern die aus ihr erzeugten Objekte haben Teilobjekte der genannten Klassen, welche die entsprechenden Methoden ausführen können. In der Klasse `Geschäftspartner` muss dann für jede dieser Methoden ein „Delegieren" der Botschaften erfolgen. Das geschieht durch Methoden, die den Methodenaufruf an das Teilobjekt weiterleiten. Für das Beispiel der Methode `zeige_Unternehmensadresse()` und `zeige_Privatadresse()` könnte das wie folgt im Quelltext aussehen. Dabei darf allerdings immer nur eins der Teilobjekte Unternehmen oder Privatperson wirklich existieren.

Beispiel 3.5 Quellcode zum Analysemodell

```
public class Geschäftspartner {
    public Unternehmen untern;
    public Privatperson person;

    Geschäftspartner() {
        ...
    }
    public void zeige_Unternehmensadresse(){
        untern.zeige_Unternehmensadresse()
    }
    public void zeige_Privatadresse() {
        person.zeige_Privatadresse()
    }
}
```

Als Klassendiagramm kann der gleiche Sachverhalt wie folgt modelliert werden.

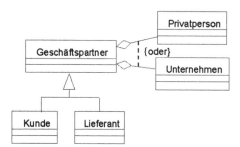

Abbildung 3.18 Modellierung von Geschäftspartnern durch Aggregation

In diesem Modell besteht ein Problem der Zuordnung von Objekten zu Kunden und Lieferanten. Ein Geschäftspartner ist nicht abwechselnd einmal Kunde und einmal Lieferant. Er kann beides gleichzeitig sein. Ein Objekt ist aber nicht gleichzeitig Objekt von zwei Klassen.

Als Lösung wird ein Rollenmodell gesehen, welches einem Geschäftspartner die Eigenschaften Kunde und Lieferant zuordnet. Eine Rolle ist in diesem Zusammenhang eine Sicht auf ein Objekt, die aber nicht von dem Objekt abhängt, sondern vom Betrachter bestimmt wird. Ob ein Unternehmen als Lieferant oder Kunde angesehen wird, ist nur von demjenigen abhängig, der diese Betrachtung anstellt. Aus Sicht von Unternehmen, die Material liefern, handelt es sich um einen Kunden. Aus Sicht der Käufer der Endprodukte ist es ein Lieferant. Eventuell kann auch beides vorliegen.

Für diese Art von Beziehungen eines Akteurs, der mehrere Rollen annehmen kann, gibt es bereits eine Musterlösung, das so genannte Akteur-Rollen-Muster (Actor-Role-Pattern). **Abbildung 3.19** stellt eine derartige Lösung vor, in der ein Geschäftspartner als Akteur mit verschiedenen Rollen definiert ist.

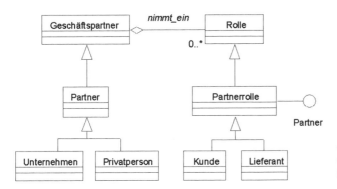

Abbildung 3.19 Modellierung eines Geschäftspartners über Rollen

Hier sind die Rollen mit Hilfe der Aggregationsbeziehung an den Geschäftspartner gebunden. Damit können mehrere Rollen gleichzeitig eingenommen werden, was ein großer Vorteil ist. Die Vererbungsbeziehung zu Unternehmen und Privatpersonen wurde umgedreht. Nicht der Geschäftspartner erbt die Eigenschaften von beiden Klassen, sondern diese sind Spezialfälle des Geschäftspartners. Die Schnittstelle, die durch Partner beschrieben ist, wird von beiden Klassen eingehalten. Daneben erfüllen auch alle Partnerrollen diese Schnittstelle.

Zweifellos hat das dritte Modell einige Vorteile gegenüber den anderen Modellen. Es aber als das beste Analysemodell zu bezeichnen, ist sicher falsch. Der analysierte Sachverhalt springt nämlich nicht unbedingt gleich ins Auge. Als Analysemodell ist **Abbildung 3.17** durchaus besser geeignet. **Abbildung 3.19** ist eine Verbesserung im Sinne des Entwurfes.

Für die Zukunft sind daher Werkzeuge wünschenswert, die Analyse- und Entwurfsmodelle in verschiedenen Versionen verwalten. Durch Anwendung von Transformationen sollte dann eine Weiterentwicklung der Modelle ermöglicht werden. **Abbildung 3.17** kann durch Anwendung des Akteur-Rolle-Musters, durch eine Metaoperation, die unter anderem eine Vererbungshierarchie umdreht, zu dem Modell von **Abbildung 3.19** umgewandelt werden. Damit wird ersichtlich, wie der Anwendungsbereich analysiert wurde und wie die weitere Entwicklung der Modelle aussieht.

3.3.3 Entwurfsmuster

Beim Design von Softwaresystemen ist man bestrebt, auf Erfahrungen anderer Entwickler zurückzugreifen. Die Idee der Nutzung von Musterlösungen liegt auf der Hand. Für das Gebiet der Softwarespezifikation haben Erich Gamma, Richard Helm, Ralph Johnson und John Vlissides, jetzt auch bekannt unter dem Namen „Gang of Four" (GoF), mit ihrem Buch /3.13/ den Weg zu Entwurfsmustern geöffnet und den Anfang für eine Vielzahl von

Veröffentlichungen getätigt. Sie haben einen Katalog von Entwurfsmustern zusammengestellt, der aus Erfahrungen guter objektorientierter Programme resultiert.

Beobachter

Der Beobachter gehört sicher mit zu den wichtigsten Entwurfsmustern, denn er ist in vielfältigen Anwendungen sinnvoll nutzbar. In Kapitel 2 wurde das Pattern am Beispiel eines elektronischen Uhrwerks mit verschiedenen Anzeigen vorgestellt. Die verschiedenen Displays melden sich beim Uhrwerk an und werden dann über Zustandsänderungen (neue Zeit) informiert.

Analog ist für das Beispiel des elektronischen Ladens im Internet, die Anwendung der Observer-Patterns auf den Katalog und die Datenbank vorzunehmen. Ein Katalog muss sich bei einer Datenbank anmelden und wird dann über Veränderungen in der Datenbank informiert. Bestellvorgänge führen so zu einer Aktualisierung der Angebote. Das betrifft die realen Verfügbarkeiten von Produkten.

Mit unserem Werkzeug für Rational Rose und der dafür verfügbaren Bibliothek von Design-Patterns wurde die Transformation einmal ausgeführt. Als Ergebnis ergibt sich das in **Abbildung 3.20** dargestellte Klassendiagramm. Die abstrakten Klassen sind nicht umbenannt. Die Methoden wurden so gelassen, wie sie in der Patternbibliothek bezeichnet sind, nämlich wie im Original in englischer Sprache. Es wird ersichtlich, wie aus dem extrahierten Klassendiagramm (**Abbildung 3.13**) ein neues Modell entstanden ist, das durch eine patterngesteuerte Transformation entsprechend **Abbildung 3.12** erzeugt wurde.

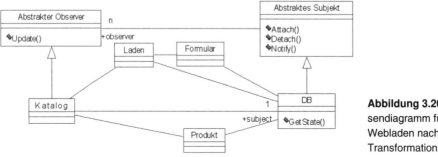

Abbildung 3.20 Klassendiagramm für Webladen nach Transformation

Klassenadapter

Der Begriff eines Adapters ist bereits aus dem alltäglichen Leben bekannt. Dort benötigt man ihn bei technischen Geräten, wenn ein Stecker nicht zu einer Buchse passt. Ein Adapter ermöglicht die Nutzung des Gerätes durch die Anpassung der beiden Schnittstellen.

Ein ähnliches Problem ergibt sich bei Software, wenn Schnittstellen nicht passen. Wir wollen uns hier auf ein Beispiel aus Forbrig und Kerner /2.25/ berufen, bei dem die Analyse von Ergebnissen eines Würfelspiels realisiert wird. Die Abspeicherung kann in einer Datenbank erfolgen. Es wird zunächst angenommen, dass man sich für die Nutzung einer

Datenbank eines Unternehmens aus dem englischsprachigen Raum entscheidet. Die Methoden der Datenbank werden natürlich häufig in der Software genutzt, da an den unterschiedlichsten Stellen gewürfelt wird und die Ergebnisdaten jeweils in der Datenbank gespeichert werden müssen.

(Im Anwendungsszenario sei dies auf die Methoden `Open()` und `Close()` reduziert.)

Nach gewisser Zeit meldet sich ein deutscher Anbieter, der eine Datenbank mit deutlich besseren technischen Werten und wesentlich günstigeren Nutzungskonditionen verkauft. Sie hat nur einen Nachteil, sie bietet eine etwas andere Schnittstelle an. Alle Methoden haben einen deutschen Namen. Im Beispiel seien dies die Methoden `oeffnen()` und `schliessen()`.

Man könnte nun den gesamten entwickelten Quellcode von Programmen durchforsten und auf die neue Schnittstelle anpassen. Das wäre aber sehr aufwendig und zusätzlich fehleranfällig. Günstiger ist die Nutzung eines Adapters, der die alte Schnittstelle an die neue anpasst.

Die in **Abbildung 3.21** dargestellte Softwarearchitektur könnte eine Lösung sein.

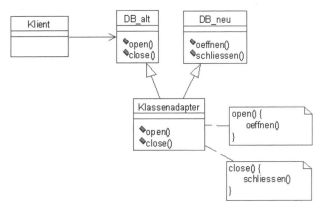

Abbildung 3.21 Klassenadapter

Die Lösungsidee besteht darin, dass eine Adapterklasse sowohl die Schnittstelle von der alten Datenbank als auch die von der neuen Datenbank erbt. Die Methoden der alten Schnittstelle werden neu implementiert, indem sie die entsprechenden neuen Methoden aufrufen.

Eine Implementation des Beispiels in Java ist zur Zeit nicht möglich, da Mehrfachvererbung nicht gestattet ist.

Eiffel und Python sind zwei Programmiersprachen, die eine Mehrfachvererbung unterstützen.

 Die Variante in der Notation von Python findet man auf den zum Buch gehörenden Internetseiten. Hier sei dieses Beispiel in Eiffel spezifiziert.

Zunächst sind die Klassen dargestellt, die zur Simulation der Datenbankschnittstelle genutzt werden.

```
class
    DB_ALT
create
    makeDBalt
feature -- Creation
    makeDBalt is do end
feature -- Implementation
    open is
        do
            io.put_string ("Aktivierung von Open");
            io.new_line;
        end

    close is
        do
            io.put_string ("Aktivierung von Close");
            io.new_line;
        end
end --class DB_ALT

class
    DB_NEU
create
    makeDBneu
feature -- Creation
    makeDBneu is do end
feature -- Implementation
    oeffnen is
        do
            io.put_string ("Aktivierung von Oeffen");
            io.new_line;
        end
    schliessen is
        do
            io.put_string ("Aktivierung von Schliessen");
            io.new_line;
        end
end --class DB_NEU
```

Zu den Klassen DB_ALT und DB_NEU dürften keine weiteren Bemerkungen notwendig sein. Auch ohne vertiefte Kenntnisse in Eiffel ist der Quelltext interpretierbar. Die bisherigen Klassen werden nur dazu genutzt, festzustellen, ob in den späteren Testfällen die richtigen Methoden aufgerufen werden. Als nächstes folgt nun die Klasse Klassenadapter.

```
class
    KLASSENADAPTER
inherit
    Db_alt
        redefine open, close end;
    DB_neu;
create
    makeAdapter
feature -- Creation
```

```
      makeAdapter is do end
   feature -- Implementation
      open  is do oeffnen() end
      close is do schliessen() end
   end --class KLASSENADAPTER
```

Der Klassenadapter erbt die Methoden beider Datenbanken und definiert die Methoden der alten Datenbank neu. Damit versteht ein Objekt der Klasse Klassenadapter alle Botschaften, die auch ein Objekt der Klasse DB_ALT versteht, es aktiviert aber die entsprechenden Methoden der neuen Datenbank.

Mit dem folgenden Testrahmen soll das noch einmal evaluiert werden.

```
   class
      KLIENT
   create
      make
   feature -- Initialization
      make is
         local dbAlt: DB_alt; dbNeu:DB_neu;
              adapter:Klassenadapter;
         do
            !!dbAlt.makeDBalt;
            !!dbNeu.makeDBneu;

            !!adapter.makeAdapter;

   -- Nutzung der alten Datenbank
            dbAlt.open();
            dbAlt.close();

   -- Nutzung der neuen Datenbank
            dbAlt:=adapter;
            dbAlt.open();
            dbAlt.close();
         end
   end -- class KLIENT
```

Im Testrahmen werden zunächst zwei Datenbankobjekte und ein Adapterobjekt erzeugt. Danach folgt ein Programmstück, welches die alte Datenbank nutzt. Anschließend übernimmt das Adapterobjekt die Rolle der alten Datenbank. Am Quelltext muss für die Klasse Adapter nichts geändert werden. Trotzdem wird nun mit der neuen Datenbank gearbeitet. Die Ausgaben, die durch das Testbeispiel erzeugt werden, bestätigen das, denn sie sehen wie folgt aus.

```
   Aktivierung von Open
   Aktivierung von Close
   Aktivierung von Oeffnen
   Aktivierung von Schliessen
```

Das Adapterobjekt ermöglicht es, den kompletten alten Quelltext zu nutzen. Es muss nur die Rolle der alten Datenbank übernehmen und alles funktioniert mit der neuen Datenbank.

Diese Idee eines Klassenadapters ist eine allgemeine Lösung, die als Entwurfsmuster propagiert wird. Das Klassenmodell für dieses Design Pattern sieht wie in **Abbildung 3.22** dargestellt aus.

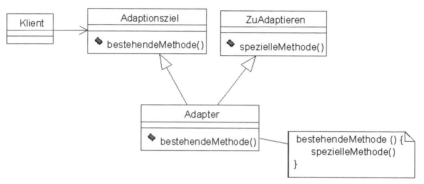

Abbildung 3.22 Klassendiagramm für Entwurfsmuster Klassenadapter

Die Klasse `Klient` repräsentiert den bestehenden Quelltext, der auf der Basis der zu adaptierenden Klasse entwickelt wurde.

Die Klasse `ZuAdaptieren` stellt die Schnittstelle bereit, die zu adaptieren ist.

Die Klasse `AdaptionsZiel` stellt die neue Schnittstelle bereit, auf die die zu adaptierende Schnittstelle abgestützt werden muss.

Die Klasse `Adapter` spezifiziert die Abbildung von der alten Schnittstelle auf die neue Schnittstelle. Im Klassendiagramm ist eine Abbildung einer Methode auf eine andere dargestellt. Die Adaption kann auch komplizierter sein, indem eine Methode durch Aufrufe mehrerer Methoden und durch zusätzlichen Quelltext neu implementiert wird.

Der Klassenadapter hat den Nachteil, dass Mehrfachvererbung notwendig ist und die wird von den meisten Programmiersprachen nicht bereitgestellt. Deshalb ist es gut, wenn ein Adapter auch ohne Mehrfachvererbung realisierbar ist. Der Objektadapter, der im folgenden Abschnitt diskutiert wird, ist ein derartiger Lösungsvorschlag.

Objektadapter

Die Mehrfachvererbung beim Klassenadapter war nur notwendig, um die Schnittstelle von zwei Klassen zu erben. Es reicht aber eigentlich, die Schnittstelle von einer Klasse zu erben und die Implementierung dann basierend auf Methoden eines Objektes zu realisieren, dass die neuen Methoden zur Verfügung stellt. Man kann also die Technik der Delegation nutzen. Damit ergibt sich das folgende Klassendiagramm.

Die Klasse Adapter nutzt bei der Implementierung die Möglichkeit, Nachrichten an ein Objekt zu senden, um dort die entsprechenden Methoden zu aktivieren. Das Objekt ist eine Instanz des Systems, was zukünftig genutzt werden soll. Es stellt die Schnittstelle bereit, auf die die bisherige Schnittstelle abgebildet werden muss.

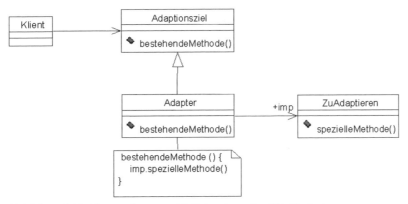

Abbildung 3.23 Klassendiagramm für Entwurfsmuster Objektadapter

Das folgende Programm zeigt die Anwendung dieses Entwurfsmusters für das Beispiel der Nutzung einer neuen Datenbank.

```java
public class DB_Alt {

    public void open(){
        System.out.println("Aktivierung von open");
    };

    public void close(){
        System.out.println("Aktivierung von close");
    }
}

public class DB_Neu {

    public void öffnen(){
        System.out.println("Aktivierung von öffnen");
    };

    public void schließen(){
        System.out.println("Aktivierung von schließen");
    }
}
```

Damit liegen die beiden Klassen vor, für die ein Objektadapter erstellt werden soll. Dieser nutzt ein Objekt der Klasse mit seiner Schnittstelle. Die neuen Methoden werden DB_Alt implementiert, indem jeweils eine Delegation an das Objekt der alten Klasse erfolgt.

```java
public class ObjektAdapter extends DB_Alt {

    private DB_Neu dB;

    ObjektAdapter(DB_Neu d) {
        dB = d;
    }

    public void open(){
        dB.öffnen();
    };
```

```
    public void close(){
        dB.schließen();
    };

    public void setDB(DB_Neu d){
        dB = d;
    }
}
```

Als Test wird mit einem Klienten gearbeitet, der analog zum Test beim Klassenadapter arbeitet.

```
public class Klient {

    public static void main(String[] args) {
        DB_Alt altDB = new DB_Alt();
        DB_Neu neuDB = new DB_Neu();
        ObjektAdapter oA = new ObjektAdapter(neuDB);

        System.out.println("Test der alten Datenbank");
        altDB.open();
        altDB.close();
        System.out.println();

        System.out.println("Test der alten Programme mit neuer DB");
        altDB = oA;
        altDB.open();
        altDB.close();
    }
}
```

Das Ergebnis entspricht natürlich den Ausschriften, die bereits beim Klassenadapter beobachtet werden konnten.

Kompositum

Das Entwurfsmuster Kompositum (Composite) beschreibt den Zusammenbau von Baumstrukturen in Form von Teil-Ganzes-Beziehungen von Objekten. Es ist als Strukturmuster charakterisiert, denn es liefert ein Schema zur Konstruktion komplexer Gebilde.

Das Kompositum ermöglicht die einheitliche Behandlung von einzelnen und von zusammengesetzten Objekten. Damit wird die Ausführung von Operationen auf den einzelnen Bestandteilen der Datenstruktur bei späteren Durchläufen erleichtert.

Komponenten können aus Teilkomponenten über die Methode hinzufügen() zusammengebaut werden. Mit entfernen() löst man einzelne Bestandteile auch wieder heraus. Auf allen Objekten, die durch das Entwurfsmuster Kompositum betroffen sind, kann die Methode operation() ausgeführt werden. Das ist sicher noch einmal besonders hervorzuheben.

Die Probleme der Adaption des Entwurfsmusters auf spezielle Umgebungsbedingungen und die daraus folgende Anwendung werden später im Abschnitt 3.4 „Unterstützung von Modelltransformationen" noch im Detail diskutiert. Dabei erfolgt auch eine Diskussion über Möglichkeiten der Werkzeugunterstützung.

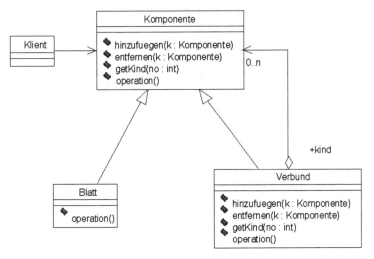

Abbildung 3.24 Kompositum

Abstrakte Fabrik

Üblicherweise verfügt eine Klasse über einen Konstruktor, der den Vorgang der Instanziierung übernimmt. Diese Operation wird dann in der Regel von einem Objekt aufgerufen, welches ein Objekt einer anderen Klasse nutzen möchte. Diese Vorgänge sind etwa folgender Art:

```
class Produkt {
    ...
}
class Klient {
    ...
    void operation(...) {
        produkt = new Produkt()
        ...
    }
}
```

In der Klasse `Klient` kann die Erzeugung von Objekten der Klasse `Produkt` in mehreren Methoden an den unterschiedlichsten Stellen erfolgen. Im obigen Quelltext ist das durch die Methode `operation()` symbolisiert.

Außerdem können natürlich auch noch in anderen Klassen Objekte durch `Produkt()` erzeugt werden. Die Klasse `Klient` ist nur Platzhalter für eine Vielzahl möglicher Klassen.

Will man nun die Produkt-Objekte nicht mehr durch die Klasse `Produkt`, sondern durch eine Klasse `ProduktNeu` erzeugen lassen, so muss der gesamte Quelltext durchsucht werden, um die Stellen zu finden, an denen Erzeugungen stattfinden.

Die zentrale Idee des Entwurfsmusters Fabrik ist es, die Erzeugung von Objekten zu externalisieren, d.h. an andere Objekte zu delegieren. Bei einer Fabrik wird der Vorgang der Objekterzeugung von einer Instanz einer ausschließlich zu diesem Zweck angelegten Klasse ausgeführt. Das ist die eigentliche Fabrik: eine Klasse, deren Objekte der Erzeugung dritter Objekte dienen.

```
public class Produkt {
    ...
}
public class Fabrik {
    Fabrik produkterzeuger = new Fabrik();
    Produkt erzeugeProdukt() {
        Produkt produkt = new Produkt()
        return produkt
}
class Klient {
    ...
    void operation(Produkterzeuger) {
        Produkt produkt = Produkterzeuger.erzeugeProdukt();
        ...
        produkt.mach()
        ...
    }
}
```

Schematisch ergibt sich der in **Abbildung 3.25** dargestellte Nachrichtenfluss. Ein Klient wendet sich an ein Objekt der Klasse Fabrik, um eine Produkterzeugung vorzunehmen. Dieses Objekt (hier produkterzeuger : Fabrik) wendet sich nun an eine ihm bekannte Klasse (hier Produkt) zur Erzeugung einer Instanz. Das Ergebnis dieses Vorganges (hier produkt : Produkt) wird dem Klienten (hier klient : Klient) mitgeteilt. Er erhält eine Referenz auf das erzeugte Produktobjekt und damit die Möglichkeit, diesem Nachrichten zu senden. Im angegebenen Beispiel hat die Klasse Produkt nur eine Methode mach(), daher kann auch nur die entsprechende Botschaft gesendet werden.

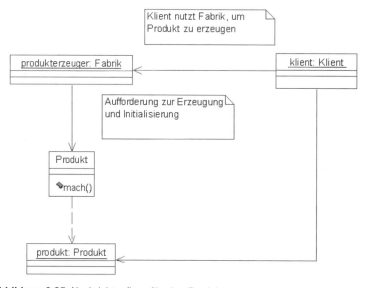

Abbildung 3.25 Nachrichtenfluss für eine Produkterzeugung

Abbildung 3.25 charakterisiert den Nachrichtenfluss vom Klienten zur Fabrik und von dieser zur Klasse `Produkt`. Die Klasse `Produkt` erzeugt dann nach Aufforderung ein Objekt. Das Ergebnis ist hier ein Objekt vom Typ `Produkt` mit dem Namen `produkt`, an das dann die Nachrichten vom Klienten geschickt werden, um bestimmte Methoden zu aktivieren (z.B. `mach()`).

Sequenzdiagramme sind geeignet, um den Nachrichtenfluss auf andere Art und Weise zu visualisieren.

Das Ergebnis ist in **Abbildung 3.26** zu sehen.

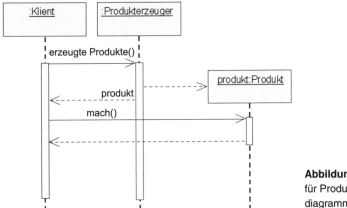

Abbildung 3.26 Nachrichtenfluss für Produkterzeugung als Sequenzdiagramm

Ein großer Vorteil dieses Vorgehens besteht darin, dass mehrere Fabriken angelegt werden können. Bei Bedarf kann dann ein passender Erzeugungsvorgang ausgewählt werden. Anwendungsobjekte (Klienten) nutzen letzten Endes Instanzen der konkreten Produkte. Fabrik-Objekte erzeugen konkrete Produkte.

Die Darstellungen von **Abbildung 3.25** und **Abbildung 3.26** geben zunächst einmal die Kernidee des Entwurfsmusters Abstrakte Fabrik wieder. Das ist jedoch noch nicht das vollständige Pattern, so wie es in der Literatur vorgeschlagen wird. Dieses enthält noch einige kleine Finessen um diese Idee herum, die der Austauschbarkeit der Fabriken dienen.

Im vollständigen Muster gibt es folgende Teilnehmer:

Abstrakte Fabrik: Schnittstellenklassen, d. h. Klassen, die bei der Deklaration von Methoden als Parametertyp benutzt werden. Abstrakte Fabriken geben Schnittstellen vor, die abgeleiteten Klassen dazu dienen, die eigentlichen Produkte zu erzeugen und zum Gebrauch vorzukonfigurieren.

Konkrete Fabrik: Instanzen dieser Klassen werden zur Laufzeit an Methoden übergeben, die Instanzen der Klasse abstrakte Fabrik erwarten. Konkrete Fabriken enthalten in der Regel kombinierte Methoden, die Objekte erzeugen und zum Gebrauch vorkonfigurieren.

Abstraktes Produkt: Die abstrakten Produkte stellen nur Schnittstellen für die eigentlichen, die konkreten Produkte dar.

Konkretes Produkt: Elemente, mit denen Anwendungsobjekte arbeiten. Die Erzeugung und Initialisierung konkreter Produkte wird in eine spezielle Einheit verlagert, die eine konkrete Fabrik darstellt.

Die generelle Idee des Entwurfsmusters Fabrik ist in **Abbildung 3.27** dargestellt. Dabei sind symbolisch zwei Fabriken, zwei abstrakte Produkte und jeweils zwei konkrete Produkte dargestellt. Die Anzahl der Klassen kann variieren. Das Diagramm zeigt eine generische Lösung, die an den konkreten Kontext der Anwendung angepasst werden muss.

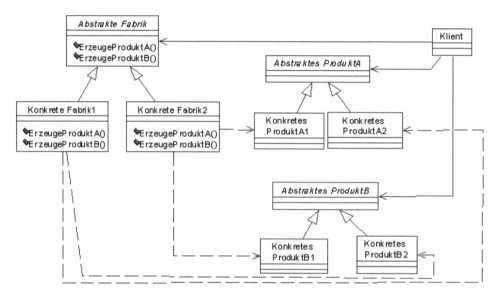

Abbildung 3.27 Entwurfsmuster für eine abstrakte Fabrik

Nachfolgendes Programm soll diese Vorgehensweise am Beispiel der Erzeugung unterschiedlicher Arten von Würfeln demonstrieren. Das Klassendiagramm mit den Hauptideen ist in **Abbildung 3.28** dargestellt.

Es gibt eine `Abstrakte WürfelFabrik`, die durch drei verschiedene konkrete Würfelfabriken spezialisiert wird. Jede Fabrik erzeugt zwei verschiedene Würfel, die mit A und B bezeichnet werden. Sie repräsentieren die verschiedenen Produkte, die erzeugt werden können. Die Schnittstellen, die diese Produkte erfüllen müssen, sind in abstrakten Klassen beschrieben.

Die Klasse `WürfelFabrik1` erzeugt Würfel, die ihre Werte als Balken darstellen, `Würfel-Fabrik2` liefert Würfel mit Punktdarstellung und `WürfelFabrik3` generiert Würfel mit Textdarstellung.

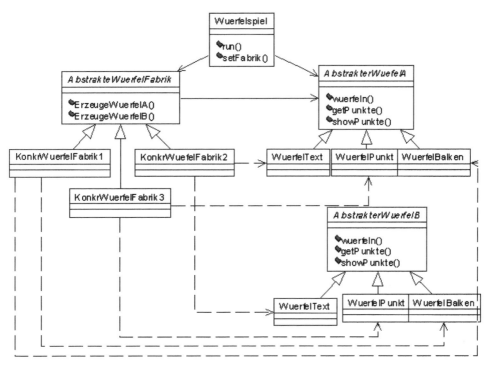

Abbildung 3.28 Klassendiagramm für Würfelfabrik

 Im Programm `Wuerfelfabrik.py`, das in seiner vollständigen Form auf den Internetseiten zu diesem Buch verfügbar ist, wird diese Idee in Python umgesetzt.

Besucher

Das Entwurfsmuster Besucher (Visitor) dient zur Kapselung der auszuführenden Operationen auf Objekten in einer Objektstruktur in einem separaten Objekt. Dadurch wird es möglich, nachträglich neue Operationen festzulegen, ohne die Klasse der zu bearbeitenden Objekte zu verändern. Es handelt sich um ein Verhaltensmuster.

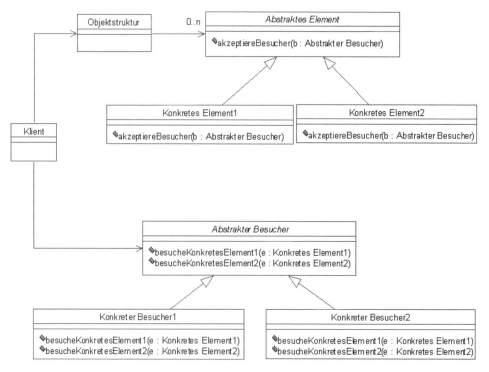

Abbildung 3.29 Klassendiagramm für das Entwurfsmuster Besucher

Von den Elementen wird erwartet, dass sie eine Schnittstelle bereitstellen, die den Besuch eines Besuchers akzeptiert. Das nachfolgende Sequenzdiagramm gibt die wichtigsten Teile der Kommunikation wieder. Es wird vereinfacht angenommen, dass die Objektstruktur nur aus einem Element besteht.

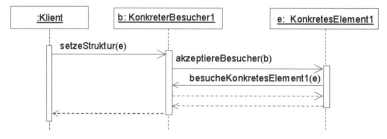

Abbildung 3.30 Sequenzdiagramm für Besucher

Beim Akzeptieren eines Besuchers sendet das Objekt eine Nachricht an den Besucher zum Besuchen eines Elementes, wobei sich das Element gleich selbst als Parameter übergibt. Damit kann in der entsprechenden Methode dann ein Algorithmus aktiviert werden, der im Besucher abläuft, aber die Daten des besuchten Elementes nutzt.

Nachfolgend soll die Idee kurz an einem Beispiel erläutert werden. Für Fahrzeuge speichert man nicht den aktuellen Preis, sondern überlässt die Preisberechung einem Besucher. Damit können einfach neue Preise für Sonderaktionen festgelegt werden.

Nachfolgend gehen wir nur von Sommer- und Winterpreisen aus.

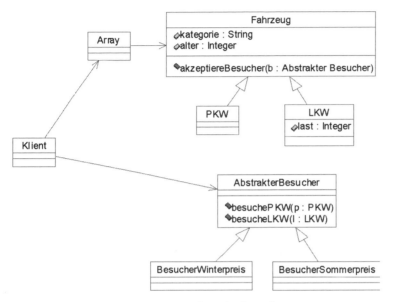

Abbildung 3.31 Beispiel für die Anwendung des Besucherpatterns

Nun wollen wir eine Anwendung programmieren, die diese Nutzung des Besucherpatterns realisiert. Zusätzlich wird nur noch ein Attribut für den Namen der Fahrzeuge eingeführt. Zunächst seien die Klassen Fahrzeug und LKW in Java angegeben.

```java
public class Fahrzeug {
    public String name;
    public String kategorie;
    public int alter;

    public int getAlter(){
        return alter;
    }

    public void akzeptiereBesucher(AbstrakterBesucher b){
    }
}

public class LKW extends Fahrzeug {

    LKW(String nam, String kat, int alt, int las){
        name = nam;
        kategorie = kat;
        alter = alt;
        last = las;
    }
```

```
        public int last;

        public int getLast(){
            return last;
        }

        public void akzeptiereBesucher(AbstrakterBesucher b){
            b.besucheLKW( this );
        }
    }
```

Auf die Angabe der Klasse PKW kann man hier sicher verzichten. Sie unterscheidet sich kaum von der Klasse LKW. Die Besucherklassen seien aber vollständig aufgezeigt. Die Berechnung der Preise ist ein rein fiktiver Algorithmus und kann natürlich beliebig verändert werden. Auch die Ausgabe der Informationen soll hier nur abstrakt das Wirken des Besucherpatterns demonstrieren.

```
    public class AbstrakterBesucher {
        public void besuchePKW( PKW p){
        }
        public void  besucheLKW( LKW l){
        }
    }
    public class BesucherSommerpreis extends AbstrakterBesucher {
        public void besuchePKW( PKW p){
            System.out.println(p.name +  (3000+10000 - (p.getAlter()*500)));
        }

        public void besucheLKW( LKW l){
            System.out.println(l.name+
                (6000 + 20000 - (l.getAlter()*500)+l.getLast()));
        }
    }

    public class BesucherWinterpreis extends AbstrakterBesucher {
        public void besuchePKW( PKW p){
            System.out.println( p.name+(10000-(p.getAlter()*500)- 3000));
        }

        public void besucheLKW( LKW l){
            System.out.println( l.name +
                (30000 - (l.getAlter()*500)+ l.getLast() - 6000)) ;
        }
    }
```

In der folgenden Klasse Klient werden Testdaten zusammengestellt. Über die Objektstruktur, die in Form eines Feldes vorliegt, werden zwei Besucher geschickt. Sie bringen die Operation zur Berechnung der Preise mit. Die Objekte selbst haben nur eine Methode zum Empfangen von Besuchern

```
    public class Klient {
        public static void main(String[] args) {
            int anz = 3;
            Fahrzeug[] feld = new Fahrzeug[anz];
            BesucherSommerpreis s = new BesucherSommerpreis();
            BesucherWinterpreis w = new BesucherWinterpreis();
```

```
    feld[0] = new PKW("BMW ", "1", 2);
    feld[1] = new LKW("GO  ", "2", 3, 9000);
    feld[2] = new PKW("MB  ", "3", 4);

    System.out.println("Sommerpreistabelle");
    for (int i = 0; i<anz; i++){
        feld[i].akzeptiereBesucher(s);
    }
    System.out.println();
    System.out.println("Winterpreistabelle");
    for (int i = 0; i<anz; i++){
        feld[i].akzeptiereBesucher(w);
    }
}
}
```

Bei der Abarbeitung des Testbeispiels kommt es zu der nachfolgenden Ausgabe, bei der die Wirkung des Besucherpatterns deutlich wird. Die Besucher sind wirklich in der Lage, den Objekten nachträglich Funktionalität zuzuordnen, die ursprünglich gar nicht vorhanden war.

```
Sommerpreistabelle
BMW 12000
GO  33500
MB  11000

Winterpreistabelle
BMW 6000
GO  31500
MB  5000
```

Aufgabe

3.1 Verändern Sie die Operationen der Beobachter so, dass die Preise auch von der Kategorie des jeweiligen Fahrzeugtyps abhängig sind. Führen Sie mit Ihrer Lösung einen Test durch.

3.3.4 Unterstützung der Modelltransformationen

In Abschnitt 3.3.3 wurde die Notation von Entwurfsmustern in Klassendiagrammen bereits präsentiert und am Beispiel eines Beobachters vorgestellt. In der vorangegangenen Diskussionen wurden einige weitere Beispiele geliefert. Dieser Abschnitt setzt diese Kenntnis voraus und diskutiert die Anwendung von Mustern auf bestehende Modelle sowie die Notwendigkeit der Kombination von Entwurfsmustern.

Zunächst sei dazu noch einmal auf die Problematik der Wiederverwendung eingegangen. Dazu ist bei objektorientierten Spezifikationen ein wichtiges Mittel vorhanden, die Vererbung. Sie ist geeignet, Eigenschaften einer Klasse in Form von Attributen und Methoden einer anderen Klasse zur Wiederverwendung zur Verfügung zu stellen. Die Vererbung scheitert aber, wenn ganze Klassenstrukturen, wie eine Vererbungsbeziehung zwischen zwei Klassen, wieder verwendet werden sollen.

Beispiel 3.6 Wiederverwendung einer Vererbungshierarchie

Gegeben sei einer Vererbungsbeziehung zwischen einer Ober- und Unterklasse. Als Methoden werden mO() und mU() angenommen.

Abbildung 3.32 Einfache Vererbungsbeziehung

Die in **Abbildung 3.32** dargestellte Information soll für zwei neue Klassen Neue Oberklasse und Neue Unterklasse wieder verwendet werden. Beide haben bereits jeweils die Methoden mNO() und mNU().

Abbildung 3.33 zeigt die beiden Klassen, auf die das alte Wissen übertragen werden soll.

Abbildung 3.33 Klassen, die Wiederverwendung nutzen sollen

Die erste Idee könnte lauten, dass die neue Oberklasse von der alten Oberklasse und gleichzeitig die neue Unterklasse von der alten Unterklasse erbt. Damit ergibt sich das folgende Klassendiagramm.

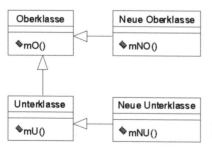

Abbildung 3.34 Klassendiagramm mit Versuch der Wiederverwendung

Diese Lösung liegt schon nahe an den Vorstellungen, die man sich als Softwareentwickler vorstellt.

Allerdings besitzt die `Neue Unterklasse` nicht die Methode `mNO()`, wie es bei der Vorlage der Fall ist. Das Konzept der Polymorphie ist auch nicht vollständig anwendbar. Objekte, die aus „`Neue Unterlasse`" erzeugt werden, können zwar Variablen der Klassen „`Oberklasse`" und „`Unterklasse`" zugewiesen werden, nicht aber denen von „`Neue Oberklasse`". Ähnliche Probleme treten auf, wenn Assoziationen zwischen Klassen wieder verwendet werden sollten. Die einfache Vererbung ist damit keine Lösung. Notwendig ist eine Lösung, wie sie in **Abbildung 3.35** dargestellt ist.

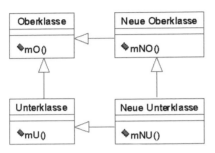

Abbildung 3.35 Wiederverwendung durch Mehrfachvererbung

Hier besteht der Nachteil, dass Mehrfachvererbung genutzt werden muss. Diese wird von vielen Programmiersprachen nicht unterstützt und ist damit vielfach nicht wirklich eine Lösung. Außerdem werden zu mächtige Kanonen aufgestellt, um ein eigentlich einfaches Problem zu lösen.

Das Problem ruft geradezu nach einem neuen Lösungsvorschlag, der mit dem patternorientierten Programmiermodell erarbeitet wurde. **Abbildung 3.36** zeigt die prinzipielle Vorgehensweise. Bestehende Klassen werden auf der Basis eines Patterns so transformiert, dass das gewünschte Ergebnis erzielt wird. „Die Vererbungshierarchie wird geerbt!"

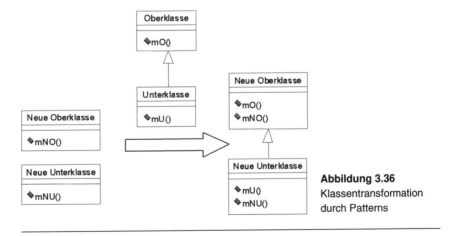

Abbildung 3.36 Klassentransformation durch Patterns

Die theoretischen Grundlagen für eine Programmiersprache, die diesem Konzept folgt, sind in /3.14/ von Seemann gelegt. Die gemeinsam mit Bünnig entwickelte Programmiersprache PaL (Pattern Language) wurde implementiert /3.15/. Ihre Praxistauglichkeit haben

Methodik und Compiler bei der Realisierung eines grafischen Editors /3.16/ gezeigt. Weitere Veröffentlichungen zu dieser Problematik sind /3.17/ und /3.18/. Für Rational Rose hat Mannhaupt /3.19/ eine Erweiterung entwickelt, die es gestattet, Entwurfsmuster zu spezifizieren, zu verfeinern und zu kombinieren.

Für das patternorientierte Programmiermodell wurden folgende Forderungen abgeleitet:

- **Kapselung**

  Ein Entwurfsmuster soll mit seinen Teilnehmerklassen, die Komponenten des Entwurfsmusters genannt werden, eine instanziierbare Einheit bilden.

- **Übergeordnetes Verhalten**

  Entwurfsmuster müssen analog zu Klassen ein eigenes Sprachelement mit übergeordnetem Verhalten werden.

- **Polymorphie**

  Ähnlich wie bei Objekten sollen Instanzen eines Entwurfsmusters durch Instanzen der dadurch verfeinerten Entwurfsmuster substituierbar sein.

- **Kombinierbarkeit**

  Entwurfsmuster sollen kombiniert werden können, um komplexere Musterlösungen zu erstellen.

Wie die ersten beiden Forderungen erfüllt wurden, ist bereits aus der grafischen Notation ersichtlich. Entwurfsmuster sind komplexe Klassen, die wiederum Klassen (Komponenten) beinhalten. Für die weiteren Anforderungen muss zunächst ein Konzept der Verfeinerung dargestellt werden.

Für die Darstellung von Pattern wurde eine an UML angelehnte Notation entwickelt, die nachfolgend an den Entwurfsmustern Kompositum und Besucher demonstriert werden soll. Ein Entwurfsmuster hat in dieser Notation folgendes Aussehen:

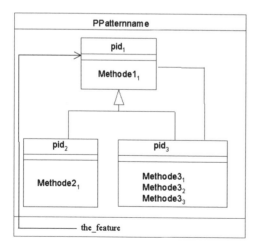

Abbildung 3.37 Grafische Darstellung eines Entwurfsmusters

Patternname ist der Name des Entwurfsmusters. Das P steht dabei für Pattern. Unter dem Namen wird die Komponentenstruktur in Form eines Klassendiagramms in UML-Notation angegeben. Darunter werden Patternfeatures (in Anlehnung an Eiffel wird nicht streng zwischen Attributen und Methoden getrennt), die das Entwurfsmuster selbst betreffen, aufgeführt. Hier ermöglicht `the_feature` den Zugriff auf die Elemente. Es sind aber auch weitere Methoden und Attribute denkbar, die sich auf das gesamte Entwurfsmuster beziehen.

Neben der grafischen Notation der Entwurfsmuster soll auch ein kurzer Einblick in die Möglichkeiten der Sprache PaL gewährt werden. Dabei wird PaL nicht vollständig erläutert, die kurzen Informationen sollen nur dazu dienen, um ein Gefühl für die Sprache zu bekommen. Der allgemeine Aufbau des Quelltextes für ein Entwurfsmuster kann wie folgt charakterisiert werden:

```
pattern pid
      [inherit pid1; ...; pidn]
      [reuse ref1; ...; refm]
      [creation mid1, ..., midq]
      c1 ... ck
      f1 ... fm
end -- pid

refi entspricht pid [rename    qname1 as name1,
                                ...
                     qnamep as namep]
```

Statt der langen Bezeichnung `PPatternname` ist hier verkürzt `pid` für den Namen eines Entwurfsmusters genutzt. Die Indizes dienen zur Unterscheidung verschiedener Bezeicher. Ein Entwurfsmuster kann von einer Reihe anderer Muster erben (inherit).

Es kann Muster unter möglichen Umbenennungen wieder verwenden (reuse – rename), Methoden festlegen, die bei der Initialisierung ausgeführt werden (creation), Komponenten definieren und Features in Form von Attributen und Methoden festlegen.

Diese Notation ist stark durch die Programmiersprache Eiffel beeinflusst, da deren Notationsfestlegungen als gut geeignet zur Beschreibung der Konzepte erschienen. Der entwickelte PaL-Compiler übersetzt in die Sprache Eiffel.

Die Beschreibung eines bekannten Entwurfsmusters soll zum besseren Verständnis für vorgestellte Notationen und Konzepte dienen. Aus der Vielzahl der möglichen Muster wurde das Strukturmuster Kompositum (Composite) ausgewählt, um nicht nur die Verfeinerung, sondern auch die Komposition unterschiedlicher Entwurfsmuster zu demonstrieren. Nachfolgend wird das Muster in seiner Variante in Englisch genutzt.

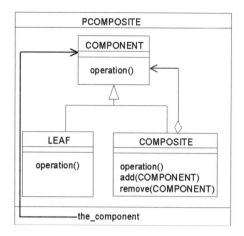

Abbildung 3.38 Grafische Darstellung des Entwurfsmusters Kompositum

In der Sprache hat die Darstellung aus **Abbildung 3.38** folgende Ausprägung.

```
pattern PCOMPOSITE
    component COMPONENT
        feature operation() is
            deferred
        end
    end -- component COMPONENT

    component COMPOSITE
        inherit COMPONENT
        feature add( a_parameter: COMPONENT) is
        do
            ...
        end

        feature remove( a_parameter: COMPONENT) is
        do
            ...
        end
    end -- component COMPOSITE

    component LEAF
        inherit COMPONENT
    end -- component LEAF

    intern the_component: COMPONENT
end
```

Verfeinerung des Entwurfsmusters Kompositum

Die Verfeinerung von Entwurfsmustern ist komplizierter als die Verfeinerung von Klassen, da unterschiedliche Bestandteile eines Entwurfsmusters auch unterschiedlich behandelt werden. Daher muss auch etwas mehr Aufwand in die Notation gelegt werden.

Verfeinerungen beziehen sich global auf Pattern und dabei im Detail auf Komponenten und Features. Die einzelnen Verfeinerungsbeziehungen werden durch gestrichelte Pfeile in der grafischen Notation symbolisiert, welche benannt sein können. Die Namen sind von Bedeutung, wenn verschiedene Verfeinerungen existieren.

Zunächst wird am Entwurfsmuster PCOMPOSITE eine Verfeinerung in Form einer einfachen Umbenennung demonstriert. Das Entwurfsmuster soll im Kontext eines grafischen Editors eingesetzt und die grafischen Elemente nach seinem Vorbild zusammengesetzt werden. Die erste Veränderung besteht darin, dass PCOMPOSITE in PGRAPHIC_COMPOSITE1, COMPONENT in GRAPHIC, COMPOSITE in COMPOSED_GRAPHIC und the_component in the_graphic umbenannt werden.

Mit diesem ersten Schritt der Verfeinerung werden alle diejenigen Elemente verfeinert, bei denen vom abstrakten zum praktisch einsetzbaren Entwurfsmuster eine 1:1-Beziehung besteht.

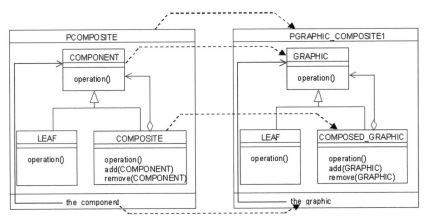

Abbildung 3.39 Umbenennung von PCOMPOSITE zu PGRAPHIC_COMPOSITE1

Nun kann man sich überlegen, ob Operationen (operation()) oder Komponenten (LEAF) verfeinert werden. In unserem Beispiel soll die Operation operation() zweimal wieder verwendet werden, zunächst als draw() und dann als resize().

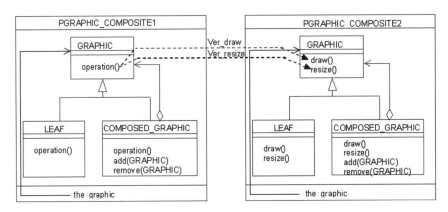

Abbildung 3.40 Verfeinerung von operation() zu draw() und resize()

Die Komponente LEAF wird von ihrer abstrakten Beschreibung nun noch zu einer konkreten Komponente verfeinert. Da im konkreten Editor Kreise und Vierecke in Grafiken verwendet werden, erfolgt zweimal die Verfeinerung des gleichen Entwurfsmusters. Die Komponente LEAF wird dabei einmal in CIRCLE und einmal in SQUARE umbenannt. Dabei werden jeweils die Methoden draw() und resize() implementiert.

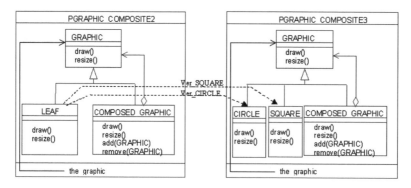

Abbildung 3.41 Zweifache Verfeinerung der Komponente LEAF

Damit liegt ein Entwurfsmuster vor, von dem Instanzen gebildet werden können, um die Datenstruktur zu entwickeln, auf der der Editor arbeitet.

Die bereits grafisch demonstrierte Verfeinerung des Entwurfsmusters Kompositum kann in PaL wie folgt notiert werden.

Beispiel 3.7   PaL-Programm für Verfeinerung von PCOMPOSITE

Beschreibung des Entwurfsmusters:

```
pattern PCOMPOSITE
        component COMPONENT
                . . .
        end
        component COMPOSITE
                . . .
        end
        component LEAF
                . . .
        end
        intern the_component: COMPONENT
end
```

Erste Verfeinerung:

```
pattern PGRAPHIC_COMPOSITE1
        refine
                PCOMPOSITE
                        rename
```

```
                                        COMPONENT as GRAPHIC,
                                        COMPOSITE as COMPOSED_GRAPHIC,
                                        the_component as the_graphic
                end
    end

Zweite Verfeinerung:

pattern PGRAPHIC_COMPOSITE2
    refine
                select PGRAPHIC_COMPOSITE1 <Ver_draw>
                end
                        PGRAPHIC_COMPOSITE1 <Ver_resize>
                        end
        component GRAPHIC
            cast
                    rename
                            operation from <Ver_draw> as draw
                            operation from <Ver_resize> as resize
                end
    end

Dritte Verfeinerung:

pattern PGRAPHIC_COMPOSITE3
    refine
                select PGRAPHIC_COMPOSITE2 <Ver_CIRCLE>
                end
                        PGRAPHIC_COMPOSITE2 <Ver_SQUARE>
                        end
        component LEAF
            cast
                    rename
                            LEAF from <Ver_CIRCLE> as CIRCLE
                            LEAF from <Ver_SQUARE> as SQUARE
                end
    end
```

Der Ansatz einer patternorientierten Programmierung ist mit der Programmiersprache PaL gelungen. Die Entwurfsmuster von Gamma et. al. /3.13/ wurden vollständig als Bibliothek implementiert. Dazu kamen noch einige Hilfsmuster und die vorgefertigte Kombination gewisser oft benutzter Entwurfsmuster. Alles wurde in die Entwicklung eines grafischen Editors integriert.

Ein grafischer Editor zur Unterstützung des Programmiermodells konnte bisher noch nicht entwickelt werden. Mannhaupt /3.19/ hat aber für das Case-Werkzeug Rational Rose eine formularbasierte Unterstützung realisiert. Er hat den Stereotyp Pattern eingeführt und diesen analog zu einem Paket implementiert. Mit der erarbeiteten Erweiterung von Rational Rose besteht die Möglichkeit, Entwurfsmuster zu erstellen und zu verfeinern. Es können auch verschiedene Entwurfsmuster miteinander kombiniert werden.

Eine ganze Reihe von Entwurfsmustern ist in einer Bibliothek bereits vorhanden, die man in seine Entwicklung einbeziehen kann. Damit besteht eine recht gute Möglichkeit für Experimente.

Der folgende Bildschirmabzug soll einen Eindruck darüber vermitteln, wie in etwa die Verfeinerung von Entwurfsmustern unterstützt wird. Alle Komponenten, die zusammenfallen sollen, werden durch Auslösen von „Merge Components" verknüpft. Andere werden umbenannt.

 Ausführlichere Informationen zur Arbeitsweise sind auf den Internetseiten zu diesem Buch erhältlich.

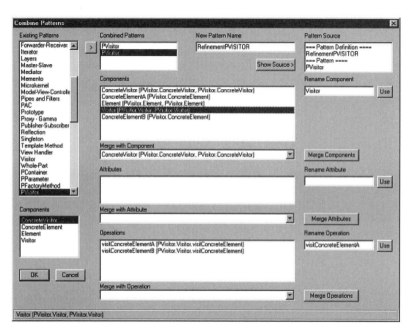

Abbildung 3.42 Benutzungsoberfläche der Pattern-Erweiterung zu Rational Rose

Das Ausgangspattern PVISITOR sieht im Case-Tool wie in **Abbildung 3.43** aus.

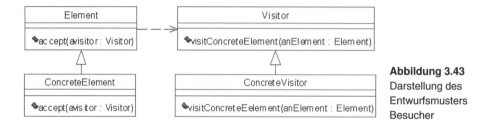

Abbildung 3.43 Darstellung des Entwurfsmusters Besucher

Eine Kombination mit sich selbst unter Beachtung der diskutierten Zusammenlegungen und Umbenennungen liefert dann folgendes Ergebnis. Die Verbindungen werden schon generiert. Die Klassen müssen aber noch so verschoben werden, dass eine ansprechendes Layout entsteht.

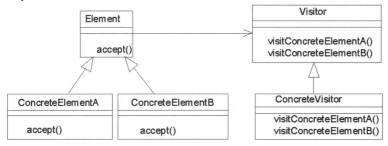

Abbildung 3.44 Entwurfsmuster nach Verfeinerung

Eine ganze Reihe von Entwurfsmustern liegt bereits als Modell vor und kann einfach genutzt werden. Damit sind mit sehr geringem Aufwand erste Erfahrungen bei der patternorientierten Softwareentwicklung möglich, die doch vielleicht eine etwas ungewohnte Herangehensweise an Probleme erfordert. Experimente sind auf dieser Basis leicht möglich. Die Abhängigkeit einiger bereits in der Bibliothek enthaltenen Entwurfsmuster wird im **Abbildung 3.45** dargestellt.

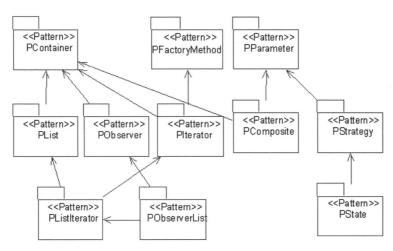

Abbildung 3.45 Abhängigkeiten zwischen Entwurfsmustern

3.4 Implementierung

Ist der Entwurf vollständig erstellt, dann besteht die Aufgabe der Codierung der erstellten Modelle in einer Programmiersprache. Dabei kann sich die Notwendigkeit weiterer Modelltransformationen ergeben. Beispielsweise kann es sein, dass die genutzte Programmiersprache die im Entwurf genutzte Mehrfachvererbung nicht unterstützt. Der folgende Abschnitt beschäftigt sich mit der generellen Vorgehensweise und mit der Ersetzung der Vererbung durch Aggregation.

3.4.1 Anwendungsfallorientierte Vorgehensweise

4. Etappe

- Falls notwendig, erstelle Verteilungs- und Komponentendiagramme, die die Implementierung unterstützen.
- Schreibe Programmcode.
- Führe Modul- und Integrationstests durch.
- Führe System- und Akzeptanztests mit Benutzern durch. Greife dabei auf die Daten der Anwendungsfälle für Black-Box-Tests zurück.

Meilenstein 4: Auslieferung.

3.4.2 Generalisation versus Aggregation

Auf den ersten Blick scheint diese Überschrift widersinnig. Aggregation und Generalisation sind doch ganz unterschiedliche Konzepte. Trotzdem kann die Aggregation helfen, wenn die Generalisation nicht anwendbar ist.

Mehrfachvererbung spiegelt bei der Analyse häufig die im Problembereichsmodell erkannten Zusammenhänge richtig wider. Für die Programmiersprachen stellt sie aber durch mögliche Mehrdeutigkeiten ein Problem dar. Daher unterstützen viele Sprachen nur die Einfachvererbung. Wird eine solche Sprache eingesetzt und sind Mehrfachvererbungen im Klassenmodell enthalten, dann müssen Transformationen durchgeführt werden, welche die Mehrfachvererbung auflösen. Dabei kann die Aggregation helfen, ein solches Problem zu lösen.

Abbildung 3.46 stellt die Ausgangslage im einfachsten Falle einer Mehrfachvererbung dar. Eine Klasse C erbt sowohl von einer Klasse A als auch von einer Klasse B. Viele Programmiersprachen haben bereits bei diesem einfachen Modell ein Problem.

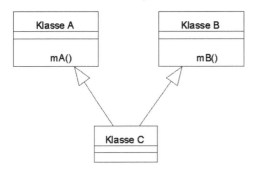

Abbildung 3.46 Abstraktes Beispiel einer Mehrfachvererbung

In diesem Falle kann das Entwurfsmodell nicht direkt implementiert werden. Durch die Anwendung der Technik der Delegation kann das Modell bei Akzeptanz der Einschränkung des Substitutionsprinzips aber so umgeformt werden, dass nur noch eine Einfachvererbung vorliegt. Die Objekte der Klasse c bekommen die Methode nicht direkt bei der Erzeugung zugeordnet, sondern die sonst geerbten Methoden werden durch Delegation an ein Teilobjekt realisiert. In dem beschriebenen Fall von **Abbildung 3.46** soll die Vererbungsbeziehung zu Klasse B in eine Aggregation umgewandelt werden. Das Modell sieht dann wie in **Abbildung 3.47** dargestellt aus.

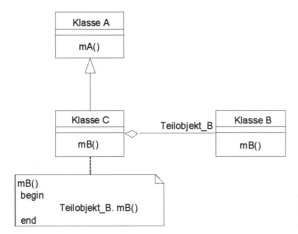

Abbildung 3.47 Transformation der Vererbung von Klasse B in eine Aggregation

Die Klasse c erbt nun die Methode mB() nicht mehr. Daher muss sie in C neu definiert werden. Die erneute Implementation des Methodenkörpers kann durch die Aggregationsbeziehung mit der Klasse B, in der diese Klasse B die Rolle eines Teilobjekt_B spielt, verhindert werden. Dem Teilobjekt wird innerhalb des Methodenkörpers von mB() der Klasse c die Botschaft mB() gesendet. In der Klasse c ergibt sich ein gewisser Implementationsaufwand, der in der Programmierung der Methoden zum Aufruf der eigentlichen Methoden besteht. Er hält sich aber in Grenzen und ist wirklich auf diese Klasse beschränkt.

Natürlich kann die Technik der Delegation auch auf die Vererbungsbeziehung zu Klasse A angewendet werden. Dann ergibt sich als Ergebnis die in **Abbildung 3.48** dargestellte Konstellation.

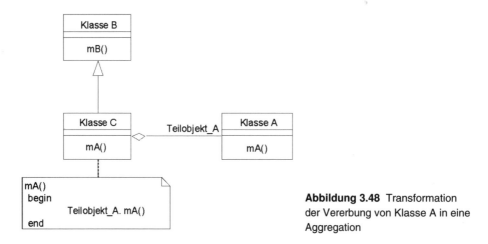

Abbildung 3.48 Transformation der Vererbung von Klasse A in eine Aggregation

Die bereits erwähnte Einschränkung des Substitutionsprinzips bezieht sich darauf, dass Objekte der Klasse C in der ersten Variante nicht mehr Objekte der Klasse B und in der zweiten Variante nicht mehr Objekte der Klasse A ersetzen können. Ist dies nicht notwendig, so kann man die Aggregation als Ersatz für die Vererbung nutzen.

Beim Adapter-Pattern wurde genau diese Technik genutzt. Der Objektadapter ist Ergebnis der Transformation des Klassenadapters nach obigem Prinzip. Der Adapter muss nur Objekte einer Klasse ersetzen. Daher kann man mit der Delegation als Ersatz der Vererbung leben.

3.4.3 Interface versus abstrakte Klasse

Auch für Schnittstellen kann gelten, dass ihre Spezifikation nicht direkt in die genutzte Programmiersprache umgesetzt werden kann. Es bietet sich an, die notwendigen Transformationen bereits auf Modellebene durchzuführen, da sonst eine zu große Lücke zwischen Entwurfsmodell und Implementation entsteht. Mitunter muss aber erst bei der Implementation auf derartige Fragen geachtet werden, da beim Entwurf die Entscheidung für die Programmiersprache noch nicht getroffen wurde. Daher wollen wir in diesem Abschnitt noch einmal kurz auf die Problematik eingehen.

Abbildung 3.49 stellt die Alternativen für die Schnittstellenbeschreibung einer Klasse durch ein Interface oder eine abstrakte Klasse gegenüber.

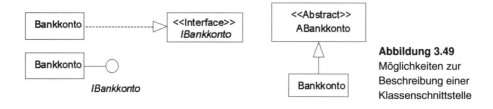

Abbildung 3.49 Möglichkeiten zur Beschreibung einer Klassenschnittstelle

Unterstützt eine Programmiersprache die Idee der Schnittstelle nicht, so kann eine abstrakte Klasse genutzt werden.

Sind in einer abstrakten Klasse alle Methoden abstrakt, so kann auch eine Schnittstelle genutzt werden. Das wäre notwendig, wenn eine Klasse mehrfach erbt und einige Vererbungen nur in einer Hierarchie von einer abstrakten Klasse erfolgen.

Sind in der abstrakten Klasse bereits konkrete Methoden enthalten, dann ist die Transformation zu einer Schnittstelle nicht möglich. Man kann dann aber die Technik von Abschnitt 3.4.2 nutzen und mit Delegation arbeiten.

3.4.4 Herausforderungen bei objektorientierten Programmen

Konsistenz beim Verhalten

Abbildung 3.50 zeigt ein Klassendiagramm für einen Geschirrspüler und zwei neue Klassen von Geräten, die alle Eigenschaften und Operationen der alten Klasse erben und zusätzlich die Methode des Einweichens besitzen. Dadurch haben die neuen Geschirrspüler also auch einen Abarbeitungszustand und die Operationen `einschalten`, `reinigen`, `trocknen`, `ausschalten` und `einweichen`.

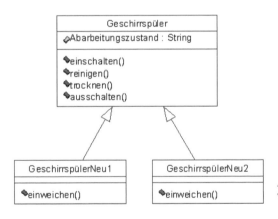

Abbildung 3.50 Klassendiagramm mit Vererbungshierarchie

Natürlich ist in diesem Beispiel jedem klar, dass man den Geschirrspüler einschalten muss, bevor man das Geschirr reinigen kann. Danach wird es getrocknet und der Geschirrspüler kann ausgeschaltet werden. Muss man aber wirklich immer trocknen? Um das Verhalten einer Klasse genau zu beschreiben, verwendet man Zustandsdiagramme. **Abbildung 3.51** zeigt ein solches Diagramm.

Abbildung 3.51 zeigt links einen Startzustand, in dem sich jeder Geschirrspüler (jedes Objekt der Klasse Geschirrspüler) nach der Produktion (Erzeugung) befindet. Durch „einschalten" wird der Zustand „eingeschaltet" erreicht. In diesem Zustand kann man das Gerät ausschalten und schon den Endzustand erreichen. Man kann aber auch anfangen zu reinigen (dazu muss der Geschirrspüler natürlich erst bestückt werden, was hier vernachlässigt werden soll). Nach dem Reinigen ist der Zustand „gereinigt" erreicht und hier kann nun die Methode „trocknen" aktiviert werden. (Nach dieser Spezifikation muss also immer getrocknet werden!) Danach ist der Geschirrspüler wieder im Normalzustand `eingeschaltet`. Nun kann man erneut `ausschalten` oder `reinigen`.

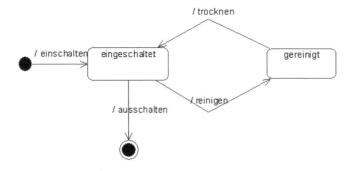

Abbildung 3.51 Zustandsdiagramm für einen Geschirrspüler

Als mögliche Folgen von Aktionen ergeben sich:

- `einschalten, ausschalten.`
- `einschalten, reinigen, trocknen, ausschalten.`
- `einschalten, reinigen, trocknen, reinigen, trocknen, ausschalten.`
- `einschalten, reinigen, trocknen, reinigen, trocknen, reinigen, trocknen, ausschalten.`
- `...`

Eine solche Folge von Aktionen, die vom Anfangszustand zum Endzustand einer Spezifikation führt, bezeichnet man auch als Szenario. Typische (wichtige) Szenarien sollten frühzeitig notiert und später zum Testen von Programmen herangezogen werden.

Jacobson hat es durch seine Arbeiten verstanden, den Aspekt der Systemnutzung mehr in den Vordergrund zu stellen und als Ausgangsbasis für die Systemmodellierung zu nutzen. Seine Vorgehensweise integriert einige Ideen aus der aufgabenorientierten Softwareentwicklung mit der objektorientierten Modellierung.

Nicht nur die Objekte sind von Interesse, auch die Aufgaben, die mit Hilfe eines Systems zu erfüllen sind, stehen im Mittelpunkt. Die von Jacobson entwickelte, auf Anwendungsfälle aufbauende Methodik /3.7/, erfreut sich großer Beliebtheit und floss ebenfalls in die UML mit ein. Ein Anwendungsfall beschreibt abstrakt die Menge aller möglichen Szenarien. Beispielhaft werden den Anwendungsfällen typische Szenarien zugeordnet.

Der Zusammenhang zwischen Verhaltensbeschreibung und Szenarien ist nicht immer trivial. Dazu betrachten wir die Zustandsautomaten der neueren Geschirrspüler in **Abbildung 3.52**.

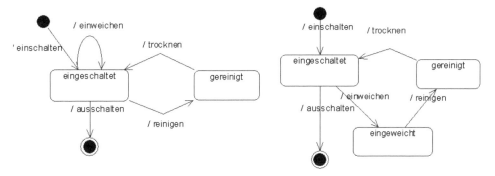

Abbildung 3.52 Verhaltensmodell für GeschirrspülerNeu1 und 2

Ein Problem besteht darin, dass der rechte Zustandsautomat überzeugender aussieht, aber leider die oben notierten Szenarien mehrheitlich nicht mehr erfüllt.

Das Szenario `einschalten, reinigen, trocknen, ausschalten` funktioniert nicht mehr. Nutzer, die sich an die alte Arbeitsweise gewöhnt haben, kommen nicht mehr klar. Für ein Programm heißt das, bereits entwickelte Software arbeitet nicht mehr wie gewohnt, wenn man ein Objekt der Klasse `Geschirrspüler` durch ein Objekt der Klasse `Geschirrspüler-Neu2` ersetzt. Mit einem neuen Geschirrspüler der Klasse `GeschirrspülerNeu1` hätte man das Problem nicht.

Wie muss man das rechte Zustandsdiagramm von **Abbildung 3.51** verändern, damit es die Anforderung erfüllt, dass das Verhalten von Objekten einer Unterklasse zum Verhalten von Objekten der Oberklasse passt?

In dieser Beziehung wünscht man sich von Werkzeugen der Softwareentwicklung in der Zukunft auch noch mehr Unterstützung. Im Moment wird der Softwareentwickler da noch ziemlich allein gelassen.

Invarianz, Kovarianz und Kontravarianz

Bisher wurden nur die Vorteile objektorientierter Programme herausgestellt. Es gibt jedoch auch einige Aspekte zu beachten, die mit den widersprüchlichen Anforderungen an die objektorientierte Vorgehensweise gestellt werden.

So gehen die Ideen des Substitutionsprinzips (jedes Objekt einer Unterklasse kann die Rolle von Objekten in Oberklassen übernehmen) mit dem Prinzip der Polymorphie (jedes Objekt reagiert mit seinen individuellen Methoden auf Botschaften) nicht zusammen.

Wenn jemand vertreten wird, so müsste eigentlich das Verhalten so sein, dass niemand merkt, dass eine Vertretung existiert. Andererseits soll die Vertretung individuell reagieren. Ein Widerspruch, der nicht allgemeingültig lösbar ist.

Damit haben wir bei der Objektorientierung die gleiche Situation, die aus vielen Softwareprojekten bekannt ist, dass widersprüchliche Anforderungen möglichst optimal erfüllt werden müssen. Eine wirklich voll befriedigende Lösung gibt es aber nicht.

Welche Probleme bei Programmiersprachen zu beachten sind, wird im Folgenden kurz diskutiert.

Definition 3.21   Invarianz

Man spricht von Invarianz, wenn ein in einer Unterklasse genutzter Typ identisch zum entsprechenden Typ in einer Oberklasse ist

Für eine Methode gilt also, dass der Typ eines Parameters in der Oberklasse der gleiche ist, wie der Typ in der Unterklasse. Außerdem ist der Ergebnistyp der Methode in Oberklasse und Unterklasse gleich.

Die Oberklasse gibt also exakt die Schnittstelle (Signatur) vor, an die sich die Unterklasse zu halten hat.

Abbildung 3.53 zeigt ein Beispiel, bei dem die Klasse Traktor von der Klasse Fahrzeug erbt. Für ein Fahrzeug und einen Traktor kann man einen Fahrzeugführer einsetzen und abfragen, wer der Fahrzeugführer ist.

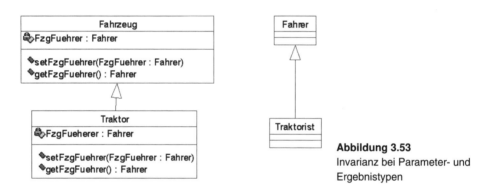

Abbildung 3.53
Invarianz bei Parameter- und Ergebnistypen

Im Klassendiagramm erkennt man, dass sich die Typen der Parameter und der Ergebnisse bei den Methoden der Klassen `Fahrzeug` und `Traktor` nicht unterscheiden

Definition 3.22   Typsicheres Programm

Ein Programm bezeichnet man als typsicher, wenn zur Übersetzungszeit festgestellt werden kann, dass keine Nachricht an ein Objekt gesendet wird, für die das Objekt keine entsprechende Schnittstelle besitzt.

Definition 3.23   Typsichere Programmiersprache

Eine Programmiersprache wird als typsicher bezeichnet, wenn alle erzeugbaren Programme typsicher sind.

Typsichere Programmiersprachen erzeugen keine Laufzeitfehler, die auf Fehler durch Operationen auf falschen Datentypen zurückgeführt werden können.

 Das Beispiel von **Abbildung 3.53** ist auf den zum Buch gehörigen Internetseiten in verschiedenen Programmiersprachen verfügbar.

Der Test zur Implementierung der Klassen erfolgt beispielsweise mit der folgenden Testklasse zur Erzeugung eines Traktors, eines Fahrzeuges, eines Traktoristen und eines Fahrers.

```
class InvarianzTest {

    public static void Main(string[] args) {
        Fahrer antje; Traktorist john;
        Traktor t; Fahrzeug f;

        t = new Traktor();
        f = new Fahrzeug();

        antje = new Fahrer();
        antje.setName("Fahrer Antje");
        john = new Traktorist();
        john.setName("Traktorist John");

        t.setFzgFuehrer(john);
        t.getFzgFuehrer();

        f.setFzgFuehrer(antje);
        f.getFzgFuehrer();
        f=t;
        f.getFzgFuehrer();

        f.setFzgFuehrer(john);
        f.getFzgFuehrer();
        f.setFzgFuehrer(antje);
        f.getFzgFuehrer();
    }
}
```

Bei der Abarbeitung des Testprogramms kommt es zu folgender Ausgabe.

```
Traktorist John wird in Traktor gesetzt
Traktorist John ist im Traktor
Fahrer Antje wird in Fahrzeug gesetzt
Fahrer Antje ist im Fahrzeug
```

Hält man sich an die strenge Regel der Invarianz, so ist eine Typsicherheit gegeben. Dem Anwendungsbereich entspricht aber nicht völlig die Idee, dass ein Traktor auch von einem Fahrer gelenkt wird. Man kann sich vorstellen, dass ein Traktorist mehr Kenntnisse als etwa ein Fahrer besitzt, dass er beispielsweise auch pflügen können muss. Wie kann man die Parameter und Ergebnistypen überschreiben und trotzdem die Typsicherheit erhalten? In den folgenden Abschnitten wird versucht, darauf eine Antwort zu geben.

Definition 3.24   Kovarianz

Man spricht von Kovarianz, wenn ein in einer Unterklasse genutzter Typ mit dem entsprechenden Typ in einer Oberklasse in Vererbungsbeziehung steht und von diesem erbt.

Für das Beispiel des Traktors spricht man von Kovarianz der Parameter, wenn der Typ des Fahrzeugführers eines Traktors als Traktorist festgelegt ist. Die Kovarianz der Ergebnistypen liegt vor, wenn die Abfrage nach dem Fahrzeugführer bei einem Fahrzeug einen Fahrer und bei einem Traktor einen Traktoristen liefert. Dabei wird davon ausgegangen, dass ein Traktorist ein spezieller Fahrer ist und daher von diesem erbt.

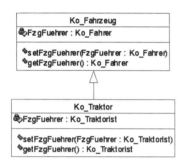

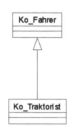

Abbildung 3.54 Kovarianz bei Parameter- und Ergebnistypen

Es ist zu erkennen, dass nun für einen Traktor nur noch Traktoristen als Fahrzeugführer eingesetzt werden können. Wenn man den Fahrzeugführer eines Traktors erfragt, dann bekommt man einen Traktoristen geliefert. Sowohl die Eingabetypen als auch die Ergebnistypen stehen in einer kovarianten Beziehung. Von den bisher genannten Programmiersprachen unterstützt nur Eiffel Kovarianz bei Parametern und Ergebnissen.

Aus diesem Grund ist – abgesehen von Python, bei der Typen weniger eine Rolle spielen – dieses Beispiel als lauffähiges Programm auch nur in Eiffel auf den Internetseiten zu diesem Buch verfügbar.

Eiffel ist restriktiver beim Überschreiben von Methoden als Java, aber etwas eleganter als C# und Object Pascal. Bei Eiffel sind die Schlüsselworte `virtual` und `override` nicht vorhanden. Man muss bei der Spezifikation der Oberklasse durch `inherit` angeben, welche Methoden anders definiert werden. Dadurch sind keine Veränderungen im Quelltext der Klasse vorzunehmen, von der man erbt. Diese könnte bei C# oder Object Pascal ja schon `override` definiert haben.

Am Beispiel der Klassen `Fahrzeug` und `Traktor` sei die Vorgehensweise bei der Programmiersprache Eiffel kurz demonstriert.

```
class
   FAHRZEUG

create
   make

feature -- Creation
   make is
   do
   end

feature {NONE} -- Attributes
    fzgFuehrer : FAHRER;

feature -- Implementation

   setfzgFuehrer(fzgF: FAHRER) is
   do
      fzgFuehrer := fzgF
      fzgF.show();
      io.put_string (" wird in Fahrzeug gesetzt");
      io.new_line;
   end

   getfzgFuehrer():FAHRER is
   do
      fzgFuehrer.show();
      io.put_string (" ist im Fahrzeug ");
      io.new_line;
      result := fzgFuehrer
   end
end -- class Fahrzeug
```

Die Klassendefinition für ein Fahrzeug legt als Konstruktor eine Methode make fest und definiert diese danach mit einem leeren Methodenkörper. Sie wird nicht wirklich benötigt, sondern demonstriert nur das prinzipielle Vorgehen.

In Eiffel sind keine privaten Attribute definierbar, es kann jedoch in geschweiften Klammern angegeben werden, für welche Klassen das entsprechende Feature zur Verfügung steht. NONE bedeutet dabei, dass von keiner Klasse auf das Feature zugegriffen werden kann. Es ist nur für die Klasse selbst und für alle Unterklassen verfügbar. Das entspricht den allgemeinen Vorstellungen der Charakterisierung protected, wobei die Festlegungen bei Java davon etwas abweichen. (Dort ist ein als protected definiertes Attribut von den Klassen im gleichen Package erreichbar und es kann von Unterklassen „überschrieben" werden.) Um ein Feature allgemein (public) zur Verfügung zu stellen, kann man das Schlüsselwort ALL nutzen.

```
class
   TRAKTOR

inherit
   Fahrzeug
      redefine setFzgFuehrer, getFzgFuehrer
      end

create
   makeTraktor
```

```
feature -- Creation
   makeTraktor is
   do
   end;

feature {NONE} -- Attribute

   trFuehrer : Traktorist;

feature -- Implementation

   setFzgFuehrer(fzgf: TRAKTORIST) is
   do
      trFuehrer := fzgf;
      fzgf.show()
      io.put_string(" wird in Traktor gesetzt ");
      io.new_line;
   end;

   getFzgFuehrer():TRAKTORIST is
   do
      trFuehrer.show();
      io.put_string (" ist im Traktor ");
      io.new_line;
      result := trFuehrer
   end
end -- class TRAKTOR
```

Die Klasse Traktor erbt von der Klasse Fahrzeug und redefiniert zwei Methoden. Da in Eiffel keine privaten Attribute möglich sind, muss ein neues Attribut mit neuem Namen (statt fzgFuehrer nun trFuehrer) für den Fahrzeugführer definiert werden.

Man könnte auch auf das geerbte Attribut zurückgreifen, hätte dann aber nicht die Möglichkeiten, bei der Methode getFzgFuehrer einen Typ Traktorist anzugeben.

Die Eingangs- und Ausgangsbedingungen der Methoden von Unterklassen werden jeweils durch die Kovarianz verschärft, denn der Typ der Eingabeparameter und der Typ der Ergebnisse wird eingeschränkt.

Aus den Programmen sei nur noch die Klasse ROOT_CLASS hier wiedergegeben, deren Methode make die Ausführung einiger Tests steuert.

Es muss vielleicht noch einmal darauf hingewiesen werden, dass die Erzeugung von Objekten in Eiffel so geschieht, dass nach zwei Ausrufezeichen der Name einer Variablen steht, dem dann der Konstruktor (die Erzeugungsmethode) folgt.

```
class
   KOVARIANZTEST
create
   make
feature -- Initialization
   make is
    local fzgf, antje:Fahrer;
          john:Traktorist; t:Traktor; f:Fahrzeug
    do
       !!antje.makeFahrer;
       !!john.make;
       !!t.makeTraktor;
       !!f.make;
```

```
       t.setFzgFuehrer(john);
       fzgf := t.getFzgFuehrer();

       f.setFzgFuehrer(antje);
       fzgf := f.getFzgFuehrer();

       f:=t;
       fzgf := f.getFzgFuehrer();

       f.setFzgFuehrer(john);
       fzgf := f.getFzgFuehrer();

       f.setFzgFuehrer(antje);
       -- Antje wird akzeptiert, obwohl sie
       -- kein Traktorist ist
       fzgf := f.getFzgFuehrer();
    end
  end -- class KOVARINZTEST
```

Ein Problem ist die Zuweisung eines Objektes der Klasse `Traktor` an eine Variable `f` vom Typ `Fahrzeug`.

Nach objektorientierten Vorstellungen kann jedes Objekt einer Unterklasse Objekte der Oberklasse ersetzen. Damit müsste jeder Traktor auch die Rolle eines Fahrzeuges übernehmen können. Für Ergebnisse von Funktionen gibt es da keine Probleme, diese haben ja in diesem Falle einen eingeschränkten Datentyp und können zum geforderten Datentyp der Oberklasse erweitert werden. Schlechter sieht es schon bei den Parameterdatentypen aus. Ein Traktor fordert einen Traktoristen. Nimmt er die Rolle eines Fahrzeuges ein, dann müsste er eigentlich auch von einem allgemeinen Fahrer gesteuert werden können (was aber nicht der Fall ist). Die statische Typüberprüfung bei der Übersetzungszeit verhält sich entsprechend. Sie erkennt nur die Variable `f` der Klasse `Fahrzeug` und akzeptiert daher bei der Methode `setFzgFuehrer()` als Parameter ein Objekt der Klasse `Fahrer`.

Erst zur Laufzeit wird festgestellt, dass ein Objekt der Klasse `Traktor` durch `f` verwaltet wird und eigentlich nur ein Objekt der Klasse `Traktorist` als Fahrzeugführer akzeptiert werden darf.

Dieses Problem kann auch wirklich erst zu Laufzeit erkannt werden und birgt damit Gefahren für die Sicherheit von Programmsystemen.

Die in Eiffel unterstützte Kovarianz entspricht den Vorstellungen der Programmierer, führt aber zu Programmen, deren Fehler erst während der Laufzeit erkannt werden können. An dieser Stelle wird das Dilemma sichtbar, dass man nicht immer allen Anforderungen für Software Rechnung tragen kann. Sie sind teilweise wirklich so widersprüchlich, dass sie sich gegenseitig ausschließen.

 Die Idee der Polymorphie passt nicht zusammen mit der Idee, dass ein Objekt einer Klasse die Rolle eines Objektes einer zugehörigen Oberklasse übernehmen kann.

Ein Traktor ist im obigen Beispiel nicht richtig in der Lage, die Rolle eines Fahrzeugs zu übernehmen. Er erfordert nämlich einen Traktoristen als Fahrer, was bei einem allgemeinen Fahrzeug nicht der Fall ist. Man möchte einerseits, dass sich der Traktor wirklich wie ein solcher verhält, andererseits soll er sich auch wie ein Fahrzeug verhalten. Dieser Widerspruch ist nicht lösbar.

Wie verhalten sich nun Java und C#?

Java fordert bei den Ergebnistypen Invarianz. Der Rückgabetyp muss dem der Methode der Oberklasse entsprechen. Bei den Parametern wird Kovarianz erlaubt, genau genommen aber ignoriert. Die Methode der Unterklasse wird nie aktiviert, auch wenn man exakt die in der Signatur geforderten Parameter einhält. Einzig bei `Exceptions` wird die Kovarianz exakt unterstützt.

Analog sieht es bei C# aus.

Eine mögliche Implementation der Klasse Traktor ist nachfolgend angegeben.

```java
public class Traktor extends Fahrzeug {

    private Traktorist fzgFuehrer;

    public void setFzgFuehrer(Traktorist fzgFuehrer) {
        this.fzgFuehrer = fzgFuehrer;
        System.out.println(fzgFuehrer.getName()+
                    " wird in Traktor gesetzt");
    }

    public Fahrer getFzgFuehrer() {
        System.out.println(fzgFuehrer.getName()+
                    " ist im Traktor");
        return fzgFuehrer;
    }
}
```

Auf den ersten Blick scheint das auch eine akzeptable Lösung zu sein. Problematisch ist allerdings das Verhalten von Programmen mit privaten Attributen. Sie sind nicht wirklich privat realisiert, sondern in den Objekten der Unterklasse sind beide Attribute noch vorhanden – eine auf den ersten Blick etwas verwunderliche Realisierung. Warum private Attribute in gewissem Sinne doch vererbt werden, das wird nachfolgend diskutiert.

Private Attribute und Vererbung

Der Effekt der privaten Variablen sei an folgendem Beispiel warnend demonstriert.

```java
public class KovarianzTest {

    public static void main(String[] args){

        Fahrer antje; Traktorist john;
        Traktor t; Fahrzeug f;

        t = new Traktor();
        f = new Fahrzeug();
        antje = new Fahrer();
```

```
    antje.setName("Fahrer Antje");
     john = new Traktorist();
    john.setName("Traktorist John");

    t.setFzgFuehrer(john);
    t.getFzgFuehrer();
    f.setFzgFuehrer(antje);
    f.getFzgFuehrer();

    f=t;

    f.setFzgFuehrer(antje);
    f.getFzgFuehrer();
    };
}
```

Was ist nun das Ergebnis dieser Abarbeitung?

```
Traktorist John wird in Traktor gesetzt
Traktorist John ist im Traktor
Fahrer Antje wird in Fahrzeug gesetzt
Fahrer Antje ist im Fahrzeug
Fahrer Antje wird in Fahrzeug gesetzt
Traktorist John ist im Traktor
```

Die Überraschung besteht darin, dass Antje in ein Fahrzeug gesetzt wird, das eigentlich ein Traktor ist, und wenn die Abfrage erfolgt, wer der Fahrzeugführer dieser Fahrzeuges ist, dann kommt die Antwort John – ein wirklich merkwürdiges Verhalten.

Wie ist das zu erklären?

Das Problem besteht darin, dass in der Variablen `f` vom Typ `Fahrzeug` ein Objekt gespeichert ist, das vom Typ `Traktor` ist. Nach der Zuweisung `f = t` und dem Einsetzen von Antje als Fahrzeugführer ergibt sich die in **Abbildung 3.55** dargestellte Speicherstruktur.

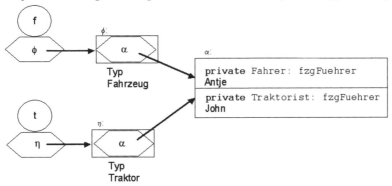

Abbildung 3.55 Datenstruktur nach Zuweisung von Traktor zu Fahrzeug

Das Objekt (der Wert) des Traktors hat zwei private Variablen. Eine Variable ist von Methoden der Klasse `Fahrzeug` manipulierbar, die andere von Methoden der Klasse `Traktor`.

Bei der Ausführung von `f.setFzgFuehrer(antje);` sucht das System nach einer ausführbaren Methode des Objektes in der Klasse `Traktor`. Da findet sich keine, denn der Parameter `antje` passt nicht zum Typ `Traktorist`. Daher wird in der Oberklasse gesucht und dort ist tatsächlich eine Methode vorhanden, die zur aktuellen Signatur passt. Sie wird ausgeführt und verändert den Wert des privaten Attributes, das in der Klasse `Fahrer` definiert ist, auf Antje.

Als Nächstes erfolgt die Ausführung von `f.getFzgFuehrer();`. Hier wird gleich in der Klasse `Traktor` eine ausführbare Methode gefunden. Sie greift aber auf das private Attribut zurück, das in der Klasse `Traktor` definiert ist und liefert damit als Ergebnis John.

Das überraschende Ergebnis ist damit nachvollziehbar, zeigt aber ein Problem bei der Implementation von privaten Variablen auf. Die Implementierung entspricht in diesem Falle nicht den Vorstellungen der Softwareentwickler und ist daher gefährlich.

Das Problem tritt auch auf, wenn man die beiden Attribute als `protected` oder `public` definiert. Bei besonderen Compilereinstellungen kann man noch eine Warnung erhalten. Standardmäßig erhält man die Warnung nicht.

Das Problem kann nicht auftreten, wenn man nur ein Attribut in der Klasse `Fahrzeug` definiert, welches dann sinnvollerweise als `protected` charakterisiert sein sollte. Dieses Attribut wird dann an die Klasse `Traktor` vererbt. Dadurch gibt es in den Objekten nur einen Wert für dieses Attribut und alle Methoden greifen darauf zu.

Eiffel arbeitet mit dieser Idee. Dort gibt es, wie bereits erwähnt, keine privaten Attribute und es ist auch nicht erlaubt, im Geltungsbereich eines Attributes ein neues Attribut mit gleichem Namen zu definieren. Das wird bereits vom Compiler geprüft.

Zunächst soll die Wirkung der Kovarianz zusammengefasst werden, bevor auf die Probleme mit privaten Attributen noch einmal eingegangen wird.

Wirkung der Kovarianz auf Parametertypen:

1. Die Menge der erlaubten Parameter wird beim Abstieg in der Vererbungshierarchie eingeschränkt.

2. Nach der Zuweisung eines Objekts der Unterklasse zu einer Variablen der Oberklasse gelten die toleranteren Regeln der Oberklasse.

3. Kovarianz bei den Parametertypen ist nicht typsicher.

Wirkung der Kovarianz auf Ergebnistypen:

1. Die Menge der erlaubten Ergebniswerte wird beim Abstieg in der Vererbungshierarchie eingeschränkt.

2. Die Menge der möglichen Ergebnisse ist eine Teilmenge der Ergebnismenge der Oberklasse und entspricht damit immer noch deren Schnittstelle.

3. Nach der Zuweisung eines Objektes der Unterklasse zu einer Variablen der Oberklasse werden die toleranteren Regeln der Oberklasse erfüllt.

4. Kovarianz bei den Ergebnistypen ist typsicher.

Auf den ersten Blick erscheint es ganz einfach, mit privaten Attributen zu arbeiten. Sie sind nur für die Methoden der jeweiligen Klasse manipulierbar. Daher brauchen Unterklassen nichts davon zu wissen.

Ganz so einfach ist es leider nicht. Bei einer Klasse mit privaten Attributen möchte man natürlich auch Methoden spezifizieren, die diese Attribute verändern. Was passiert aber mit diesen Methoden, wenn Unterklassen existieren? Natürlich sollen sie vererbt werden und in der Unterklasse zur Verfügung stehen.

Einerseits möchte man diese Methoden auch in Objekten der Unterklasse nutzen, denn sie werden ja an die Unterklasse vererbt. Andererseits kann man sie nicht nutzen, da sie mit privaten Attributen der Oberklasse arbeiten, die im Objekt der Unterklasse gar nicht existieren.

Um dieses Problem zu lösen, werden die privaten Attribute der Oberklasse auch weitervererbt und stehen den Methoden der Oberklasse in Objekten der Unterklasse zur Verfügung. Die Folge sind die oben beschriebenen Probleme.

Private Attribute stellen damit auch eine Herausforderung dar, die nicht optimal gelöst werden kann.

Das gleiche Problem entsteht natürlich auch, wenn man Gültigkeitsbereiche von Attributen zulässt: z.B. in einer Unterklasse überdeckt ein Attribut gleichen Namens das Attribut der Oberklasse – eine Vorgehensweise, die bei blockorientierten Programmiersprachen weit genutzt wird, bei der Objektorientierung aber bedenklich ist.

In diesem Sinne sind die Compiler von Eiffel konsequent und verbieten Doppeldeklarationen und private Attribute sind schon aus der Sprachdefinition eliminiert.

Kommen wir nun zu dem Problem des Vererbungsverhältnisses zwischen den Klassen Fahrer und Traktorist zurück. In der Realität kann das Verhältnis zwischen Fahrern und Traktoristen auch so gesehen werden, dass ein Fahrer speziellere Fähigkeiten hat. Die Fahrerlaubnis für einen Traktor kann man schon mit 16 Jahren erhalten und sie berechtigt nicht zum Führen eines Fahrzeuges. Die Vererbungshierarchie kann also auch umgekehrt spezifiziert werden. Für Parameter- und Ergebnistypen ergeben sich bei gleichartiger Spezifikation dann kontravariante Beziehungen.

Definition 3.25   Kontravarianz

Man spricht von Kontravarianz, wenn ein in einer Unterklasse genutzter Typ mit dem entsprechenden Typ in einer Oberklasse in Vererbungsbeziehung steht und diesen Typ als Unterklasse besitzt.

Die Vererbungsbeziehung der benutzten Parameter- und Ergebnistypen ist bei der Kontravarianz umgekehrt zur Vererbungsbeziehung der Klassen, bei denen die Parameter genutzt wurden.

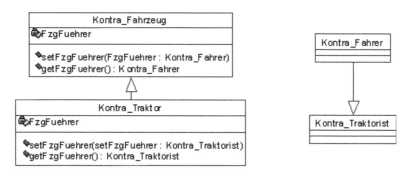

Abbildung 3.56 Kontravarianz bei Parameter- und Ergebnistypen

Nachfolgend ist der entsprechende Quelltext für die set-Methoden (Kontravarianz bei den Typen der Eingabeparameter) notiert.

Kontravarianz bei den Ergebnisdatentypen ist nicht erlaubt, was man bei den get-Methoden benötigen würde.

Im Testprogramm gibt es an der als Kommentar markierten Stelle eine Fehlermeldung. Diese ist auch berechtigt, da ein Traktorist bei der spezifizierten Klassenhierarchie nicht die Rolle eines Fahrers einnehmen kann. Diese fehlerhafte Nutzung der Objekte wird bereits während der Übersetzungszeit erkannt.

```java
public class Kontra_Fahrzeug {

    private Kontra_Fahrer FzgFuehrer;

    public void setFzgFuehrer(Kontra_Fahrer FzgFuehrer) {
        this.FzgFuehrer = FzgFuehrer;
    }
}

public class Kontra_Traktor extends Kontra_Fahrzeug {

    private Kontra_Traktorist FzgFuehrer;

    public void setFzgFuehrer(Kontra_Traktorist
                                        FzgFuehrer) {
        this.FzgFuehrer = FzgFuehrer;
    }
}

public class TestKlasse {

    public static void main(String[] args){

        Kontra_Fahrer antje;
        Kontra_Traktorist john;

        Kontra_Traktor t;
        Kontra_Fahrzeug f;

        t = new Kontra_Traktor();
        f = new Kontra_Fahrzeug();
        antje = new Kontra_Fahrer();
```

```
        john = new Kontra_Traktorist();

        t.setFzgFuehrer(john);
        f.setFzgFuehrer(antje);

        f=t;
/*
        f.setFzgFuehrer(john);
*/
      f.setFzgFuehrer(antje);
    };
}
```

Wirkung der Kontravarianz auf Parametertypen:

1. Die Menge der erlaubten Parameter wird beim Abstieg in der Vererbungshierarchie erweitert.

2. Die größeren Möglichkeiten sind nur bekannt, wenn der Empfänger der Nachricht auch vom entsprechenden Untertyp ist.

3. Nach der Zuweisung eines Objekts der Unterklasse zu einer Variablen der Oberklasse gelten die strengeren Regeln der Oberklasse.

4. Kontravarianz bei den Parametertypen ist typsicher.

Wirkung der Kontravarianz auf Ergebnistypen:

1. Die Menge der erlaubten Ergebnisse wird beim Abstieg in der Vererbungshierarchie erweitert.

2. Die Menge der möglichen Ergebnisse in einer Unterklasse ist eine Obermenge der Ergebnismenge der Oberklasse.

3. Nach der Zuweisung eines Objekts der Unterklasse zu einer Variablen der Oberklasse gilt nicht mehr die Schnittstelle der Oberklasse.

4. Kontravarianz bei den Ergebnistypen ist nicht typsicher.

Um typsichere Programme zu erhalten, muss man Kontravarianz bei den Parametertypen und Kovarianz bei den Ergebnistypen fordern. Nachfolgend ist eine typsichere Spezifikation angegeben.

Die Denkweise der Softwareentwickler entspricht aber nicht dieser Form der Spezifikation. Daher unterstützen viele Programmiersprachen, wie beispielsweise Eiffel, die Kovarianz sowohl bei Parameter- als auch bei Ergebnistypen. Sie nehmen den Nachteil in Kauf, dass man Programme schreiben kann, die nicht typsicher sind. Diese nicht sicheren Programme können aber nur auftreten, wenn man Objekte einer Unterklasse Variablen einer Oberklasse zuweist und kovariante Parametertypen der entsprechenden Klassen eine Rolle spielen. Die Praxis scheint das nicht zu benötigen und mit dem Problem zurechtzukommen.

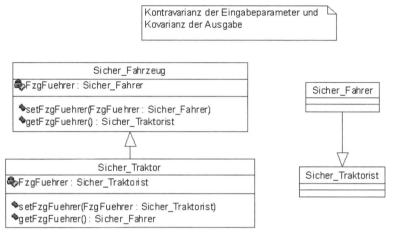

Abbildung 3.57 Typsichere Spezifikation

3.5 Werkzeugunterstützung

Für die objektorientierte Softwareentwicklung mit UML gibt es bereits eine ganze Reihe von Werkzeugen. Die so genannten Case-Tools (Computer Aided Software Engineering) unterstützen in unterschiedlicher Art und Weise den Entwicklungsprozess. Für die erfolgreiche Anwendung von UML sind sie unverzichtbar.

Die einfachen Werkzeuge geben nur eine Unterstützung bei der Zeichnung von Diagrammen. Komplexere Systeme unterstützen den Entwicklungsprozess für den gesamten Lebenszyklus von der Analyse über Design bis zur Implementierung und Wartung.

Einige Tools unterstützen die Generierung von Code in einer Programmiersprache, haben aber Probleme, manuell in den Quelltext eingefügte Veränderungen zu verwalten. Bei einer Veränderung der Spezifikation und einer erneuten Generierung geht dieser Code verloren. Er wird durch den neu generierten Code einfach überschrieben. Das hat zur Folge, dass die Analyse- und Designdokumente von den Softwareentwicklern nicht korrekt aktualisiert werden. Es wird nur noch mit dem Code gearbeitet, was unbedingt vermieden werden sollte.

Für Werkzeuge, die die Veränderungen am Quelltext verwalten können und ein Reverse-Engineering zulassen, wurde der Begriff Roundtrip-Engineering eingeführt.

Definition 3.26   Roundtrip-Engineering

Das wechselseitige Erzeugen von Quelltext aus Modellen und Modellen aus Quelltext bezeichnet man als Roundtrip-Engineering

Von modernen Case-Werkzeugen fordert man, dass sie das Roundtrip-Engineering unterstützen.

Es gibt bereits eine Vielzahl von Tools auf dem Markt. Das Spektrum reicht von frei verfügbarer Software bis zu recht teuren Lizenzen. Praktisch alle Anbieter stellen abgerüstete Softwareversionen für Experimente zur Verfügung. Diese eignen sich für den Einstieg und erleichtern die Kaufentscheidung. Teilweise ist die Laufzeit der Testversionen beschränkt. Studenten werden aber sicher mit jedem Anbieter über eine Lizenz für den Zeitraum der Studien- oder Diplomarbeiten reden können.

An dieser Stelle ist nicht der Platz für einen ausführlichen Vergleich der unterschiedlichen Werkzeuge. Im Internet sind aber eine ganze Reihe von Aufstellungen vorhanden, in denen Übersichten zu Case-Werkzeugen zusammengestellt wurden. Eine sehr übersichtliche Darstellung in deutscher Sprache hat Jeckle /3.20/ erarbeitet. Dort findet man Hinweise zu etwa 50 derartiger Tools. Es lohnt sich auf jeden Fall, den dort vorhandenen Verweisen auf die Anbieterseiten einmal zu folgen. Alle Werkzeughersteller bieten eine ganze Reihe von Zusatzinformationen über Dokumentationen, Anwendungsprojekte und Schulungen an.

Die Berliner Firma MicroTool gestattet als einer der ersten Anbieter auch das zeitweise Mieten ihres Werkzeuges ObjectiF. Dabei liegt der Preis bei etwa 2,50 Euro pro Stunde, der bei einem späteren Kauf angerechnet werden kann.

MicroTool hat als einer der wenigen Anbieter neben der Spezifikation in UML die Möglichkeit der Gestaltung von Benutzungsoberflächen in sein Werkzeug integriert. Das partizipative Prototyping wird dadurch ausgezeichnet unterstützt.

Marktführer ist wohl im Moment Rational Rose, das immer noch die drei Amigos als Werbeträger hat. Doch auch andere Werkzeuge wurden von unabhängigen Testern teilweise hoch bewertet.

Einige Hinweise zu Werkzeugen haben wir auch in unserem Lehr- und Übungsbuch zur Softwareentwicklung /3.21/ und den zugehörigen Internetseiten zusammengestellt. Das Kapitel 9 hat dort direkt den Namen Werkzeuge.

Es bleibt einem Anwender nicht erspart, sich selbst Gedanken zu machen, welches Werkzeug die eigenen Projekte am besten unterstützen kann. Eine allgemein gültige Antwort wird es auf diese Frage nicht geben. Das Buch und die Informationen auf der zugehörigen Webseite sind hoffentlich hilfreich, um den Einstieg in die objektorientierte Softwarespezifikation zu meistern und das richtige Werkzeug für die zukünftige Arbeit zu finden.

Literatur

/1.1/ **Balzert, H.:**
Lehrbuch der Software-Technik, Spektrum Verlag, 1996

/1.2/ **Coad, P.; Yourdon, E.:**
Object-Oriented Analysis, Yourdon Press, 1991

/1.3/ **Heeg, J:**
Vortrag, Cebit, 1997

/1.4/ **Jacobsen, I.; Christerson, M.; Jonsson, P.; Övergaard, G.:**
Object-Oriented Software Engineering – A Use Case Driven Approach, Addison Wesley, 1992

/1.5/ **Parnas, D.L:**
On The Criteria To Be Used in Decomposing Systems into Modules, Communic. of the ACM, Vol. 15, No. 12, p. 1053–1058, 1972

/1.6/ **Rumbaugh, J.; Blaha, M.; Premerlani, W.; Eddy, F.; Lorensen, W.:**
Object-Oriented Modelling and Design, Prentice Hall, 1991

/1.7/ **Harel, D.:**
Statecharts: A Visual Formalism for Complex Systems, Elsevier Science Publisher, 1987

/2.1/ **UML:**
http://www.omg.com

/2.2/ **Booch, G.:**
Object-Oriented Design with Applications, The Benjamin/Cummings Publishing Company, 1991

/2.3/ **Embley, D.W.:; Kurtz, B.D.; Woodfield, S.N.:**
Object-Oriented Systems Analysis: A Model-Driven Approach, Yourdon Press, 1992

/2.4/ **Harel, D.:**
Statecharts: A Visual Formalism for Complex Systems, Elsevier Science Publisher, 1987

/2.5/ **Hoare, C. A. R.:**
An axiomatic basis for computer programming, Communications of the ACM, 12(1969) S. 576–580

/2.6/ **Jacobsen, I.; Christerson, M.; Jonsson, P.; Övergaard, G.:**
Object-Oriented Software Engineering – A Use Case Driven Approach, Addison Wesley, 1992

/2.7/ **Oestereich, B.:**
Objektorientierte Softwareentwicklung-Analyse und Design mit der Unified Modeling Language, R. Oldenbourg Verlag, 1998

/2.8/   **Gamma, E.; Helm, R.; Johnson, R.; Vlissides, J.:**
Entwurfsmuster, Addision-Wesley, 1996

/2.9/   **Martin, J.; Odell, J.:**
Object Oriented Methods: A Foundation, Prentice Hall, 1995

/2.10/   **Meyer, B.:**
Objektorientierte Softwareentwicklung, Carl Hanser Verlag, 1990

/2.11/   **Rumbaugh, J.; Blaha, M.; Premerlani, W.; Eddy, F.; Lorensen, W.:**
Object-Oriented Modelling and Design, Prentice Hall, 1991

/2.12/   **Wirfs-Brock, R.; Wikerson, B,; Wiener, L,:**
Designing Object-Oriented Software. Prentice Hall, 1990

/2.13/   **Hooper, J. W.; Chester, R. O.:**
Software Reuse – Guidelines and Methods, Plenum Press, 1991

/2.14/   **Nierstrasz, O.; Dami, L.:**
Component-Oriented Software Technology, in /2.19/, S. 3-28, 1995

/2.15/   **Bünnig, S.; Forbrig, P.; Lämmel, R.; Seeemann, N.:**
A Programming Language for Design Patterns, ATPS'99, Paderborn, 1999

/2.16/   **Forbrig, P.; Lämmel, R.;**
Programming with Paterns, TOOLS'2000, Santa Barbara, 2000

/2.17/   **Scheer, A.-W.:**
Vom Geschäftsprozess zum Anwendungssystem, Springer Verlag, 1998

/2.18/   **Byüykülmaz, A.; Forbrig, P.; Riedewald, G.:**
Tool Support for Business Modelling in a Bank, Proc. HCI'99, Gdansk, 1999, S. 237–246

/2.19/   **Nierstrasz, O.; Tsichritzis, D.:**
Object-Oriented Software Composition, The Object-Oriented Series, Prentice-Hall, 1995

/2.20/   **Balzert, H.:**
UML 2 in 5 Tagen, W3l Verlag; Februar 2005

/2.21/   **Balzert, H.:**
UML 2 kompakt, Spektrum Akademischer Verlag; 2., Aufl., 2005

/2.22/   **Cockburn, A.:**
Writing Effective Use Cases, Addison-Wesley Professional, 2000

/2.23/   **Constantine, L.; Lockwood, L. A. D.:**
Software for Use: A Practical Guide to the Models and Methods of Usage Centered Design, ACM Press, Addison-Wesley, 2001

/2.24/   **Erler, T.:**
Das Einsteigerseminar UML 2, Vmi Buch, 2004

/2.25/   **Forbrig, P.; Kerner, I.O. (Hrsg.):**
Lehr- und Übungsbuch Informatik: Softwareentwicklung, Fachbuchverlag Leipzig im Carl Hanser Verlag, 2004

/2.26/   **Forbrig, P.; Kerner, I.O. (Hrsg.):**
Lehr- und Übungsbuch Informatik: Programmierung, Fachbuchverlag Leipzig im Carl Hanser Verlag, 2005

/2.27/   **Östereich, B.:**
Analyse und Design mit UML 2.1, Oldenburg Verlag, München, Wien, 2006

/2.28/ **Rupp, C.; Hahn, J.; Queins, S.; Jeckle, M.; Zengler, B.:**
UML 2 glasklar , Hanser Fachbuchverlag/München, 2., überarb. u. erw. Aufl., 2005

/2.29/ USE: http://www.db.informatik.uni-bremen.de/projects/USE/

/3.1/ **Boehm, B. W.:**
A spiral model of software development enhancement, IEEE Computer, Vol. 21, No. 5, 1988

/3.2/ **Versteegen, G.:**
Das V-Modell in der Praxis, dpunkt.Verlag, 2000

/3.3/ **Wirfs-Brock, R., Wikerson, B,; Wiener, L,:**
Designing Object-Oriented Software. Prentice Hall, 1990

/3.4/ **Beck, K.:**
CRC: Finding Objects the Easy Way, Object Magazine 3 (4), p. 42-44, 1993

/3.5/ **Wilkinson, N. M.:**
Using CRC Cards – An Informal Approach to Object-Oriented Development, Prentice Hall, SIGS Books, 1995.

/3.6/ **Rational:**
http://www.rational.com/demos/crcdemo_intro.html

/3.7/ **Jacobsen, I.; Christerson, M.; Jonsson, P.; Övergaard, G.:**
Object-Oriented Software Engineering – A Use Case Driven Approach, Addison Wesley, 1992

/3.8/ **Kruchten, P.:**
The Rational Unified Process - An Introduction, Addison-Wesley, 1999

/3.9/ **Rosenberg, D.; Kendall, S.:**
Use Case Driven Object Modeling with UML- A Practical Approach, Addison-Wesley, 1999

/3.10/ **Stary, Ch.:**
Interaktive Systeme: Software-Entwicklung und Software-Ergonomie, Vieweg, 1994

/3.11/ **Johnson, P.:**
Human-Computer Interaction, McGraw-Hill, 1992

/3.12/ **Scheer, A.-W.:**
Vom Geschäftsprozess zum Anwendungssystem, Springer Verlag, 1998

/3.13/ **Gamma, E.; Helm, R.; Johnson, R.; Vlissides, J.:**
Entwurfsmuster, Addision-Wesley, 1996

/3.14/ **Seemann, N.:**
A Design Oriented Programming Environment, Diplomarbeit, Universität Rostock, 1999

/3.15/ **Bünnig, S.:**
Entwicklung einer Sprache zur Unterstützung von Desing Patterns und Implementierung eines dazugehörigen Compilers, Diplomarbeit, Universität Rostock, 1999

/3.16/ **Bünnig, S.; Seemann, N.:**
Patternorientierte Programmierung am Anwendungsbeispiel, Studienarbeit, Universität Rostock, 1999

/3.17/ **Bünnig, S.; Forbrig, P.; Lämmel, R.; Seeemann, N.:**
A Programming Language for Design Patterns, ATPS'99, Paderborn, 1999

/3.18/ **Forbrig, P.; Lämmel, R.;**
Programming with Paterns, TOOLS'2000, Santa Barbara, 2000

/3.19/ **Mannhaupt, D.:**
Integrating of Desing Patterns into Object-Oriented Design using Rational Rose, Diplomarbeit, Universität Rostock, 2000.

/3.20/ **Jeckle, M.:**
http://www.jeckle.de/umltools.html

/3.21/ **Forbrig, P.; Kerner, I.O. (Hrsg.):**
Lehr- und Übungsbuch Informatik: Softwareentwicklung, Fachbuchverlag Leipzig im Carl Hanser Verlag, Juni 2004

/3.22/ **Kruchten, Ph.:**
The Rational Unified Process: An Introduction (3rd Ed.), Addison-Wesley, 2004.

/3.23/ **Johnson, P.; Wilson, S,; Makopoulos, P.; Pycock, J.:**
ADEPT: Advanced Design Environment for Prototyping with Task Models, Proceedings of the SIGCHI conference on Human factors in computing systems, p. 56, 1993.

/3.24/ **Paterno, F.:**
Model-Based Design and Evaluation of Interactive Applications, Springer Verlag, 1999.

/3.25/ **Oestereich, B.:**
Objektorientierte Softwareentwicklung- Analyse und Design mit der Unified Modeling Language, R. Oldenbourg Verlag, 1998

/3.26/ **Störrle, H.:**
UML 2 für Studenten, Pearson Studium, 2005.

Index

GUT AUFGELEGT

ICH BLEIBE OFFEN LIEGEN ;-) DANK SPEZIAL-
FORMAT UND PATENTIERTER BINDUNG

Kösel FD 351 · Patent-No. 0748702